韩改宁◎主编　吴宗胜 张伟 吴粉侠 王维◎副主编

Qt C++

编程

基础与应用

人民邮电出版社

北　京

图书在版编目（CIP）数据

Qt C++编程基础与应用 / 韩改宁主编. -- 北京 ：
人民邮电出版社，2024. --（软件开发人才培养系列丛书
）. -- ISBN 978-7-115-65674-2

Ⅰ. TP312.8

中国国家版本馆 CIP 数据核字第 20246YF172 号

内 容 提 要

本书是计算机类专业课程 Qt 开发的配套教材，Qt 开发是一门软硬件结合、对编程能力要求较高的课程。本书以 Qt 5.12.12 为开发平台，首先介绍 Qt 基本概念、信号与槽机制、Qt 的对话框设计、Qt 的主窗口设计、QWidget 类及窗口部件、Qt 的部件布局管理；然后介绍 Qt 的项部件及项视图、Qt 的目录与文件操作、Qt 中的事件机制等知识；最后讲解 Qt 的网络编程技术、Qt 的数据库技术、Qt 的多线程技术、Qt 的 OpenCV 技术以及 Qt 的跨平台技术等进阶内容。

本书文字通俗易懂，内容循序渐进、由浅入深。书中提供了大量案例，可帮助读者加深对 Qt 开发工具和编程方法的理解，并更好地掌握嵌入式系统的应用技术和基本开发技能。

本书可作为高等院校计算机相关专业的教材，也适合具有 C 语言或者 C++基础的 Qt 初学者、软件开发人员和工程技术人员使用。

- ◆ 主　　编　韩改宁
  副 主 编　吴宗胜　张　伟　吴粉侠　王　维
  责任编辑　刘　博
  责任印制　胡　南
- ◆ 人民邮电出版社出版发行　　北京市丰台区成寿寺路 11 号
  邮编　100164　　电子邮件　315@ptpress.com.cn
  网址　https://www.ptpress.com.cn
  固安县铭成印刷有限公司印刷
- ◆ 开本：787×1092　1/16
  印张：16.75　　　　　　　　　2025 年 8 月第 1 版
  字数：406 千字　　　　　　　　2025 年 8 月河北第 1 次印刷

定价：69.80 元

读者服务热线：**(010)81055256**　印装质量热线：**(010)81055316**
反盗版热线：**(010)81055315**

随着围绕"新基建"的国产软硬件全面规模化应用进程的逐步加快，国产软硬件产品必将成为行业信息化应用创新和新型基础设施建设的首要选择，国产化和自主可控的软件开发也成为必然趋势，选择一个开源的跨平台的软件开发平台，能够为自主软件开发奠定良好的基础。据权威部门统计，我国目前每年跨平台软件开发人才缺口为 40 万人左右，未来随着"三网融合"不断提速，手机、数字电视、网络电话、汽车电子、医疗电子等将是嵌入式软件的重要应用领域，跨平台开发人才将会越发抢手。Qt 是一个开源的、跨平台的 C++可视化应用程序开发工具，其中 Qt Creator 是使用 Qt 开发的 IDE。Qt 支持 Windows、Linux、UNIX、macOS、Android、BlackBerry、QNX 等多个平台。Qt Creator 为不同平台提供了统一的开发环境，可用于开发图形用户界面（GUI）应用程序，也可用于开发命令行用户界面（CUI）应用程序。

本书以 Qt 5.12.12 为开发平台，系统地介绍 Qt 开发应用程序的基本概念、设计框架、主要功能模块以及高级开发技术。全书分为两部分，即基础篇和进阶篇，共 14 章，循序渐进地引导读者理解 Qt 开发的基本思想，掌握应用程序开发的基本技能。

基础篇能够帮助读者打下扎实的 Qt 编程基础，掌握基本的 Qt 应用程序编程技术。基础篇包括第 1~9 章。第 1 章介绍 Qt 基本概念，第 2 章介绍信号与槽机制，第 3 章介绍 Qt 的对话框设计，第 4 章介绍 Qt 的主窗口设计，第 5 章介绍 QWidget 类及窗口部件，第 6 章介绍 Qt 的部件布局管理，第 7 章介绍 Qt 的项部件及项视图，第 8 章介绍 Qt 的目录与文件操作，第 9 章介绍 Qt 中的事件机制。

进阶篇用于进一步提升读者的 Qt 开发水平，使其掌握 Qt 的网络、数据库、线程开发等高级技术，以及嵌入式应用程序的开发方法和应用技能。进阶篇包括第 10~14 章。第 10 章介绍 Qt 的网络编程技术，第 11 章介绍 Qt 的数据库技术，第 12 章介绍 Qt 的多线程技术，第 13 章介绍 Qt 的 OpenCV 技术，第 14 章介绍 Qt 的跨平台技术。

本书由韩改宁主编，其负责撰写书稿提纲和统稿，并撰写基础篇的第 5、7、8、9 章和进阶篇的第 10、13 章，吴宗胜编写进阶篇的第 12、14 章，张伟编写基础篇的第 1、2 章，吴粉侠编写基础篇的第 3、4 章，王维编写基础篇的第 6 章和进阶篇的第 11 章。

本书受咸阳师范学院 2020 年校级优秀教材建设立项项目和咸阳师范学院计算机科学与技术省级一流专业建设项目资助。

本书编者从事 Qt 及 C++教学多年，并进行了相关的科研工作，有一定的实战经验，但书中难免存在不足之处，恳请读者提出宝贵意见和建议。

编　者

2025 年 7 月

目录

第 3 章

Qt 的对话框设计

第 4 章

Qt 的主窗口设计

第 5 章

QWidget 类及窗口部件

第 6 章

Qt 的部件
布局管理

第二篇　进阶篇

第一篇　基础篇

第1章　Qt 基本概念

Qt 是构建和部署软件、设计用户界面和开发跨平台应用程序的一站式解决方案。Qt 除了具有 GUI 类库，可以绘制漂亮的界面，还包含很多其他功能，比如多线程、数据库访问、图像处理、音频/视频处理、网络通信、文件操作等。Qt 对编程人员来说接口简单、开发效率高，使用它能够快速地开发应用程序，并且可以通过不同的编译器构建不同平台的应用程序。Qt 有很好的生态圈，几乎支持所有的平台。本章内容主要包括 Qt 软件简介、Qt 与面向对象程序设计、Qt Creator 的使用和 Qt 类库。

1.1　Qt 软件简介

1.1.1　Qt 基本介绍

Qt（官方发音[kju:t]）是由挪威的埃里克·查姆贝-恩格（Eirik Chambe-Eng）和哈瓦德·诺德（Haavard Nord）在 1991 年开发的跨平台 C++图形用户界面（Graphical User Interface，GUI）应用程序开发框架，随后他们于 1994 年正式成立奇趣科技（Trolltech）公司。Qt 原本是商业授权的跨平台开发库，2000 年，奇趣科技公司为开源社区 GNU 发布了遵循 GNU 通用公共许可证（GNU General Public License，GPL）的开源版本。2008 年，奇趣科技公司被诺基亚公司收购，并增加了 GNU 宽通用公共许可证（GNU Lesser General Public License，LGPL）的授权模式，Qt 正式成为诺基亚旗下的编程语言工具。2011 年，Qt 商业授权业务又被 Digia 公司收购。2014 年 4 月，跨平台的集成开发环境 Qt Creator 3.1.0 发布，同年 5 月 20 日 Qt 5.3 正式版发布。2014 年 9 月，The Qt Company 全资子公司成立，独立运营 Qt 商业授权业务，大力推广移动平台的开发和商业应用。经过 30 多年的发展，Qt 已经成为最优秀的跨平台开发框架之一，在各行各业的项目开发中得到广泛应用。

Qt 是一个跨平台的 C++开发库，主要用来开发图形用户界面程序，是面向对象的，很容易扩展，可以为应用程序开发者提供创建图形界面所需的所有功能，并且允许真正的部件编程；也可以用来开发命令行用户界面（Command User Interface，CUI）程序，比如控制台工具和服务器程序。同时，Qt 开发的框架适用于绝大多数操作系统和设备，不仅包括 Windows、Linux、macOS 等，还包括 Android、iOS、Windows Phone，以及微控制单元（Microcontroller Unit，MCU）等。Qt 既支持软件渲染，也支持 GPU 硬件加速渲染。

1.1.2 Qt 的 GUI 类库

Qt 提供的 GUI 类库与 Visual Studio 提供的 MFC 相比具有很多优势。MFC 只能应用在 Windows 平台，而 Qt 可跨平台使用。MFC 通过消息映射机制进行 GUI 交互，对消息映射机制的理解依赖于对 Windows 应用程序接口（Application Program Interface，API）底层的了解；Qt 通过信号与槽机制进行 GUI 交互，降低了 GUI 应用交互的设计难度。MFC 是闭源类库，其内部实现机制很难理解；Qt 是开源类库，可以查看类的实现源文件，易于开发者理解内部实现机制。

Qt 提供的 GUI 类库与 Linux 操作系统常用的类库 GTK+、wxWidgets 等相比同样具有一定的优势。Qt 的 GUI 类库功能更加强大，且更新速度快，深受开发者青睐。

用 Qt 开发应用程序有以下优势。

（1）简单易学。Qt 封装了大量的图形界面类，提供了丰富的功能。开发者使用 Qt 只需少量代码就可以开发出简单的图形界面应用，不需要了解 Windows API。

（2）资料丰富。Qt 提供了丰富的学习资料，能够降低学习成本，同时提供了源码，方便二次开发。

（3）部件化的 UI 设计。开发者使用 Qt 可像搭积木一样，轻松地将多个部件组合为完整的用户界面，很容易做出漂亮的界面和炫酷的动画。

（4）独立安装。Qt 程序最终会编译为本地代码，不需要其他库的支撑。

（5）跨平台。Qt 的应用程序只需一次开发，然后可通过多次编译部署在多个平台，这样可以极大地降低开发成本。

通过对比可以看出，Qt 无论是在 Windows 系统下还是在 Liunx 系统下都有很强的优势。

1.1.3 Qt 的版本

30 多年来，Qt 一直在比较稳定地进行版本升级、迭代更新，从 3.x 到 4.x，再到 5.x、6.x。Qt 官方在不断地升级、维护着 Qt，Qt 表现出了顽强的技术生命力。

Qt 官方有一个专门的资源下载网站，所有开发环境和相关工具都可以从这里下载。Qt 官方下载网站如图 1.1 所示，Qt 目录结构的说明如表 1.1 所示。

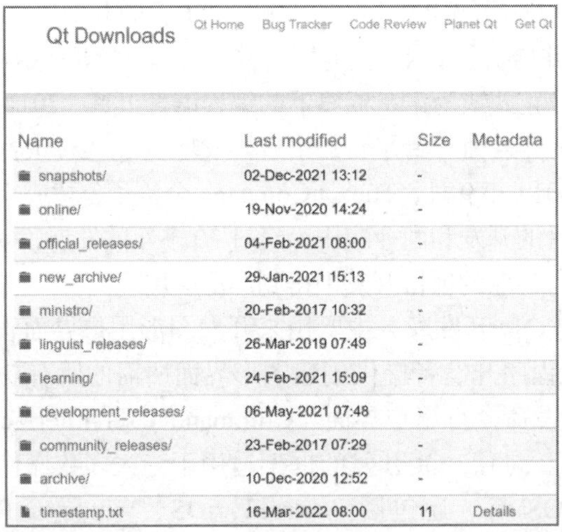

图 1.1　Qt 官方下载网站

表 1.1　Qt 目录结构的说明

目录	说明
archive	各种 Qt 开发工具安装包
community_releases	社区定制的 Qt 库、Tizen 版 Qt 及 Qt 附加源码包
development_releases	开发版，有新的和旧的不稳定版本，是 Qt 开发过程中的非正式版本
learning	包含学习 Qt 的文档教程和示范视频
ministro	迷你版，目前是针对 Android 的版本
official_releases	正式发布版，是与开发版相对的稳定版 Qt 库和开发工具
online	Qt 在线安装源
snapshots	预览版，最新的开发测试中的 Qt 库和开发工具

archive 和 official_releases 两个目录中都有最新的 Qt 开发工具安装包，下面以 archive 目录里的内容为例进行说明，进入 archive 目录会看到 5 个子目录，如图 1.2 所示。

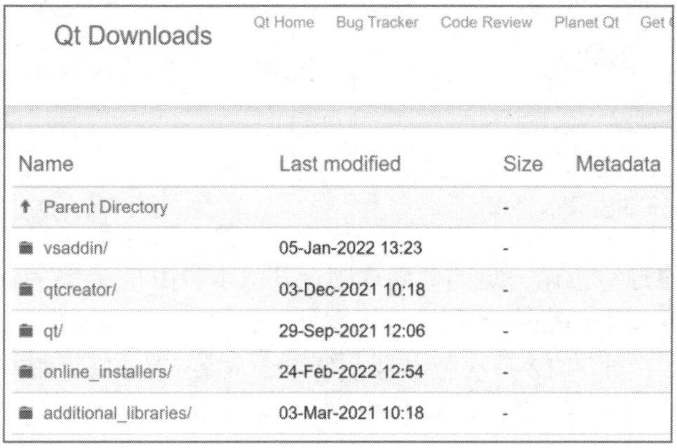

图 1.2　archive 目录的内容

archive 目录结构的说明如表 1.2 所示。

表 1.2　archive 目录结构的说明

目录	说明
vsaddin	Visual Studio 的一个插件，专门用于支持 Qt 开发。安装这个插件后，开发者可以在 Visual Studio 环境中直接进行 Qt 项目的开发、编译和调试，而无须切换到其他集成开发环境（Integrated Development Environment，IDE）。这个插件将 Qt 的功能集成到 Visual Studio 中，使得使用 Visual Studio 的开发者能够更方便地利用 Qt 库进行开发
qtcreator	Qt 官方提供的 IDE，提供了代码编辑、项目管理、系统构建、调试器等一系列功能和工具，并集成了 Qt Designer、Qt Assistant 等其他 Qt 工具。开发者可以使用 qtcreator 创建、编辑、构建和调试 Qt 项目，无须依赖其他 IDE
qt	Qt 的安装目录，也就是 Qt 库、工具和开发环境的存放位置。这个目录包含 Qt 的核心库、工具链、开发环境和其他相关部件
online_installers	Qt 的在线安装程序。这些是在线安装 Qt 库、工具和开发环境的工具，允许用户在需要时从互联网上下载和安装 Qt 的部件
additional_libraries	Qt 的一系列扩展库和模块，用于提供除 Qt 核心功能外的附加功能，以满足开发特定应用程序的需求

进入 qt 子目录，可以看到图 1.3 所示的不同版本安装包。

由于 Qt 5.12 是一个长期支持（Long Term Support，LTS）版本，在未来几年里都将有更新支持，因此，本书以 Qt 5.12 为例进行讲解，并且所有实例程序均使用 Qt 5.12 编译测试过。

进入 5.12 子目录，其包含的各种版本如图 1.4 所示。

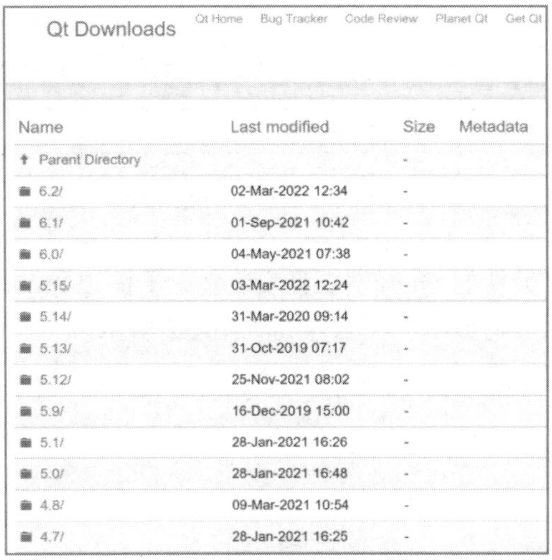

Qt Downloads　Qt Home　Bug Tracker　Code Review　Planet Qt　Get Qt

Name	Last modified	Size	Metadata
Parent Directory		-	
6.2/	02-Mar-2022 12:34	-	
6.1/	01-Sep-2021 10:42	-	
6.0/	04-May-2021 07:38	-	
5.15/	03-Mar-2022 12:24	-	
5.14/	31-Mar-2020 09:14	-	
5.13/	31-Oct-2019 07:17	-	
5.12/	25-Nov-2021 08:02	-	
5.9/	16-Dec-2019 15:00	-	
5.1/	28-Jan-2021 16:26	-	
5.0/	28-Jan-2021 16:48	-	
4.8/	09-Mar-2021 10:54	-	
4.7/	28-Jan-2021 16:25	-	

图 1.3　qt 子目录的内容

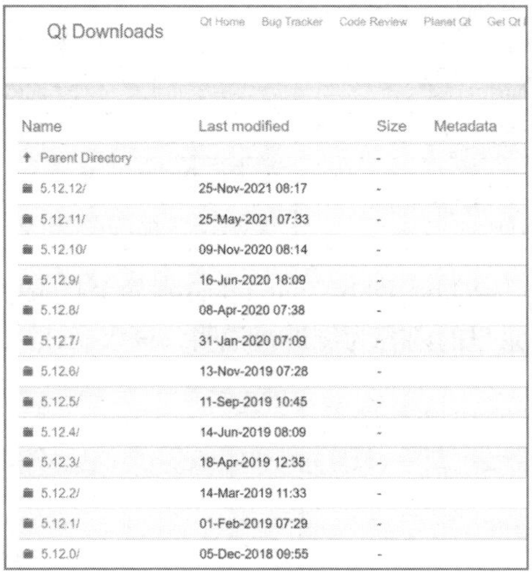

Qt Downloads　Qt Home　Bug Tracker　Code Review　Planet Qt　Get Qt

Name	Last modified	Size	Metadata
Parent Directory		-	
5.12.12/	25-Nov-2021 08:17	-	
5.12.11/	25-May-2021 07:33	-	
5.12.10/	09-Nov-2020 08:14	-	
5.12.9/	16-Jun-2020 18:09	-	
5.12.8/	08-Apr-2020 07:38	-	
5.12.7/	31-Jan-2020 07:09	-	
5.12.6/	13-Nov-2019 07:28	-	
5.12.5/	11-Sep-2019 10:45	-	
5.12.4/	14-Jun-2019 08:09	-	
5.12.3/	18-Apr-2019 12:35	-	
5.12.2/	14-Mar-2019 11:33	-	
5.12.1/	01-Feb-2019 07:29	-	
5.12.0/	05-Dec-2018 09:55	-	

图 1.4　5.12 子目录的内容

这个系列的版本通常遵循一定的命名规则，其版本号由 3 个数字组成，分别表示主版本号（major）、次版本号（minor）和修订版本号（patch）。比如 5.12.12 版本，第 1 个数字 5 是主版本号，第 2 个数字 12 是次版本号，第 3 个数字 12 是修订版本号，只要前面两个版本号相同，那么特性就是一致的。本书对 5.12.x 系列的 Qt 是通用的。这里下载 5.12.12，进入 5.12.12 子目录，如图 1.5 所示。

Qt Downloads　Qt Home　Bug Tracker　Code Review　Planet Qt　Get Qt

Name	Last modified	Size	Metadata
Parent Directory		-	
submodules/　各个子模块的源码包	25-Nov-2021 08:09	-	
single/　全部源码包	25-Nov-2021 08:08	-	
qt-opensource-windows-x86-5.12.12.exe　Windows安装包	25-Nov-2021 08:12	3.7G	Details
qt-opensource-mac-x64-5.12.12.dmg　macOS安装包	25-Nov-2021 08:11	2.7G	Details
qt-opensource-linux-x64-5.12.12.run　Linux安装包	25-Nov-2021 08:10	1.3G	Details
md5sums.txt	25-Nov-2021 08:18	210	Details

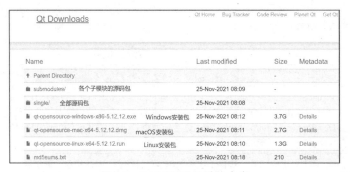

图 1.5　5.12.12 子目录的内容

5.12.12 子目录包含不同操作系统的 Qt 5.12.12 的安装包及源码包。Qt 的安装包名称遵循一定的规则，如 Windows 操作系统的安装包名称为 qt-opensource-windows-x86-5.12.12.exe，其中 opensource 指开源版本、windows 指基于 Windows 操作系统、x86 指 32 位系统的开发环境、5.12.12 是版本号。

1.1.4　Qt 的安装

本书以 Windows 操作系统为例，Qt 的安装过程和大多数 Windows 软件相似，双击下载好的安装文件，然后按照向导进行安装即可。关于 Qt 的安装需要说明以下几点。

1．注册和登录

在 Qt 安装过程中，系统会提示用户进行注册和登录，若不想注册和登录可以单击"跳过"按钮，因为在实际开发时不需要登录。

2．安装路径的选择

Qt 允许用户自定义安装路径，但安装路径中不能带空格、中文字符和其他任何特殊字符。

3．关联文件的选择

安装过程中，系统还会询问是否关联特定的文件类型，如果选择关联（默认是关联的），则特定类型的文件（包括.cpp 文件）默认使用 Qt 打开；如果不需要 Qt 打开 C++源文件，可选择不关联。根据需求选择即可，这不影响软件的使用和项目的开发。

4．选择安装部件

Qt 的安装部件分为两部分：一部分是 Qt 5.12.12 分类下的，该分类包含的是 Qt 开发库部件；另一部分是 Developer and Designer Tools 分类下的，该分类包含的是集成开发环境和编译工具。Qt 安装过程中最关键的一步是部件的选择，图 1.6 中备注了安装时的必选部件和可选部件。

图 1.6　选择安装部件

Qt 5.12.12 分类下的开发库部件及其说明如表 1.3 所示，Developer and Designer Tools

分类下的集成开发环境和编译工具及其说明如表 1.4 所示。

表 1.3　Qt 5.12.12 分类下的开发库部件及其说明

开发库部件	说明
MinGW 7.3.0 64-bit	编译器模块。MinGW（Minimalist GNU for Windows）是 Windows 平台上使用的 GNU 工具集导入库的集合。由于本书使用 MinGW 编译，所以必须安装
UWP ***	UWP（Universal Windows Platform）有不同的编译器类型。如果不是开发 UWP 应用程序，就不需要安装
MSVC ***	针对 Windows 平台 MSVC 编译器的 Qt 部件。安装该部件需要计算机上已经安装相应版本的 Visual Studio。如果不使用 MSVC 编译器进行开发，就不用安装
Android ***	这是针对 Android 应用开发的 Qt 库，如果有 Android 开发方面的需求，可以选择安装
Sources	Qt 的源码包，可以查看 Qt 类库源码，了解类库的原理。可根据需要选择是否安装
Qt ***	Qt 的附加模块，大部分建议安装，这些附加模块括号里的 TP（Technology Preview，技术预览）是指该模块还处在功能测试阶段，不是正式版模块；附加模块括号里的 Deprecated 是指抛弃的旧模块，用于兼容旧代码，一般用不到。对于这些附加模块，可以选择部分或全部安装，占用的空间不大。 部分部件说明： Qt Charts 是二维图表模块，用于绘制柱状图、饼图、曲线图等常用二维图表； Qt Data Visualization 是三维数据图表模块，用于数据的三维显示，如散点的三维空间分布、三维曲面等； Qt Script（Deprecated）是脚本模块，已被弃用，不建议安装

表 1.4　Developer and Designer Tools 分类下的集成开发环境和编译工具及其说明

集成开发环境和编译工具	说明
Qt Creator 5.0.2	这是集成开发环境，强制安装，以后所有项目和代码都在 Qt Creator 里面新建和编辑
Qt Creator 5.0.2 CDB Debugger Support	用于和 CDB 调试工具对接，默认安装，一般用于调试 Visual C++编译的 Qt 程序
MinGW 7.3.0 ***	这是开源的编译器套件，即本书编译使用的编译工具，需要安装
Strawberry Perl 5.22.1.3	用于编译 Qt 源码的 Perl 开发环境，不需要安装。如果以后需用到，可以在 Strawberry Perl 官网下载最新的安装包手动安装

根据应用开发的需要选择所需的编译器部件，如对编译工具的选择，若使用 Qt MinGW 编译器，则安装时必须将 MinGW 编译器勾选；若希望还可以使用 Visual Studio 进行编译，可勾选 Qt 版本所支持的 MSVC 相关编译工具。一般两个工具都选择安装，其他编译工具不赘述。本书使用 MinGW 编译工具，基于 Windows 平台开发，不再配置其他编译工具。

安装完成后，在 Windows "开始" 菜单中会看到 Qt 5.12.12 程序组，包含 Qt 的帮助文档 Assistant、集成开发环境 Qt Creator 等，如图 1.7 所示。

程序组内容的说明如表 1.5 所示。

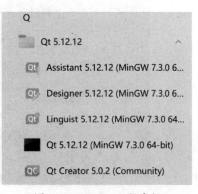

图 1.7　Qt 5.12.12 程序组

表 1.5　程序组内容的说明

程序	说明
Assistant 5.12.12	Qt 帮助文档，已被集成在 Qt Creator 中，但可通过 Assistant 独立使用
Designer 5.12.12	图形界面可视化编辑工具，已被集成在 Qt Creator 中，在 Qt Creator 中编辑或创建界面文件时可以自动打开
Linguist 5.12.12	多国语言翻译支持工具，可以用来编辑语言资源文件，在开发多语言界面的应用程序时会用到
Qt 5.12.12	Qt 命令行工具，用来配置集成开发环境（主要是设置 Path 变量）
Qt Creator 5.0.2	集成开发环境，用来开发 Qt 应用程序，并配置不同的编译器进行编译

1.2　Qt 与面向对象程序设计

1.2.1　面向对象程序设计概念

C 语言是结构化和模块化语言，C 程序的设计者必须关心程序的每个细节，准确地考虑程序运行时会发生的事情，当成效规模变大时，结构化程序设计就显得力不从心了。为了应对软件设计危机，20 世纪 80 年代人们提出了面向对象程序设计（Object-Oriented Programming，OOP）思想。

OOP 是一种面向对象的编程泛型，同时是一种程序开发方法，它将对象作为程序的基本单元，将程序和数据封装在对象中，以提高软件的重用性、灵活性和扩展性。

面向对象最根本的目的是使程序员更好地理解和管理庞大而复杂的程序，不仅包含面向过程的操作抽象，也包含面向过程的数据抽象，且将与数据相关的操作抽象成通用的类型。

面向对象的四大特征包括抽象、封装、继承、多态，如图 1.8 所示。抽象指的是从同类对象中抽象概括出所有对象共有的数据和操作；封装是指把这些共有数据和共有数据的操作封装在一个类型中，称之为类；继承指的是新的类型若是可以在原有类型上扩展修改出来，则可以借助旧的类型开发新的类型，提高重用性，增加灵活性，是类与类之间的关系；多态指的是类或继承关系中使用的同名操作，不同的对象调用执行时，产生的行为是不一样的。

面向对象程序设计与面向过程程序设计是不一样的编程泛型。在面向过程程序设计中，可以简单地将程序表述为数据和函数；在面向对象程序设计中，则将程序表达为对象和消息。面向过程的程序由函数模块组成；面向对象程序由对象及对象的方法构成，它的基本模块是类的定义。

面向对象程序设计有两个主要的特点：一是程序一般由类的定义和类的使用方法两部分组成；二是程序中的一切操作都是通过向对象发送消息来实现的，对象接收到消息后，调用有关方法完成相应的操作。

要掌握面向对象程序设计，首先应该学习面向对象程序设计语言。面向对象程序设计语言有两大类：一类是纯面向对象语言，如 SmallTalk 和 Java 等；另一类是混合型面向对象语言，也就是在面向过程语言的基础上增加面向对象机制，如 C++和 CLOS 等。

纯面向对象语言着重支持面向对象方法的研究和快速原型的实现，而混合型面向对象语言的目标是提高程序运行速度，使传统程序员容易接受面向对象思想。成熟的面向对象语言通常提供了丰富的类库和强有力的开发环境。

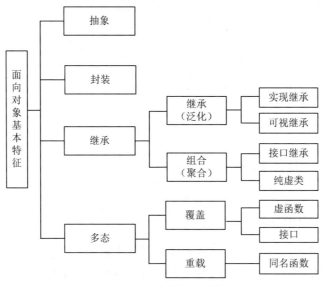

图 1.8　面向对象的四大特征

1.2.2　面向对象程序设计术语

1．对象

在现实生活中，任何事物都是对象。对象可以是具体存在的事物，如一张桌子、一个学生、一辆汽车；也可以是抽象的事物，如某次特定的演出、某场特定的球赛。对象既可以很简单，也可以很复杂，复杂的对象可以由若干简单的对象构成。

在程序中，对象是具有特殊属性（数据）和行为方式（方法）的实体，如学生管理系统中的学生对象、课程对象。对象是描述其属性的数据以及对这些数据施加的一组操作而构成的统一体。在面向对象程序设计中，每个对象都是由数据和对数据的操作两部分组成的。

对象是具体的，具有以下特征：

（1）对象必须有一个名字，以区别于其他对象；

（2）对象都用它的属性来描述它的特征；

（3）对象都有一组操作，这些操作决定了对象的行为；

（4）对象的行为可以分为两类，一类作用于自身，另一类作用于其他对象。

2．类

类就是类型。在现实世界中，某个学生是具体的对象，而学生这个群体就是学生对象所属人群类型。在程序中，某个具体的学生或某门特定的课程称为对象，而抽象出的这一类对象的共有属性和操作就是类，如学生类或课程类。

类和对象之间的关系是抽象与具体的关系。类是对同一类对象的属性和操作抽象的结果，对象是类的具体实例。类代表某类对象的共有属性和行为，在面向对象程序设计中，每个对象都属于一个特定的类，对象是用类来描述的，我们设计的是类，使用的是对象。

3. 消息

在面向对象程序设计中，一个对象向另一个对象发出的请求称为"消息"，当对象接收到发向它的消息时，就调用有关方法，执行相应的操作。

例如，有一个老师对象和一个学生对象，学生发出消息，请求老师演示一个实验，老师接收到这个消息后，确定需要完成的操作并执行此请求。

消息具有以下3个性质：

（1）同一个对象可以接收不同形式的多个消息，做出不同的响应；

（2）相同形式的消息可以传递给不同的对象，所做出的响应可以是不同的；

（3）对象可以响应消息，也可以不响应。

4. 抽象

抽象是将有关事物的共性归纳、提炼的过程，是对复杂世界的简单表示，只表示与主题相关的信息，忽略与主题无关的信息。

例如，设计一个学生成绩管理系统，只关心学生的姓名、学号、成绩，学生的身高、体重等信息可以忽略；设计一个学生健康信息管理系统，学生的身高、体重等信息必须抽象出来，而成绩可以忽略。

抽象是通过特定的实例抽取共同性质后形成某个概念的过程。面向对象程序设计中的抽象包括数据抽象和操作抽象（或称行为抽象）。数据抽象描述某类对象的属性或状态，也就是此类对象区别于彼类对象的特征，也称为数据；操作抽象描述某类对象的公共行为或具有的公共功能，也称为操作或方法。

例如，钟表包含的属性有时、分、秒，在类中可描述为 hour、minute、second 这 3 个数据成员；对于钟表可以进行的操作有设置时间、显示时间，在类中就可以分别定义为方法 setTime 和 showTime。

5. 封装

在现实世界中，封装就是给事物"加壳"，把细节隐藏起来，使外界不知道该事物的具体内容。在面向对象程序设计中，封装是指把数据和施加在数据上的操作代码封装在对象内部，并尽可能隐藏对象的内部细节。

封装是一种信息屏蔽技术，利用类将数据和施加在数据上的操作封装在对象内部，用户只能看到对象的封装表面信息，对象的内部细节对用户是屏蔽的。封装的目的在于将对象的使用者和设计者分开，使用者不必知道行为实现的细节，只需使用设计者提供的方法来访问对象。

例如，一台洗衣机，它的属性有出厂日期、机器编号等，操作有启动、暂停、选择等，这些按键安装在洗衣机的表面，用户通过它们与洗衣机交互，但无法（也没必要）具体操作洗衣机的内部电路和机械控制部件。用户无须了解这些操作的工作机制，因为它们被封装在洗衣机内部，对用户来说是屏蔽的、不可见的。

6．继承

继承是重用性的一种体现，是面向对象技术能够提高软件开发效率的重要原因之一。继承可以从一个旧类产生一个新类，继承产生的新类称为子类或派生类，被继承的类称为父类。继承意味着"自动地拥有"，即新类中不必重新定义已在旧类中定义过的属性和方法，它自动、隐含地拥有旧类的属性与行为。

在继承过程中，新类也可以修改旧类中的方法或增加新的方法，使之更适合特殊的需要。继承有助于解决软件的可重用性问题，使程序结构清晰，减少编程和维护的工作量。

例如，我们继承了父母的一些特征，如瞳孔的颜色等，父母是我们所具有的属性的基础。

若子类仅从一个父类继承而来，则称为单继承。若一个类的继承结构中的所有类都是单继承结构，则该类的继承结构为树形结构。若子类从两个及以上的父类继承而来，则称为多继承，多继承的类层次结构为网状结构。Java 仅支持单继承，C++支持单继承和多继承。单继承和多继承的示例如图 1.9 所示。

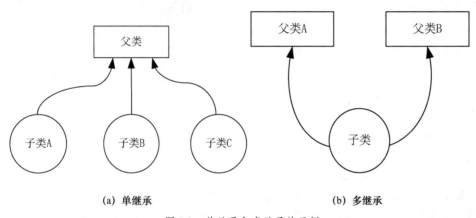

图 1.9　单继承和多继承的示例

7．多态

多态指的是同一个消息被不同的类对象接收时，会产生完全不同的行为。多态指类中含有多个具有相似功能的同名函数，可以使用相同的调用方法来调用这些功能不完全相同的同名函数。多态使得对于相同的消息，不同的对象可以有不同的处理方式。

例如，有一只鹰、一条狗，当猎人对它们发出"追逐"的消息时，鹰会振翅去追，狗会疾速跑动去追，对于同一个消息，两个对象做出了不同的反应，产生了不同的行为。

面向对象程序设计中有两种多态，即编译时的多态和运行时的多态。编译时的多态是通过函数重载（包括运算符重载）来实现的，运行时的多态是通过虚函数来实现的。

1.2.3　类及类的成员

类是 C++对 C 语言结构体的扩展，类和对象是 C++的重要特性，它们使得 C++成为面向对象的编程语言。类是用户自定义的类型，如果程序中要用到类，必须提前声明，或者使用已有的类。

类的定义在编译后不占用内存空间，只有在用此类定义了对象之后，编译器才会为此对象分配内存空间。C++中的类由数据成员和函数成员两部分构成。数据成员代表类对象的状态，称为成员变量或类的属性；函数成员是作用于该数据成员的函数，也称为成员函数或类的方法。

C++类成员的访问权限有 3 种，分别为私有（private）、保护（protected）和公有（public）。

private 是私有访问限定关键字。用它限定的数据成员和成员函数称为类的私有成员，只能由本类的成员函数访问，类对象不能访问，子类的成员函数也不能访问，对外是不开放的。

protected 是保护访问限定关键字。用它限定的数据成员和成员函数称为类的保护成员。保护成员可以由本类的成员函数访问，也可以由本类子类的成员函数访问，但类对象不可以访问。

public 是公有访问限定关键字。用它限定的数据成员和成员函数称为类的公有成员，对象可以访问，子类的成员函数也可以访问，对外是完全开放的。

1．C++类的定义

C++中使用关键字 class 来定义类，其基本形式如下：

```
class 类名{
public:
    公有数据成员;
    公有成员函数;
private:
    私有数据成员;
    私有成员函数;
protected:
    保护数据成员;
    保护成员函数;
};
```

说明如下。

（1）类名需要遵循一般的命名规则。

（2）类声明格式中的 3 个部分并非一定要全有，但至少要有其中一个，一般将类的数据成员声明为私有成员、成员函数声明为公有成员。类声明中的 private、protected 和 public 这 3 个关键字可以按任意顺序出现任意次，但是，如果把所有的私有成员、保护成员和公有成员分别归类放在一起，程序将更加清晰。

（3）数据成员可以是预定义类型，也可以是自定义类型；可以是结构体类型，也可以是枚举类型、联合体类型。但数据成员不能用存储类别关键字 auto（自动）、register（寄存器）或者 extern（外部）进行限定。

（4）C++规定，不能在类声明中给数据成员赋值，只有在定义类对象后才能给数据成员赋初始值。

（5）结束部分的分号不能省略。

例 1-1：定义示例。

定义一个日期（Date）类，属性包含年、月和日，方法包含设置日期和显示日期。实

现代码如下:

```
class Date{
public: //公有成员函数的声明
    void setDate(int y,int m,int d);
    void showDate();
private: //私有数据成员的定义
    int m_year, m_month, m_day;
};
```

2．C++类的实现

例 1-1 中只定义了 Date 类的一些属性和方法，并没有实现 Date 类。类的实现就是调用其方法的过程。类的实现有两种方式，一种是在定义类时完成对成员函数的定义，另一种是在类定义的外部完成。

（1）在定义类时定义成员函数。

成员函数的实现可以在定义类的同时完成，代码如下:

```
class Date{
public:
//设置日期成员函数 setDate 的定义
    void setDate(int y,int m,int d)
    {
        m_year=y;
        m_month=m;
        m_day=d;
    }
//显示日期时间成员函数 showDate 的定义
    void showDate()
    {
        cout<<m_year<<"-"<<m_month<<"-"<<m_day;
    }
private: //私有数据成员
        int m_year, m_month, m_day;
};
```

与类的定义不同，在类内实现成员函数不是在类内进行声明，而是直接对函数进行定义。在类中定义成员函数时，编译器会默认将其定义为 inline 型函数（内联函数）。

（2）在类外定义成员函数。

在类外定义成员函数需在类内进行声明，然后在类外通过作用域操作符 "::" 实现，其一般形式如下:

```
返回类型 类名::成员函数名(参数列表)
    {
    // 函数体
    }
```

将例 1-1 中的代码改为类外定义成员函数的代码:

```
class Date{
public: //公有成员函数的声明
    void setDate(int y,int m,int d);
```

```
    void showDate();
private: //私有数据成员的定义
  int m_year, m_month, m_day;
};
void Date::setDate(int y, int m, int d)  //通过作用域操作符::实现setDate函数的定义
{
  m_year=y;
  m_month=m;
  m_day=d;
}
void Date::showDate()    //实现showDate函数的定义
{
cout<<m_year<<"-"<<m_month<<"-"<<m_day;
}
```

以 setDate 成员函数为例,其在类内声明的形式为 void setDate(int y, int m, int d),那么,在类外对其定义时函数头的形式为 void Date:: setDate(int y, int m, int d),其返回类型、成员函数名、参数列表都要与类内声明的形式一致。

成员函数定义写在类外,为了使它起到内联函数的作用,需在成员函数的返回类型前冠以关键字 inline,这种成员函数在类声明之外定义的一般形式如下:

```
inline 返回类型类名::成员函数名(参数列表)
{
// 函数体
}
```

将例 1-1 中的代码改为类外定义为内联成员函数的代码:

```
class Date{
public: //公有成员函数
  void setDate(int y,int m,int d);
  void showDate();
private: //私有数据成员
    int m_year, m_month, m_day;
};
inline void Date ::setDate(int y,int m,int d)  //将成员函数setDate定义为内联函数
{
  m_year=y;
  m_month=m;
  m_day=d;
}
inline void Date ::showDate()   //将成员函数showDate定义为内联函数
{
cout<<m_year<<"-"<<m_month<<"-"<<m_day;
}
```

⚠ 注意:使用关键字 inline 定义内联函数时,必须将函数体和 inline 说明结合在一起,即函数的定义必须包含 inline 关键字,否则编译器会将它作为普通函数处理,比如 inline void setDate(int y,int m,int d);就是错误的。通常只有较短的简单结构、不含有循环等复杂结构的成员函数才可以定义为内联函数,较长或结构复杂的成员函数最好作为普通函数处理。

另外需要注意:类的成员函数定义与全局函数定义不同。类的成员函数在外部定义时需要用类名加作用域操作符限定。若不限定,编译器会将之作为全局函数处理,而不把它

识别为类的成员函数。

类的声明和成员函数的定义都是类定义的一部分，在实际项目开发中，采用分离式实现。分离式实现是指将类的声明和类成员函数定义分别保存在不同的文件中，声明保存在.h文件中，定义保存在.cpp 文件中。这种结构也就是类的多文件结构，能够使类结构更加清晰，同时增强命名空间的实用性。

例 1-2：将例 1-1 中的 Date 类定义为多文件结构形式。

将类的说明写在 Date.h 头文件中，而将类成员函数的定义写在 Date.cpp 源文件中。

Date.h 头文件内容如下：

```
#include<iostream>
using namespace std;
class Date
{
public: //公有成员函数
  void setDate(int y,int m,int d);
  void showDate();
private: //私有数据成员
  int m_year, m_month, m_day;
};
```

Date.cpp 源文件内容如下：

```
void Date::setDate(int y, int m, int d)
{
  m_year=y;
  m_month=m;
  m_day=d;
}
void Date::showDate()
{
cout<<m_year<<"-"<<m_month<<"-"<<m_day;
}
```

3．C++类的构造函数

对于基本变量的初始化，可以直接赋值。但对于类对象这样复杂的变量，就不能直接赋值了。C++提供了构造函数，用于对类对象进行初始化，可以给数据成员赋值、为指针成员申请内存空间，还可以打开文件、建立数据库连接等。构造函数是类的一种特殊成员函数，当类对象被实例化时会自动调用执行。

构造函数的名称与类名相同；构造函数没有返回值，不需要写返回类型；构造函数可以带参数，也可以不带参数；还可以定义多个重载的构造函数。当类中没有定义任何构造函数时，编译器会自动生成一个无参、函数体为空的函数，即默认构造函数，它不执行任何初始化操作。一旦用户自己定义了构造函数，不管有几个，也不管形参如何，编译器都不再自动生成默认构造函数。

重载的构造函数为对象提供了不同的初始化方式。对于多个重载的构造函数，实例化对象时到底调用哪个构造函数，由使用者提供的实际参数决定，实际参数列表必须与多个构造函数中的一个匹配。创建对象时只有一个构造函数会被调用，若没有与之匹配的构造函数，则会报错。

定义构造函数的一般格式如下：

```
class 类名{
public 类名(形参列表); //构造函数原型
...                //类的其他成员
} ;
类名::类名(形参列表) //构造函数的定义
{
//函数体
}
```

例 1-3：为例 1-1 中的 Date 类定义一个构造函数，并使用该构造函数。

```cpp
#include<iostream>
#include<cstring>
using namespace std;
class Date
{
public: //公有成员函数
  Date (int year, int month, int day);
  void setDate(int y,int m,int d);
  void showDate();
private: //私有数据成员
  int m_year, m_month, m_day;
};
Date::Date (int year, int month, int day) //带参构造函数的定义
{
  m_year=year;
  m_month=month;
  m_day=day;
}
void Date::setDate(int y, int m, int d)
{
  m_year=y;
  m_month=m;
  m_day=d;
}
void Date::showDate()
{
  cout<<m_year<<"-"<<m_month<<"-"<<m_day;
}
int main(int argc, char *argv[])
{
    //定义 Date 类的对象 date，并给定初始值
    Date date(2023,5,20);
    date.showDate(); //对象调用方法，显示对象的内部状态
}
```

上述代码在类中定义了一个带参构造函数，在主函数中定义了一个 Date 类的对象 date，主函数给定实参列表与构造函数的形参列表一致，所以能够正确初始化。

date.showDate 是 date 调用类的成员函数 showDate，用于输出 date 对象的数据成员的值，输出结果：2023-5-20。

4．C++类的析构函数

C++的垃圾回收机制不像 Java 那样完善，因此通常需要程序提供适当的处理。析构函

数用于完成清理工作、释放不再使用的内存空间、关闭已经打开但不再使用的文件、断开不再使用的数据库连接等。析构函数也是特殊的成员函数，销毁类的对象时由程序自动调用它，完成它所定义的清理工作。如果类中不需要清理工作，则不需要写析构函数，编译器会自动生成一个函数体为空的析构函数。如果类中执行了动态内存分配等复杂操作，则需要显式定义析构函数，释放不再使用的堆内存。析构函数的作用并不是删除对象，而是在对象被销毁时完成一些清理工作。

析构函数的名称与类名相同，为了区分于构造函数，在类名前加前缀"~"。析构函数不带参数，也没有返回值，不写返回值类型，但析构函数可以是虚析构函数。

⚠ **注意**：不管在程序的哪个成员函数中进行了动态内存分配操作，类中都必须提供析构函数，以释放对应的内存，否则会导致内存泄漏。

什么时候执行析构函数？在所有函数之外创建的对象是全局对象，位于内存分区的全局数据区，程序执行结束时会自动调用这些对象的析构函数；在函数内部创建的对象是局部对象，位于动态内存的栈内存区，函数执行结束时会自动调用这些对象的析构函数；程序动态创建（使用关键字 malloc、alloc、new 创建）的对象，位于动态内存的堆内存区，在程序显式释放（使用 free、delete 命令删除）时才会调用析构函数，如果没有释放，析构函数就不会被执行。

例 1-4：析构函数的使用。代码如下：

```
class A
{
private:
  char *p;
public:
  A();
  ~A();
};
A::A()
{
p=new char[10]; //使用关键字 new 动态申请堆内存，将内存首地址赋给 p
}
A::~A()    //在对象撤销前对在堆内存上创建的对象执行释放操作
{
delete p;  //释放 p 所指向的堆内存
}
```

若 A 类没有写析构函数，则在生成 A 对象后，使用 new 关键字动态申请的堆内存无法被释放。

5. C++中的 this 指针

this 是 C++中的一个关键字。this 指针是常量（const）指针，用于存储对象自身所在的内存地址，通过它可以访问当前对象的所有成员。

this 指针是类成员函数的隐式形参。this 指针只能在成员函数内部使用，用在其他地方没有意义，也是非法的。通过 this 指针可以访问类的所有成员，只有在通过对象调用成员函数时才能给 this 指针赋值。

例 1-5：this 指针的使用。代码如下：

```cpp
public: //公有成员函数
  Date (int year, int month, int day);
  void setDate(int y,int m,int d);
  void showDate();
private: //私有数据成员
  int m_year, m_month, m_day;
};
Date::Date (int year, int month, int day) //带参构造函数的定义
{
  this->m_year=year;
  this->m_month=month;
  this-> m_day=day;
}
void Date::setDate(int y, int m, int d)
{
  this->m_year=y;
  this-> m_month=m;
  this->m_day=d;
}
void Date::showDate()
{
cout<<"name:"<<this->m_name<<" age:"<<this->m_age<<" score:"<<this->m_score;
}
int main(int argc, char *argv[])
{
    //定义 Date 对象 date，并给定初始值
    Date date(2023,5,20);
    date.showDate();  //对象调用方法，显示对象的内部状态
}
```

1.2.4 类对象的定义及使用方法

在 C++中，类也是一种用户自定义的数据类型，类对象可以看成该数据类型的实例，定义对象的方法和定义变量相似。类与对象间的关系，可以用数据类型 int 和整型变量 i 之间的关系类比。

C++把类的变量叫作类对象，对象也称类的实例。

1．类对象定义

类对象的定义也称类对象的创建，C++中可以用两种方式定义对象：一种是在定义类的同时定义对象；另一种是先定义类，使用时再定义对象。

第一种定义方式，定义两个 Date 类对象 date1 和 date2，代码如下：

```cpp
class Date
{
public:
  date();
public:
  void setDate(int y,int m,int d);  //公有成员函数
  void showDate();
private:
  int m_year;                //私有数据成员
```

```
   int m_month;
   int m_day;
}date1,date2;
```

第二种定义方式，在主函数中定义两个 Date 类对象 date1 和 date2，代码如下：

```
class Date
{
public:
  date();
public:
  void setDate(int y,int m,int d);  //公有成员函数
  void showDate();
private:
  int m_year;                  //私有数据成员
  int m_month;
  int m_day;
};
int main(int argc, char *argv[])
{
    Date date1,date2;
}
```

有了类定义后，可以直接创建类对象，也可以通过动态内存分配的方式将对象的地址赋给类类型的指针变量来创建类对象。

直接创建类对象：

```
    类名 对象名[(实参列表)];
```

这里的类名与构造函数名相同，实参列表是为构造函数提供的实际参数。

通过动态内存分配的方式创建类对象：

```
    类名 *指针变量 = new 类名[(实参列表)];
```

例 1-6：类对象的动态创建。代码如下：

```
class Date
{
public:
  Date(){}
  Date(int year,int month,int day)
  { m_year =year; m_month=month; m_day=day;}
public:
  void setDate(int y,int m,int d)
  { m_year=y; m_month=m; m_day=d;}  //公有成员函数
  void showDate()
  {cout<< m_year<< '-'<< m_month<<'-'<< m_day<<endl;}
private:
  int m_year;                  //私有数据成员
  int m_month;
  int m_day;
};
int main(int argc, char *argv[])
{
    Date *date1;
```

```
      date1=new Date(2022,7,14); //动态创建对象
  //可以合成一条语句: Date *date1=new Date(2022,7,14);
      cout<<" Date1 output1: " <<endl;
      date1->showDate();
  cout <<endl;
  cout<<" Date1 output2: " <<endl;
  date1->setDate(2020,11,24);
  date1->showDate();
  cout <<endl;
}
```

输出结果：

```
Date1 output1:
2022-7-14
Date1 output2:
2020-12-24
```

2．类对象成员的访问

类对象只能访问类中的公有成员，访问时要使用操作符"."。"."叫作对象选择符（或称点运算符）。

访问类对象的一般形式：

```
对象名.数据成员名
对象名.成员函数名(参数列表)
对象名.成员名
```

"对象名.成员名"实际上是一种缩写形式，它表示的内容如下：

```
对象名.类名::成员名
```

若定义的是指向对象的指针，则访问此指针所指向的对象成员时，要用操作符"->"。

```
//Date类的定义同例1-6
int main(int argc, char *argv[]){
   Date *date1, date2;
    cout<<"date1 output:"<<endl;
   date1->setDate(2022,7,14);
   date1->showDate();
   cout<<endl;
   cout<<"date2 output:" <<endl;
   date2.setDate(2020,12,24);
   date2.showDate();
   cout<<endl;
}
```

3．类对象赋值

两个同类型的对象可以相互赋值，如果对象的类型不同，将会报编译错误。对象赋值是通过默认的赋值运算符"="实现的。两个对象之间的赋值仅能使这些对象中的数据成员相同，两个对象仍是分离的。当一个对象赋值给另一个对象时，所有的数据成员都会依据内存的状态逐位复制。

当类中存在指针时，使用默认的赋值运算符进行对象赋值可能会产生错误。

1.3 Qt Creator 的使用

1.3.1 Qt Creator 编辑项目

1．创建工程项目

使用 Qt Creator 可以创建命令行用户界面应用程序，也可以创建图形用户界面应用程序，这里详细介绍图形用户界面应用程序的创建过程。

例 1-7：创建简单的图形用户界面应用程序。具体创建步骤如下。

（1）通过"开始"菜单启动 Qt Creator，打开图 1.10 所示的启动界面。

图 1.10　Qt Creator 启动界面

（2）单击"Projects"中的"New"按钮，或者选择"文件"菜单中的"新建文件或项目"命令，打开新建项目对话框，如图 1.11 所示。

图 1.11　打开新建项目对话框

（3）选择 Application(Qt)，再选择 Qt Widgets Application，单击右下角的 Choose 按钮，打开图 1.12 所示的 Widgets Application 对话框，在该对话框中填写项目名称并设置项目存放的位置，然后单击"下一步"按钮。

（4）选择编译系统，Building System 默认为 qmake，单击"下一步"按钮。

（5）进入 Class Information（类信息）界面，在 Class name 文本框中输入类名，在 Base class 下拉列表中选择基类，自动生成以类名为文件名的 Header file、Source file 和 Form file

文件，如基类选择 QWidget、勾选 Generate form 复选框，单击"下一步"按钮，如图 1.13 所示。

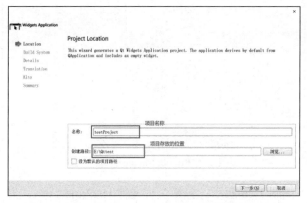

图 1.12　Widgets Application 对话框

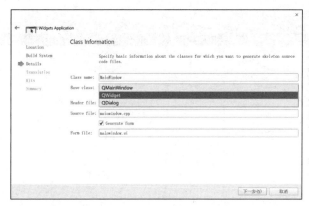

图 1.13　Class Information 界面

（6）继续单击"下一步"按钮，进入 Kit Selection（编译器选择）界面，勾选 Desktop Qt 5.12.12 MinGW 64-bit 复选框，如图 1.14 所示，单击"下一步"按钮。

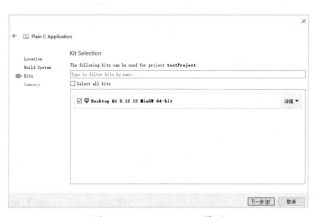

图 1.14　Kit Selection 界面

（7）进入 Project Management（项目管理）界面，如图 1.15 所示，项目管理信息包括创建的工程文件、主函数文件、类文件及窗口文件等，单击"完成"按钮，项目创建成功。

图 1.15　Project Management 界面

创建的工程项目如图 1.16 所示，包括工程文件 testProject.pro、头文件 widget.h、源文件 main.cpp 和 widget.cpp，以及窗口文件 widget.ui。

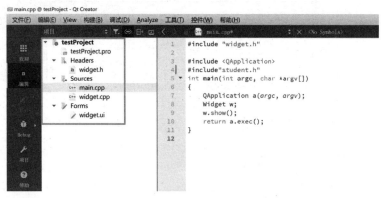

图 1.16　创建的工程项目

2．项目文件说明

Qt 创建的工程项目中一般包含工程文件（.pro）、头文件（.h）、源文件（.cpp）和资源文件（.qrc）等。现以例 1-7 的项目为例，介绍主要文件。

（1）main.cpp 源文件。

工程项目从 main.cpp 源文件中的 main 函数开始执行，main 函数的主要功能是定义应用程序对象，定义并显示窗口对象，然后执行应用程序。

图 1.16 中展示了主函数的代码，行标为 7 的语句：

```
QApplication a(argc,argv);
```

该语句定义了一个 QApplication 对象 a，用于管理应用程序的资源。任何 Qt Widgets 程序都要有一个 QApplication 对象，它的构造函数用于接收 main 函数的命令行参数 argc 和 argv。QApplication 对象 a 是 Qt 图形用户界面应用程序的入口，就像 main 函数是普通 C++ 程序的入口一样。

行标为 8 的语句：

```
Widget w;    //创建一个 Widget 窗口对象 w
```

行标为 9 的语句：

```
w.show();    //调用 Widget 的显示方法 show，显示窗口对象 w
```

行标为 10 的语句：

```
return a.exec();
```

该语句会进入 Qt 应用程序的事件循环函数，等待用户操作和系统的消息进行处理。代码 a.exec()表示项目进入底层事件循环监听，如果没有此行代码，Qt 图形用户界面应用程序将一闪而过，不会处于悬浮监听状态。

常见的 C/C++程序的 main 函数中都直接使用 return 0，程序直接退出。但图形用户界面应用程序通常需要与用户交互，不会自动关闭，而是一直等待用户操作。只有用户单击窗口的关闭按钮，程序才会结束并返回值，默认值是 0。

任何一个 Qt 项目，特别是图形用户界面应用程序，如果要使用 Qt 的信号与槽、多线程、事件驱动等机制，都需要包含且只能包含一个应用（Application）对象。Application 对象负责初始化项目需要的资源、监听外部交互信息、项目结束时清除项目所占的资源等。Qt 提供了 3 个 Application 对象，如表 1.6 所示。

表 1.6　Qt 的 Application 对象

Application 对象	功能
QCoreApplication	为非界面类项目提供事件监听循环
QGuiApplication	为以 QtGui 模块为基础开发的界面项目提供应用环境
QApplication	为以 QWidget 模块为基础开发的界面项目提供应用环境

如果是非界面类项目的开发，建议使用 QCoreApplication；如果是界面类项目的开发，建议使用 QApplication。

（2）.pro 工程文件。

创建 Qt 工程项目后，工程项目中自动生成.pro 工程文件，用于存储项目设置的信息。.pro 文件中默认包含 core、gui 和 widgets 这 3 个模块包，常用的界面开发几乎均基于这 3 个模块包。后续如需要使用其他功能模块，如 QtCharts、Qtsql 等，可以手动添加。Qt 开发为支持 C++11 的特性，在工程文件中添加了 CONFIG += c++11。除此之外，还包含项目的头文件、源文件、窗口文件、资源文件及其他相关文件。.pro 工程文件源码如图 1.17 所示。

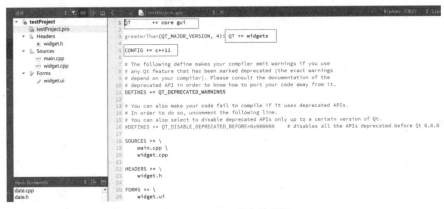

图 1.17　.pro 工程文件源码

（3）类文件。

一般定义一个窗口类包含 3 个部分，头文件.h、源文件.cpp 和窗口文件.ui。该项目中，窗口类的头文件为 widget.h，是类的声明。头文件 widget.h 的源码如图 1.18 所示。

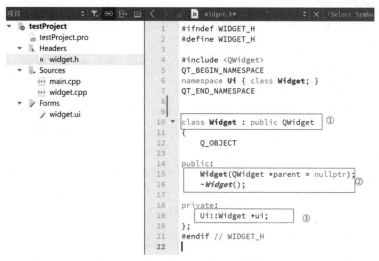

图 1.18　头文件 widget.h 的源码

图 1.18 中：标记①的部分是类定义，自定义类名为 Widget，以及基类为 QWidget；标记②的部分是构造函数和析构函数的声明；标记③的部分是私有数据成员 ui 窗口对象的定义，它的类型是 Ui 命名空间中的 Widget 类，是一个指针成员。

该项目中，窗口类的源文件为 widget.cpp，是 Widget 类的实现文件，给出了 widget.h 文件中所声明成员函数的定义：构造函数用于实现初始化操作，析构函数用于实现对 ui 的释放操作。源文件 widget.cpp 的源码如图 1.19 所示。

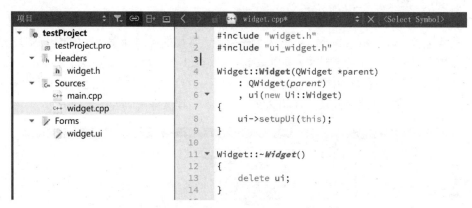

图 1.19　源文件 widget.cpp 的源码

如果要在项目中实现其他功能，可以在类的.h 文件中声明一个函数，在.cpp 文件中对函数进行定义。

该项目中，窗口类的窗口文件为 widget.ui，其通过 XML 文件描述窗口布局、控件属性及信号槽连接，实现界面与代码的分离。窗口文件的查看方式有两种：一种是可视化方式，可以看到图形化的窗口设计界面；另一种是源码方式，能看到界面的 XML 脚本非独立文件。如果双击项目文件目录中的窗口文件 widget.ui，会打开集成在 Qt Creator 中的 Qt Designer，用于对窗体进行可视化设计，如图 1.20 所示。

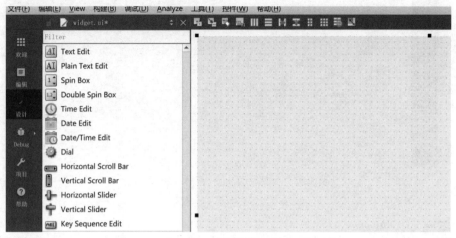

图 1.20　集成在 Qt Creator 中的 Qt Designer

此时，单击左侧任务栏中的"编辑"按钮，即可打开.ui 文件并显示其 XML 脚本。在这个 XML 脚本中，可以看到类界面的部件及属性，如图 1.21 所示。本质上，这个 XML 脚本最终会被 Qt 的编译器编译为一个类的定义文件。

图 1.21　XML 脚本

1.3.2　Qt Creator 编译项目

项目创建成功后，可以直接单击项目窗口左下角的运行按钮 ▶ ，或者右击项目名称，在弹出的快捷菜单中选择"运行"命令，运行代码，结果是显示一个没有任何控件的窗口，如图 1.22 所示。

接下来可根据项目的具体需要，进行项目界面设计及添加具体功能，完成项目的设计开发、测试等。

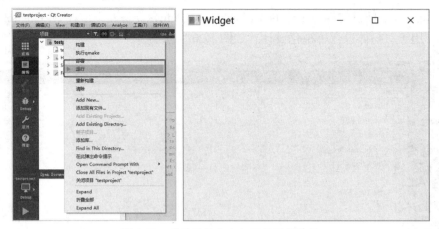

图 1.22　项目运行命令与项目运行结果

1.4 Qt 类库

Qt 类库里大量的类根据功能分为各种模块，这些模块又分为以下几大类。

（1）Qt 基本模块（Qt Essentials）：提供 Qt 在所有平台上的基本功能。

（2）Qt 附加模块（Qt Add-Ons）：实现一些特定功能的、提供附加价值的模块，这些模块可能只在某些开发平台上有，或只能用于某些操作系统，或只是为了向后兼容。用户安装时可以选择性安装附加模块。

（3）增值模块（Value-Add Modules）：单独发布的、提供额外价值的模块，这些模块只在商业版的 Qt 里有。

（4）技术预览模块（Technology Preview Modules）：一些处于开发阶段但可以用于技术预览的模块，一般技术预览模块经过几个版本的更新后会变成正式模块。

（5）Qt 工具（Qt Tools）：帮助应用程序开发的工具，在所有支持的平台上都可以使用。

其中，Qt 基本模块是本书的核心内容。Qt 基本模块是 Qt 在所有平台上的基本功能，在所有的开发平台和目标平台上都可用。Qt 基本模块及其功能描述如表 1.7 所示。

表 1.7　Qt 基本模块及其功能描述

模块	功能描述
Qt Core	其他模块都会用到的核心非图形类
Qt GUI	设计图形用户界面的基础类，包括 OpenGL
Qt Multimedia	音频、视频、摄像头和广播等多媒体功能的类
Qt Multimedia Widgets	实现多媒体功能的界面部件类
Qt Network	使网络编程更简单、方便的类
Qt QML	用于 QML 和 JavaScript 的类
Qt Quick	用于构建具有定制用户界面的动态应用程序的声明框架
Qt Quick Controls	创建桌面样式用户界面，基于 Qt Quick 的用户界面控件
Qt Quick Dialogs	基于 Qt Quick 的系统对话框类
Qt Quick Layouts	基于 Qt Quick 的界面元素的布局项
Qt SQL	提供支持使用结构查询语言（Structure Query Language，SQL）执行数据库操作的类

模块	功能描述
Qt Test	用于应用程序和库进行单元测试的类
Qt Widgets	用于构建图形用户界面的 C++图形部件类
Qt WebSockets	用于 Web 套接字通信的类
Qt WebChannel	从 HTML 客户端访问 QObject 对象，以实现 Qt 应用程序与 HTML/JavaScript 客户端的无缝集成

Qt Core 模块是 Qt 类库的核心，其他所有模块都依赖于此模块，如果使用 qmake 构建项目，则 Qt Core 模块会被自动加入项目。如：

```
QT+= gui
```

其他模块一般不会被自动加入项目，如果要在项目中使用某个模块，可以在项目工程文件中手动添加相应模块。

例如，需要在项目中使用 Qt Multimedia 和 Qt Multimedia Widgets 模块，则在项目工程文件中加入如下语句：

```
QT += multimedia multimediawidgets
```

Qt 框架是基于 C++面向对象思想及泛型的思想设计的。Qt 以 QObject 为根类，QObject 类是所有能够处理信号（signal）、槽（slot）和事件的 Qt 对象的基类。QObject 类最主要的特征是对象间无缝通信的机制——信号与槽。QObject 类以对象树的形式组织起来，当一个类对象创建子对象时，子对象会被自动添加到父对象的相应列表中。

使用 Qt 进行编程必须对 Qt 常用的类有一定的了解，这些类可以分成两种：一种用来表示各种基本的数据对象，如字符串、图像、字体等，统称为基本类；另一种是从 QWidget 类派生出来的类，它们表示顶级窗口或者窗口部件，统称为窗口类。QObject 类的继承关系如图 1.23 所示。

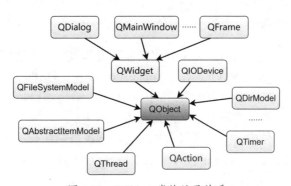

图 1.23　QObject 类的继承关系

QWidget 类是所有用户界面对象的基类，主要用于界面显示。QWidget 类的继承关系如图 1.24 所示。

以 QPaintDevice 为根的类，主要用于完成图形图像的绘制。QPaintDevice 类的继承关系如图 1.25 所示。

以 QEvent 为基类的类，提供窗口及控件的事件处理功能。QEvent 类的继承关系如图 1.26 所示。

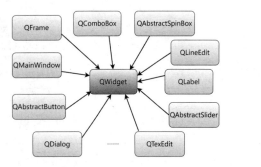

图 1.24　QWidget 类的继承关系

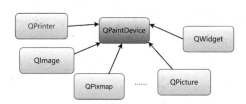

图 1.25　QPaintDevice 类的继承关系

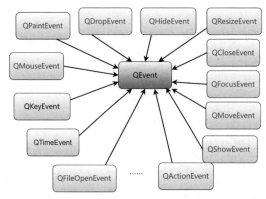

图 1.26　QEvent 类的继承关系

以上是 Qt 核心类的继承关系，其他类及继承关系可以参阅相关帮助文档。

1.5　作业

1．Qt C++项目训练一

（1）创建新项目：选择 Qt Creator 的"文件"菜单中的"新建项目"命令，在弹出的对话框中选择 Non-Qt Project 和 Plain C++Application 模板，创建新项目。

（2）运行新项目，在控制台中输出"hello world"，验证项目是否创建成功。

（3）在 main.cpp 文件中测试 C++程序的输入与输出。

（4）在 main.cpp 文件中定义一个长方体类，数据成员包括长、宽和高，成员函数包括构造函数、求表面积函数和求体积函数。给定两个长方体的长、宽、高分别为(12,25,30)和(15,30,21)，求它们的表面积和体积。

2．Qt C++项目训练二

（1）在第一个项目中，添加一个 C++类，右击项目并在弹出的快捷菜单中选择 Add New 命令，在弹出的对话框中选择 C/C++模板以及 C++ Class 文件，自定义类的名称为 Student。

（2）在 student.h 文件中声明数据成员（包括姓名、学号和成绩），成员函数包括构造函数、设置姓名函数、设置成绩函数、设置学号函数、输出学生信息函数和析构函数。

（3）在 main 函数中定义两个类对象，其中一个是指针对象，然后输出两个对象的信息。

第2章 信号与槽机制

在图形界面编程中，部件之间如何实现通信是核心的技术问题。Qt 使用信号与槽机制实现部件之间的通信，这种机制具有高效、简单、易学、方便的特点。信号与槽是 Qt 的核心机制，在 Qt 编程中有着广泛的应用。本章的内容主要包括信号与槽的原理、信号与槽的定义、信号与槽的应用案例等。

2.1 信号与槽的原理

2.1.1 信号与槽简介

信号与槽机制与 Windows 操作系统中的消息机制类似。消息机制基于回调函数，回调与函数的指针相关，如果希望处理函数通知某些事件，可以把另一个函数的指针传递给处理函数。使用回调函数实现对象间的通信有两个主要缺点：首先，回调函数不是类型安全的，不能确定处理函数是否使用了正确的参数来调用回调函数；其次，回调函数和处理函数间的联系非常紧密，因为处理函数必须知道要调用哪个回调函数。Qt 中用信号与槽来代替函数指针，使程序更安全、简洁。

信号与槽是一种高级接口，应用于对象之间的通信。信号与槽机制是 Qt 的核心机制，可以让编程人员将互不相关的对象绑定在一起，实现对象之间的通信。信号与槽可以让互不干扰的对象建立联系。

信号（signal）是指在特定情况下发生的事件，槽（slot）是指对信号响应的函数。

例如，在十字路口，当信号灯变成绿色，汽车就可以行驶。其中，信号灯是发送信号的对象，绿灯亮是它发送的"可以通过"的信号；驾驶员是接收信号的对象，汽车行驶是驾驶员对信号的响应，类似于槽。

例如，在一个主窗口上有一个关闭按钮，单击这个按钮窗口就会关闭，那么关闭按钮就是发送信号的对象，它发送的信号是鼠标单击；接收信号的对象是窗口，响应信号的槽是窗口的关闭方法。

槽是用来接收对象发出的信号的成员函数，一个槽不知道它是否被其他信号连接。所以，对象之间并不了解具体的通信机制。图形用户界面应用程序设计的主要内容就是界面上各部件对信号的响应，需要知道什么情况下发送哪些信号，然后合理地去响应和处理这些信号。

2.1.2 信号与槽通信机制

信号与槽是 Qt 自行定义的一种通信机制，它独立于标准的 C/C++语言，是标准 C++

语言的扩展。因此要正确地处理信号与槽，必须借助一个 Qt 工具：元对象编译器（Meta-Object Compiler，MOC）。该工具是 C++ 预处理程序，可为高层次的事件处理自动生成所需要的附加代码。Qt 的元对象系统提供了对象间通信的信号与槽机制、运行时类型信息和动态属性系统等。

元对象编译器是 Qt 对 C++ 语言进行的一些扩展，主要为实现信号与槽机制而引入。要使用元对象编译器，需要满足以下 3 个条件：

（1）该类必须继承自 QObject 类；

（2）要使用动态特性、信号与槽机制等功能，必须在类声明的私有区域添加 Q_OBJECT宏，该宏用于启动元对象特性；

（3）元对象编译器为每个 QObject 的子类，提供实现元对象特性所必需的代码。

信号与槽函数的声明一般位于头文件，同时在类声明的开始位置必须加上 Q_OBJECT宏，它将告诉编译器在编译之前必须应用元对象编译器工具进行扩展。编译器在编译工具中读取并分析 C++ 源文件，若发现一个或多个包含 Q_OBJECT 宏的类的声明，则会生成另外一个包含 Q_OBJECT 宏实现代码的 C++ 源文件（该源文件的名称通常为 moc_*.cpp）。这个新的源文件要么被 #include 包含到类的源文件中，要么被编译链接到类的实现中（通常会采用此方法）。需要注意的是，新文件不会"替换"原文件，而是与原文件一起编译。

创建信号与槽由 Q_OBJECT 宏和元对象编译器自动完成。元对象编译器为每个 QObject子类提供实现元对象功能所需的代码，它使 Qt 能够更好地实现图形用户界面编程。信号与槽机制降低了 Qt 对象的耦合度，使得发送信号的过程和槽接收信号的过程完全分离。

信号与槽机制是指当某个特定的事件发生时，一个或多个指定的信号被发送，槽是返回值类型为 void 的函数，如果存在一个或多个槽和该信号相连接，那么该信号发送后，这些槽（函数）会立刻被执行。

信号与槽之间的联系很宽松，发送信号的对象不知道哪个槽会接收信号；同样，接收信号的槽也不知道信号是哪个对象发送的。信号与槽可以采用任意数量、任何类型的参数，它们是类型安全的。

1．信号与槽的连接类型

在 Qt 中，信号与槽是一种强大的通信机制，使得对象之间能够进行高效、灵活的通信。信号与槽的连接类型有多种，包括一对一、一对多和多对一等。具体有以下 4 种：

（1）把一个信号和一个槽单独进行连接，这时槽会因为信号被发送而被执行；

（2）把几个信号连接在同一个槽上，这样任何一个信号被发送都会使得该槽被执行；

（3）把一个信号和多个槽连接在一起，这样该信号一旦被发送，与之相连接的槽都会立即被执行，但执行的顺序不确定，也不可以指定；

（4）把一个信号和另一个信号进行连接，这样，只要第一个信号被发送，第二个信号就立刻被发送。

信号与槽的连接类型如图 2.1 所示。

2．信号与槽的连接方式

QObject 对象的 connect 函数可以将某个对象的信号与另外一个对象的槽连接，当发送者发送信号时，接收者的槽将被调用。connect 函数有多个重载版本。

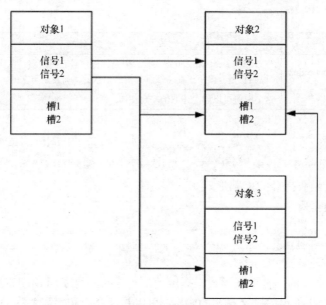

图 2.1　信号与槽的连接类型

方式 1：常规用法。

函数原型如下：

```
QObject::connect ( const QObject * sender, const QObject * signal, const QObject *receiver,
        const char * method, Qt::ConnectionType type = Qt::AutoConnection );
```

connect 函数的作用是将发送者 sender 对象中的信号 signal 与接收者 receiver 中的槽函数 method 连接。connect 函数参数如表 2.1 所示。

表 2.1　connect 函数参数

参数	含义
sender	需要发送信号的对象，它必须是 QObject 类对象
singal	需要发送的信号，该参数必须使用 SIGNAL 宏。Qt 本身提供了一些信号，例如按钮的单击信号 clicked，对话框的数据接收信号 accept、数据拒绝信号 reject 等
receiver	接收信号的对象，它必须是 QObject 类对象
method	使信号与槽关联的槽函数。这个参数也可以是信号，从而实现信号与信号的关联。该参数若是槽，需使用 SLOT 宏；若是信号，需使用 SIGNAL 宏
type	定义信号与槽的关联方式，它决定了信号是立即发送还是排队等待发送

参数 type 的取值使用枚举类型 Qt::ConnectionType，它的取值及含义如表 2.2 所示。

表 2.2　type 的取值及含义

取值	含义
Qt::DirectConnection	直接连接：信号发送时，槽函数将直接被调用。无论槽函数所属的对象在哪个线程，槽函数都在发送信号的线程内执行（这种方式不能跨线程传递消息）
Qt::QueuedConnection	队列连接：当控制权回到接收者所依附线程的事件循环时，槽函数被调用。槽函数在接收者所依附线程中执行（这种方式既可以在线程内传递消息，也可以跨线程传递消息）
Qt::AutoConnection	自动连接：（默认值）如果信号在接收者所依附的线程内发送，则等同于直接连接；如果发送信号的线程和接收者所依附的线程不同，则等同于队列连接

常量值	含义
Qt::BlockingQueuedConnection	与 Qt::QueuedConnection 类似，但是发送信号后会阻塞，直到所关联的槽都被执行（说明它是专门用于在多线程间传递消息的，而且是阻塞的）
Qt::UniqueConnection	这个取值可以和上述取值结合使用

例如：

```
connect(ui->lineEdit,SIGNAL(textChanged(const QString &)),
        ui->label, SLOT (setText (const QString &) );
```

方式 2：基于函数指针的重载形式。

函数原型如下：

```
QObject::connect ( const QObject * sender, PointerToMemberFunction signal, const
    QObject *receiver, PointerToMemberFunction method, Qt::ConnectionType type =
Qt::AutoConnection )
```

这是 Qt 5 中加入的一种重载形式，指定信号与槽时不再使用 SIGNAL 和 SLOT 宏，并且槽函数可以不使用 slots 关键字声明的函数，可以是任意能和信号关联的成员函数。要使成员函数和信号关联，那么这个函数的参数数目不能超过信号的参数数目，但是并不要求该函数拥有的参数类型和信号中对应的参数类型完全一致，可以进行隐式转换。例如：

```
connect(ui->lineEdit,&QLineEdit::textChanged,ui->label,&QLabel::setText);
```

方式 2 与方式 1 相比，优点是可以在编译时进行语法检查，比如信号或槽函数是否拼写错误、槽函数参数数目与信号的参数数目或类型是否一致等，这些错误在编译时就能够被检查出来，所以在 Qt 5 中建议使用这种方式。但是，方式 2 不能连接到重载的信号与槽函数，如果连接重载信号与槽函数，系统还是会报错（可以采用方式 1 来解决重载的信号与槽函数的问题）。

方式 3：应用 C++ 11 的 Lambda 表达式。

connect 函数支持 C++ 11 中的 Lambda 表达式，可以在关联时直接编写信号发送后要执行的代码。使用该方式前，需在.pro 文件中添加 "CONFIG += C++11"。函数原型如下：

```
QObject::connect ( const QObject * sender, PointerToMemberFunction signal,
    const QObject *receiver, [capture](parameters) mutable ->return-type{statement})
```

其中[capture](parameters) mutable ->return-type{statement}是 Lambda 表达式的参数，含义如表 2.3 所示。

表 2.3　Lambda 表达式的参数及含义

参数	含义
[capture]	捕捉列表。捕捉列表总是出现在 Lambda 函数的开始处。实际上，[]是 Lambda 函数的引出符。编译器根据该引出符判断接下来的代码是否为 Lambda 函数。捕捉列表能够捕捉上下文的变量供 Lambda 函数使用
(parameters)	参数列表。与普通函数的参数列表一致，如果不需要参数传递，则可以连同括号 "()" 一起省略
mutable	修饰符。默认情况下，Lambda 函数总是 const 函数，mutable 可以取消其常量性。在使用该修饰符时，即使参数为空，参数列表也不可省略
->return-type	返回类型。用追踪返回类型的形式来声明函数的返回类型，不需要返回值的时候也可以连同符号 "->" 一起省略。此外，在返回类型明确的情况下，也可以省略该部分，让编译器对返回类型进行推导
{statement}	函数体。内容与普通函数一样，除了可以使用参数之外，还可以使用所有捕获的变量

如果槽函数的内容比较简单，单独定义一个槽来连接反而可能更麻烦，直接用 Lambda 函数会更方便：

```
QObject::connect(ui->Btn_close, &QPushButton::clicked, ui->label, [=](){
    ui->label->setText("hello");
    });
```

语法上，用 "[]" 括起来的是捕捉列表，捕捉列表由多个捕捉项组成，并以逗号分隔：

（1）[var]表示使用值传递方式捕捉变量 var；

（2）[=]表示使用值传递方式捕捉所有父作用域的变量（包括 this 指针）；

（3）[&var]表示使用引用传递方式捕捉变量 var；

（4）[&]表示使用引用传递方式捕捉所有父作用域的变量（包括 this 指针）；

（5）[this]表示使用值传递方式捕捉当前的 this 指针。

2.2 信号与槽的操作

信号与槽用于对象之间的通信，是 Qt 交互的核心。为此在 Qt 中引入 slots、signals、emit 关键字，在编译时会被 Qt 的元对象编译器转换为标准的 C++语句。由于信号与槽和函数相似，因此通常把信号称为信号函数，把槽称为槽函数。Qt 的部件类中有一些预定义的信号与槽，但在实际开发中，如果仅使用 Qt 提供的信号函数和槽函数，往往无法满足实际需求，需要自定义信号与槽。实现方法是从部件类中派生出子类，然后在子类中添加所需的信号与槽。

2.2.1 声明信号

信号的声明类似于函数的声明而非变量的声明，如果要向槽中传递参数，需要参数列表。关键字 signals 标志着信号声明的开始；signals 没有 public、private、protected 等属性；信号只需要声明，不需要定义；信号的返回值类型为 void，参数的类型和个数不限；信号的参数不能使用默认值。

例如：

```
class MyWidget:public QWidget{
//Q_OBJECT 是一个宏，添加它才能正常使用 Qt 的信号与槽机制
Q_OBJECT
…
//修饰信号的关键字
signals:
//自定义信号的声明
void mySignal();
void mySignal(int x);
…
};
```

以上代码定义了 MyWidget 类，基类是 QWidget，QWidget 是 QObject 的子类，所以 MyWidget 间接继承自 QObject 类。MyWidget 类中声明了名为 mySignal 的两个重载信号函数，其中，void mySignal()声明没有携带参数的信号，void mySignal(int x)声明带一个整型参数的重名信号。从形式上讲，信号的声明与普通的成员函数声明一样，但是信号没有函

数定义，返回值类型都是 void。

2.2.2 定义槽

槽用于接收信号，槽是 C++的普通成员函数，唯一的特殊性是信号可以与槽关联。当与槽关联的信号被发送时，槽会被调用。槽可以有参数，但槽的参数不能使用默认值。

槽与普通的成员函数一样，也有 public、private 和 protected 这 3 种属性类型。

public slots 是公有槽，任何对象的信号都可以与它连接。这对部件编程非常有用，可以创建彼此互不了解的对象，将它们的信号与槽进行连接以便信息能够正确传递。

protected slots 是受保护的槽，当前类及其子类对象可以与信号连接。

private slots 是私有槽，只有类对象自己可以与信号连接。

与信号一样，槽的声明也是在类的头文件（.h 文件）中，也可以声明为虚函数，但槽必须定义，它的定义在类的实现文件中。

例如：

```
class MyWidget:public QWidget{
Q_OBJECT
…
//修饰槽的关键字
public slots:
//槽的声明
void mySlot();
void mySlot(int x);
…
};
```

上述代码中声明了两个槽——不带参数的 mySlot 和带参数的 mySlot，在类的实现文件中，分别给出了槽的定义，代码如下：

```
void MyWidget:: mySlot()
{
 qDebug()<<"this is a slot function with-not parameter!";
}
void MyWidget::mySlot(int x)
{
qDebug()<<"this is a slot function with parameter x="<<x;
}
```

△注意：对槽的参数尽量不使用自定义的数据类型，否则会降低其通用性。

2.2.3 信号与槽的连接方法

1．使用 QObject::connect 函数关联

在编码模式下，根据需要使用 connect 函数，依据 connect 函数的参数格式要求传入实参，将信号与槽关联。

2．自动关联方式

在 UI 设计模式下，通过"转到槽"命令进行关联。具体操作：从左侧工具栏拖曳一个部件到 UI，在部件上右击，选择"转到槽"命令，选择要连接的信号，单击"OK"按钮，如

图 2.2 所示。这样，在类的.h 文件中可自动创建一个与信号关联的槽的声明，并在类的.cpp
文件中自动添加槽的定义框架，可在其中添加所需功能的实现代码。

图 2.2 自动关联方式

比如图 2.2 中的 close 按钮，使信号与槽关联之后，槽的实现代码如下：

```
void MyWidget:: on_Btn_close_clicked()
{
this->close();
}
```

3. 使用信号与槽工具面板进行关联

进入 UI 设计模式，在信号与槽工具面板中直接选择发送者、接收者、信号与槽进行关
联。具体操作：单击 UI 编辑界面最下侧的"Signals and Slots Editor"，"＋"用于创建新的
信号与槽的关联，"━"用于移除已创建的信号与槽的关联，如图 2.3 所示。

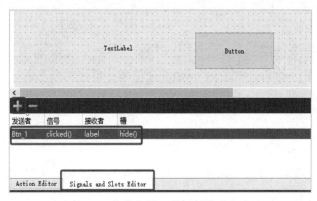

图 2.3 信号与槽工具面板关联方式

4. 使用信号与槽编辑工具栏建立关联

在 UI 设计模式下，可通过信号与槽编辑工具栏建立信号与槽的关联。具体操作：
在 UI 中按 F4 键，或在工具箱中单击"信号与槽编辑工具栏"按钮，进入信号与槽的编

辑界面。单击界面中已经添加好的部件，然后进行拖曳以建立信号与槽的关联。按 F3
键即可返回原 UI 编辑界面，Signals and Slots Editor 中将自动添加信号与槽的关联，如
图 2.4 所示。

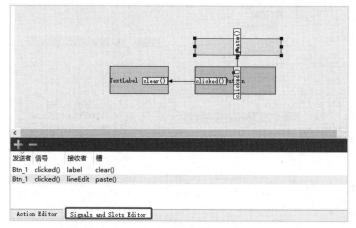

图 2.4　信号与槽编辑工具栏关联方式

配置成功后，如果槽是预定义的，可直接使用；如果槽是用户自定义的，还需要在类
声明文件中声明槽，并在类的实现文件中定义槽。

2.2.4　信号与槽的断开方法

当信号与槽不再需要关联时，可以使用 disconnect 函数断开信号与槽的关联，函数原
型如下：

```
QObject::disconnect ( const QObject * sender, const char * signal, const Object *
receiver, const char * member );
```

如果要断开对象 myObject 的所有信号，可使用以下语句：

```
disconnect( myObject, 0, 0, 0 );
```

或者

```
myObject->disconnect();
```

如果只需要断开 myObject 对象的 mySignal 信号，可使用以下语句：

```
disconnect( myObject, SIGNAL(mySignal()), 0, 0 );
```

或者

```
myObject->disconnect( SIGNAL(mySignal()) );
```

如果要断开 myObject 对象与 myReceiver 对象的所有连接，可使用以下语句：

```
disconnect( myObject, 0, myReceiver, 0 );
```

或者

```
myObject->disconnect( myReceiver );
```

在 disconnect 函数中，0 作为一个通配符参数，可以表示任何信号、任何接收对象、接
收对象中的任何槽函数，但是发送者 sender 不能为 0。

2.2.5　emit 发送信号

emit 用来发送信号，需要与信号配合使用，用于对象之间的通信。当对象状态发生改变时，通过 emit 将信号发送到槽，触发槽的操作。例如，A 和 B 是两个不相关的类，A 类要给 B 类发送一个信号，让 B 类执行它的某个功能，具体操作如下：

第一步，使用 connect(A, SIGNAL(AmySignal()), B, SLOT(BmySlot1())) 将 A 类的信号和 B 类的槽连接起来；

第二步，在需要触发的位置，使用 emit(AmySignal()) 发送信号。

2.2.6　信号与槽机制的局限性

信号与槽机制具有类型安全、松散耦合等优点，增强了对象间通信的灵活性，但同样存在一些局限性。

（1）信号与槽机制的效率非常高，但是同回调函数比起来，由于提高了灵活性，因此在速度上有所损失。

（2）信号与槽机制的调用与普通函数一样，如果使用不当，程序执行时也有可能产生死循环。因此，在定义槽时一定要注意避免间接形成无限循环，即在槽中再次发送所接收到的信号。

（3）如果一个信号与多个槽关联，那么当这个信号被发送时，与之相关的槽被激活的顺序是随机的、不可控的。

（4）槽是普通的成员函数，会受到 public、private、protected 的影响。

（5）在恰当的位置使用 emit 发送信号，可以解决对象间的通信问题，如果使用不当，会出现逻辑错误。

2.3　信号与槽的应用案例

例 2-1：简单的信号与槽的关联。

创建基类为 QWidgit 的应用程序，用户界面设计放置 QLabel、QSlider 和 QSpinBox 这 3 个部件，如图 2.5 所示，功能为拖动 QSlider 滑块时在 QLabel 和 QSpinBox 上显示对应的数值，通过信号与槽建立关联。

在构造函数中，使用部件预定义的信号与槽建立关联。关联函数代码如下：

```
…
connect(ui->horizontalSlider,SIGNAL(valueChanged(int)),ui->label,SLOT(setNum(int)));
connect(ui->horizontalSlider,SIGNAL(valueChanged(int)),ui->spinBox,SLOT(setValue(int)));
…
```

运行效果如图 2.5 所示。

例 2-2：信号与槽的关联及信号发送。

创建基类为 QWidgit 的应用程序，在用户界面放置两个 QPushButton 部件，如图 2.6 所示，功能为通过单击使信号与槽建立关联，具体实现如下。

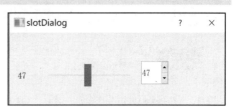

图 2.5　部件的信号与槽关联

（1）在类的头文件中声明信号与槽。

```
…
signals:
    void mysignal();
    void mysignaltest(QString);
private slots:
    void myslot();
    void myslottest(QString);
    void btn_slot();
…
```

（2）在类的实现文件中定义槽。

```
void slotDialog::myslot()
{
    QMessageBox::about(this,"testSignalSlot","This is a self-defining signal/slot
example without parameter!");
}
void slotDialog::myslottest(QString str)
{
    QMessageBox::warning(this,"this is emit signal to slot",str);
}
void slotDialog::btn_slot()
{
    QMessageBox::warning(this,"warning","just for test emit signal");
    emit mysignaltest("test signal with parameter!");
}
```

（3）在构造函数中建立信号与槽的关联。

```
…
connect(ui->pushButton_No,SIGNAL(clicked()),this,SLOT(myslot()));
connect(ui->pushButton_with,SIGNAL(clicked()),this,SLOT(btn_slot()));
connect(this,SIGNAL(mysignaltest(QString)),this,SLOT(myslottest(QString)));
…
```

运行效果如图 2.6 所示。

图 2.6　信号与槽的关联及信号发送

2.4　作业

1. Qt C++项目训练一：利用 Qt 设计一个登录界面，效果如图 2.7 所示。

图 2.7　项目训练一

2. Qt C++项目训练二：利用 Qt 设计一个经典计算器，效果如图 2.8 所示。

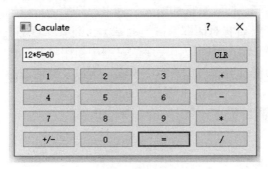

图 2.8　项目训练二

第**3**章 Qt 的对话框设计

对话框是图形用户界面应用程序和用户进行简单交互的顶层窗口，由一系列控件构成，主要用于与用户进行交互、接收数据的输入、输出程序的运行结果。Qt 使用 QDialog 类实现对话框。QDialog 是 Qt 所有对话框窗口类的基类，继承自 QWidget 类，是一种容器类型部件。对话框在开发图形用户界面应用程序的过程中使用得非常多。本章内容主要包括 Qt 的窗口类、内置对话框窗口类、自定义对话框窗口类以及对话框的应用案例等。

3.1 Qt 的窗口类

3.1.1 窗口类的概念

Qt Creator 提供的窗口基类有 QWidget、QDialog、QMainWindow，在创建图形用户界面应用程序时，根据需要选择窗口基类即可。

QWidget 是所有窗口类的基类，也是所有控件类的基类，是用户界面的基本单元，它从窗口系统接收鼠标、键盘和其他信息，并在屏幕上执行相应操作。在没有指定父容器时，QWidget 可以作为独立的窗口；指定父容器后，QWidget 可以作为容器的内部部件。

QDialog 是对话框窗口的基类，主要用于与用户进行短期任务交互或数据交换。如果设置了父窗口，其显示的位置会是父窗口的中心位置。

QMainWindow 是用于设计带有菜单栏、工具栏、状态栏和锚接窗口部件的基类，主窗口必须有一个中央窗口部件（比如文本编辑框或者画布）。主窗口一般独立显示。

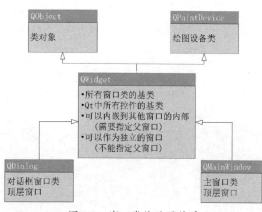

图 3.1 窗口类的继承关系

不会被嵌入父窗口的窗口部件叫作顶层窗口部件。通常情况下，顶层窗口部件是有框架和标题栏的。在 Qt 中，QMainWindow 类和不同 QDialog 的子类是常见的顶层窗口基类。

如果是顶层窗口，就基于 QDialog 类创建；如果是主窗口，就基于 QMainWindow 类创建；如果不确定，即有可能作为顶层窗口，或有可能嵌入其他窗口，则基于 QWidget 类创建。当然在实际操作中，还可以基于其他部件类派生。

窗口类的继承关系如图 3.1 所示。

3.1.2　QDialog 窗口类

Qt 创建的对话框，按照运行时是否可以和该程序的其他窗口进行交互，可分为两种：一种是模态对话框（Modal Dialog），也称阻塞对话框；另一种是非模态对话框（Modeless Dialog），也称非阻塞对话框。

模态对话框是应用较普遍的对话框类型。当模态对话框打开时，其他窗口将全部进入非激活状态，不能接收键盘和鼠标事件，即在模态对话框关闭前，用户不能与同一个应用程序的其他窗口交互。QDialog 类提供了 exec 方法以模态方式打开对话框。

非模态对话框的状态和同一个程序的其他窗口操作无关，即非模态对话框被打开时，用户可以选择与该对话框进行交互，也可以选择与该应用程序的其他窗口进行交互。QDialog 类提供了 show 方法以非模态方式打开对话框。

例如，定义一个基类为 QDialog 的 MyDialog 对话框类，myDlg 是 MyDialog 类的对象，若它为模态对话框，可使用如下语句：

```
MyDialog myDlg;
myDlg.exec();
```

也可以使用 show 方法，代码如下：

```
MyDialog myDlg;
myDlg.setModal(true);
myDlg.show();
```

如果 myDlg 为非模态对话框，可使用如下语句：

```
MyDialog myDlg;
myDlg.setModal(false);//或者myDlg.setModal();
myDlg.show();
```

对话框为模态还是非模态是由其 modal 属性决定的。modal 属性是 bool 类型，值为 true 表明该对话框是模态的，值为 false 则表明该对话框是非模态的。一般使用 setModal 方法来设置对话框的 modal 属性。若使用 exec 方法显示对话框，将忽略 modal 属性值的设置，并把对话框设置为模态对话框。

3.1.3　QDialog 类的继承关系

在 Qt 中，用户可以使用 QDialog 作为基类定义自己的对话框类，而 QDialog 类的基类是 QWidget，因此自定义的对话框类可以继承 QDialog 及 QWidget 的属性和方法。用户也可直接使用系统内置对话框，有颜色对话框（QColorDialog）、字体对话框（QFontDialog）、文件对话框（QFileDialog）、消息对话框（QMessageBox）、输入对话框（QInputDialog）、页面设置对话框（QPageSetUpDialog）、打印对话框（QPrintDialog）、打印预览对话框（QPrintPreviewDialog）、进度对话框（QProgressDialog）等。QDialog 类的继承关系如图 3.2 所示。

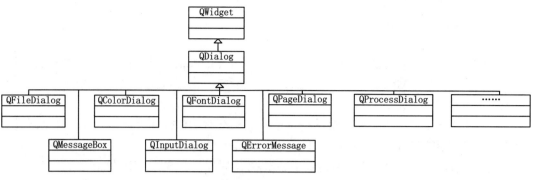

图 3.2　QDialog 类的继承关系

3.2　内置对话框窗口类

内置对话框是 Qt 提供的一套标准的通用对话框类，通过这些对话框类可以直接创建自定义对话框，极大地提高项目的开发效率。使用内置对话框时，需要包含相应的类头文件，例如：

```
#include<QColorDialog>
#include<QFontDialog>
#include<QFileDialog>
```

每种对话框的详细使用方法可参考 Qt 的帮助文档，本节重点介绍几种常用对话框的使用方法。

3.2.1　颜色对话框

QColorDialog 类提供了颜色对话框。通过 QColorDialog 类的静态方法 getColor 可以打开颜色对话框，如图 3.3 所示，并返回所选颜色值。

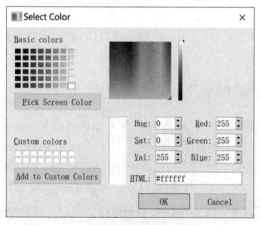

图 3.3　颜色对话框

getColor 方法的原型如下：

```
QColor getColor(const QColor &initial = Qt::white, QWidget *parent = Q_NULLPTR,
  const QString &title = QString(), ColorDialogOptions options = ColorDialogOptions())
```

其中，QColor 是 Qt 中的颜色类型，返回的是所选择的颜色。第 1 个参数用于设置默认颜色值，第 2 个参数用于指定父窗口，第 3 个参数用于设置对话框标题，第 4 个参数用于设置颜色对话框的内容。所有参数均有默认值，因此，在使用 getColor 方法时也可以不带任何参数，如：

```
QColor color=QColorDialog::getColor();
```

例如，通过颜色对话框设置 UI 中 plainTextEdit 部件的文本颜色和背景颜色，具体代码如下：

```
void MyDialog::on_pushButton_colorDialog_clicked()
{
  QColor color=QColorDialog::getColor(Qt::red,this,"Open Color Dialog");
  QPalette palet;
  if(color.isValid())
  {
    palet.setColor(QPalette::Text,color);
    palet.setColor(QPalette::Based,color);
    ui->plainTextEdit->setPalette(palet) ;
  }
    qDebug()<<color;
}
```

3.2.2　字体对话框

QFontDialog 类提供了字体对话框，通过 QFontDialog 类的静态成员方法 getFont 可以打开字体对话框，如图 3.4 所示，并返回所选字体值。

图 3.4　字体对话框

getFont 方法的原型如下：

```
QFont getFont(bool *ok, const QFont &initial, QWidget *parent = Q_NULLPTR, const
QString &title = QString(), FontDialogOptions options = FontDialogOptions())
```

其中，QFont 是 Qt 中的字体类型，返回的是所选择的字体。第 1 个参数是 bool 值，用于获取对话框中的参数是否修改并确认；第 2 个参数用于设置默认字体；第 3 个参数用于指定父窗口；第 4 个参数用于设置对话框标题；第 5 个参数用于设置字体对话框的内容。

例如，打开字体对话框，将选择的字体用于设置 UI 中 plainTextEdit 部件的文本字体，具体代码如下：

```
void MyDialog::on_pushButton_fontDialog_clicked()
```

```
{
bool ok;
QFont font=QFontDialog::getFont(&ok, this);
ui->plainTextEdit->setFont(font);
qDebug()<<font;
}
```

3.2.3 文件对话框

QFileDialog 类提供了文件的打开或保存对话框。QFileDialog 类有 10 种静态方法，供用户操作文件对话框，本小节主要介绍使用频率较高的方法。

（1）选择打开一个文件的方法 getOpenFileName 的原型如下：

```
QString getOpenFileName(QWidget *parent = nullptr, const QString &caption =
QString(), const QString &dir = QString(), const QString &filter = QString(),
QString *selectedFilter = nullptr, Options options = Options())
```

（2）选择打开多个文件的方法 getOpenFileNames 的原型如下：

```
QStringList getOpenFileNames(QWidget *parent = nullptr, const QString &caption =
    QString(), const QString &dir = QString(), const QString &filter = QString(),
QString *selectedFilter = nullptr, Options options = Options())
```

（3）选择保存一个文件的方法 getSaveFileName 的原型如下：

```
QString getSaveFileName(QWidget *parent = nullptr, const QString &caption =
QString(), const QString &dir = QString(), const QString &filter = QString(),
QString *selectedFilter = nullptr, Options options = Options())
```

（4）选择一个已有路径文件的方法 getExistingDirectory 的原型如下：

```
QString getExistingDirectory(QWidget *parent = nullptr, const QString &caption
= QString(), const QString &dir = QString(), Options options = ShowDirsOnly)
```

（5）选择打开一个远程网络文件的方法 getOpenFileUrl 的原型如下：

```
QUrl getOpenFileUrl (QWidget *parent = nullptr, const QString &caption = QString(),
const QUrl &dir = QUrl(), const QString &filter = QString(), QString *selectedFilter
= nullptr, QFileDialog::Options options = Options(), const
QStringList &supportedSchemes = QStringList())
```

其中，上述方法参数及其含义如表 3.1 所示。

表 3.1 QFileDialog 类方法参数及其含义

参数	含义
parent	用于指定父窗口。在 Qt 中，许多部件的构造函数都会有一个 parent 参数，用于指定该部件的父窗口
caption	对话框的标题
dir	对话框显示的默认目录。"." 代表当前工作目录，"/" 代表根目录（在 Windows 中，根目录通常是某个驱动器，如 C:\等；在 Linux 和 macOS 中，根目录则是文件系统的根目录，如/home/user/等）
filter	用于指定文件类型的过滤器。单个过滤器如 Image Files(*.jpg *.png *.xpm)表示对话框将只显示扩展名为.jpg、.png 和.xpm 的文件。多个过滤器可以使用 ";;" 分隔，例如，使用 JPEG Files(*.jpg);;PNG Files(*.png)在对话框中可以选择 JPEG 或 PNG 文件
selectedFilter	用于返回用户选择的过滤器
options	用于指定对话框的行为和外观。取值是 QFileDialog::Option 枚举类型，可以使用位运算符 "|" 来组合多个选项，如 QFileDialog::ShowDirsOnly | QFileDialog::DontUseNativeDialog 等

打开一个文件对话框，通过文件类及数据流将打开的文件显示在对话框中，具体代码如下：

```
void MyDialog::on_pushButton_openFileDialog_clicked()
{
QString fileName=QFileDialog::getOpenFileName(this,"Open file Dialog","./", "*.cpp;
*.txt");
    qDebug()<<fileName;
    QFile file(fileName);
    if (!file.open(QIODevice::ReadOnly))
    {
        QMessageBox::critical(this, "Error" , "Could not open file!" );
        return;
    } // 这个if判断语句必不可少，也可以用file.open(QIODevice::ReadOnly);替换
        QDataStream in(&file);
        if(!in.atEnd())
        {
            QString str=file.readAll();
            ui->plainTextEdit->appendPlainText(str) ;
        }
}
```

运行效果如图 3.5 所示。

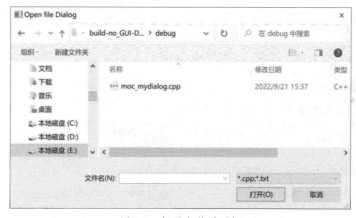

图 3.5　打开文件对话框

保存一个文件，文件名通过保存文件对话框获取，代码如下：

```
void MyDialog::on_pushButton_saveFileDialog_clicked()
{
QString filter="文本文件(*.txt);;图片文件(*.jpg *.gif);;所有文件(*.*)";
    QString saveFileName=QFileDialog::getSaveFileName(this,"Save file Dialog",":/" ,
filter);
    QFile  file(saveFileName);
      file.open(QIODevice::WriteOnly);//这一句不能默认
      QDataStream out(&file);
      out<<ui->plainTextEdit->toPlainText();
qDebug()<<filename;
    }
```

运行效果如图 3.6 所示。

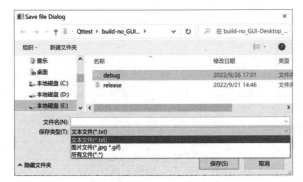

图 3.6 保存文件对话框

获取存在的文件夹的路径字符串，代码如下：

```
QString fileName = QFileDialog::getExistingDirectory(NULL,"caption",".");
qDebug() << fileName;
```

3.2.4 消息对话框

QMessageBox 类提供了向用户显示各类消息的功能。QMessageBox 类共提供了 6 种静态方法，可以显示 6 种不同的对话框，这 6 种不同的对话框有不同的级别，不同的级别使用不同的图标标识。

（1）消息对话框的方法 about 的原型如下：

```
void about(QWidget *parent, const QString &title, const QString &text)
```

（2）Qt 消息框的方法 aboutQt 的原型如下：

```
void aboutQt(QWidget *parent, const QString &title = QString())
```

（3）警告消息框的方法 critical 的原型如下：

```
StandardButton critical(QWidget *parent, const QString &title, const QString &text,
StandardButtons buttons = Ok, StandardButton defaultButton = NoButton)
```

（4）提示消息框的方法 information 的原型如下：

```
StandardButton information(QWidget *parent, const QString &title, const QString &text,
StandardButtons buttons = Ok, StandardButton defaultButton = NoButton);
```

（5）询问消息框的方法 question 的原型如下：

```
StandardButton question(QWidget *parent, const QString &title, const QString &text,
StandardButtons buttons = StandardButtons( Yes | No ), StandardButton defaultButton =
NoButton)
```

（6）错误提示消息框的方法 warning 的原型如下：

```
StandardButton warning(QWidget *parent, const QString &title, const QString &text,
StandardButtons buttons = Ok, StandardButton defaultButton = NoButton)
```

其中，上述方法参数及其含义如表 3.2 所示。

表 3.2 QMessageBox 类方法参数及其含义

参数	含义
parent	指定当前对话框所在的父窗口
title	指定对话框标题栏所显示的标题

参数	含义
text	指定对话框中所显示的文本信息
buttons	指定对话框中所显示的按钮
defaultButton	指定对话框打开后默认选中的按钮

测试上述消息对话框的代码可以放在构造函数中，也可以放在部件的槽函数中，具体测试代码如下：

```
void MyDialog::on_pushButton_messageDialog_clicked()
{
QMessageBox::aboutQt(this);
QMessageBox::about(this,"测试对话框","测试");
QMessageBox::critical(this,"测试对话框","测试");
QMessageBox::information(this,"测试对话框","测试");
QMessageBox::warning(this,"测试对话框","测试");
QMessageBox::question(this,"测试对话框?","测试");
}
```

6 种消息对话框的运行效果如图 3.7 所示。

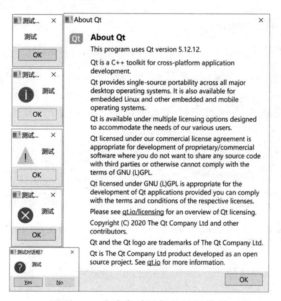

图 3.7　6 种消息对话框的运行效果

3.2.5　输入对话框

QInputDialog 类提供了从输入框中获取输入信息的功能。QInputDialog 类提供了 5 个静态接口方法，分别是获取整数方法 getInt、获取浮点数方法 getDouble、获取文本方法 getText、获取多行文本方法 getMultiLineText 和获取选项方法 getItem。

这些方法含有多个公有参数，其中，参数 parent 是当前输入对话框父窗口所在的地址，参数 title 是输入对话框的标题字符串，参数 value 是输入对话框提示标签的值，参数 ok 用于指定输入对话框中哪个按钮被单击触发，参数 flags 用于指定输入对话框的窗口标识。其余参数在不同的方法中有不同的含义。

（1）获取双精度浮点数的方法 getDouble 的原型如下：

```
double getDouble(QWidget *parent, const QString &title, const QString &label,
double value = 0, double min = -2147483647, double max = 2147483647,
int decimals = 1, bool *ok = Q_NULLPTR, Qt::WindowFlags flags = Qt::WindowFlags())
```

参数 min 指定可输入的最小数值，参数 max 指定可输入的最大数值，参数 decimals 指定小数位数。

（2）获取整数的方法 getInt 的原型如下：

```
int getInt(QWidget *parent, const QString &title, const QString &label, int value =
0, int min = -2147483647, int max = 2147483647, int step = 1, bool *ok = Q_NULLPTR,
Qt::WindowFlags flags = Qt::WindowFlags())
```

参数 step 指定步进值。

（3）获取文本的方法 getText 的原型如下：

```
QString getText(QWidget *parent, const QString &title, const QString &label, QLineEdit::
EChoMode mode = QLineEdit::Normal, const QString &text = QString(), bool *ok = Q_NULLPTR,
Qt::WindowFlags flags = Qt::WindowFlags(), Qt::InputMethodHints inputMethodHints = Qt::ImhNone)
```

参数 mode 设置输入对话框的默认输入模式，参数 text 设置字符串输入对话框中默认出现的文字。

（4）获取选项的方法 getItem 的原型如下：

```
QString getItem(QWidget *parent, const QString &title, const QString &label, const
QStringList &items, int current = 0, bool editable = true, bool *ok = Q_NULLPTR,
Qt::WindowFlags flags = Qt::WindowFlags(), Qt::InputMethodHints inputMethodHints =
Qt::ImhNone)
```

参数 items 指定选项下拉列表中的选项字符串；参数 current 指定选项值的编号，默认值是 0；参数 editable 指定显示的文字是否可编辑。

（5）获取多行文本的方法 getMultiLineText 的原型：

```
QString getMultiLineText(QWidget *parent, const QString &title, const QString &label,
const QString &text = QString(), bool *ok = Q_NULLPTR, Qt:: WindowFlags flags =
Qt::WindowFlags(), Qt::InputMethodHints inputMethodHints = Qt::ImhNone)
```

测试上述几种方法，首先包含头文件 QInputDialog。测试代码可以放在构造函数中，也可以放在槽函数中，具体代码如下：

```
void MyDialog::on_pushButton_inputDialog_clicked()
{
  bool ok=true;
  int intValue=QInputDialog::getInt(this,"输入整数", "设置字体大小:",10,0,100,1,&ok);
  double doubleValue=QInputDialog::getDouble(this,"输入浮点数", "浮点数:", 0.52,0,1,2,&ok);
  QString textValue=QInputDialog::getText(this,"输入目录","目录:", QLineEdit::Normal,
      QDir::home().dirName(), &ok);
  QStringList items;
  items << "春" << "夏"<< "秋" << "冬";
  QString season=QInputDialog::getItem(this, "项输入","请选择季节:", items, 0, false, &ok);
  QString text = QInputDialog::getMultiLineText(this, "多行文本输入", "输入文本: ",
"hello\nworld\n123", &ok);
}
```

5 种输入对话框的运行效果如图 3.8 所示。

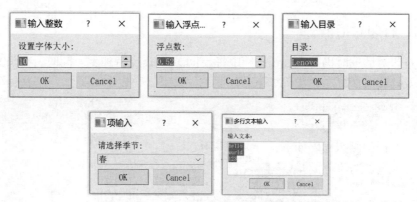

图 3.8 5 种输入对话框的运行效果

3.2.6 页面设置对话框

QPageSetupDialog 类提供了对页面的布局进行设置的功能。使用时首先需要在.pro 文件中将 printsupport 支持加上，代码如下：

```
QT += printsupport
```

在头文件中添加页面设置对话框类及打印机类，代码如下：

```
#include<QtPrintSupport/QPageSetupDialog>
#include<QtPrintSupport/QPrinter>
```

测试代码可以放在构造函数中，也可以放在槽函数中，具体代码如下：

```
void MyDialog::on_pushButton_page_clicked()
{
  QPageSetupDialog *pageDialog=new QPageSetupDialog;//定义页面设置对话框对象
  int ret = pageDialog->exec();        //执行页面设置对话框
if(ret==QDialog::Rejected) // 如果选择页面设置对话框中的取消按键就返回
      return;
 QPrinter *printer=pageDialog->printer();//定义并初始化打印机对象
ui-> plainTextEdit ->print(printer) //打印 Form 窗口中的 plainTextEdit 内容
}
```

页面设置对话框的运行效果如图 3.9 所示。

图 3.9 页面设置对话框的运行效果

3.2.7　打印对话框

使用打印对话框时仍需在.pro 文件中将 printsupport 支持加上。同时，在头文件中添加打印机类及打印对话框类，代码如下：

```
#include <QtPrintSupport/QPrinter>
#include <QtPrintSupport/QPrintDialog>
```

打印对话框的测试代码如下：

```
void myDialog::on_pushButton_print_clicked()
{
  QPrintDialog printDlg;//定义打印对话框对象
  printDlg.exec();      //执行打印对话框
QPrinter *printer=printDlg.printer();//定义并初始化打印机对象
ui-> plainTextEdit ->print(printer)
}
```

打印对话框的运行效果如图 3.10 所示。

图 3.10　打印对话框的运行效果

3.2.8　打印预览对话框

使用打印预览对话框时仍需在.pro 文件中将 printsupport 支持加上。同时，在头文件中添加打印预览对话框类，代码如下：

```
#include <QtPrintSupport/QprintPreviewDialog>
```

打印预览对话框的测试代码如下：

```
void myDialog::on_pushButton_printPreview_clicked()
{
 QPrinter printer;
  printer.setPageSize(QPrinter::Custom);
  QPrintPreviewDialog *previewDialog=new QPrintPreviewDialog(&printer,this);
  previewDialog->setMinimumSize(1000,600);
connect(previewDialog,SIGNAL(paintRequested(QPrinter*)),this,SLOT(Preview(QPrint
er*)));previewDialog->exec(); //显示打印预览对话框
```

```
}
void myDialog::Preview(QPrinter *printer)
{
  ui-> plainTextEdit ->print(printer);
}
```

打印预览对话框的运行效果如图 3.11 所示。

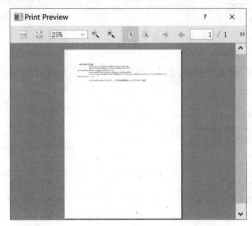

图 3.11　打印预览对话框的运行效果

3.2.9　进度对话框

考虑到程序的友好性，当程序在执行一项耗时操作时，界面中应提示用户"程序还在运行中"等信息，Qt 的进度对话框可以满足此需求。进度对话框用于提示当前程序某项操作的执行进度，让用户知道操作依旧在进行，配合按钮可以随时终止操作。QProgressDialog是 Qt 预定义的标准对话框，提供了动态显示执行进度的功能。

使用进度对话框时，要在头文件中包含该对话框类 QProgressDialog，添加代码如下：

```
#include <QProgressDialog>
```

如果所耗总时间已知，则不需要借助定时器，直接根据总耗时打开进度对话框显示进度，实现代码如下：

```
void myDialog::on_pushButton_progress_clicked()
{
  QProgressDialog *progressDialog=new QProgressDialog("文件复制进度", "取消", 0,
      50000, this);
  progressDialog->setWindowTitle(tr("进度对话框"));
  progressDialog->setMinimumSize(500,300);
  progressDialog->setWindowModality(Qt::WindowModal);
  progressDialog->show();
  for(int i = 0; i < 50000; i++)
  {
    progressDialog ->setValue(i);
    QCoreApplication::processEvents();
    if(progressDialog->wasCanceled())
      break;
  }
}
```

进度对话框的运行效果如图 3.12 所示。

图 3.12　进度对话框的运行效果

如果所耗总时间无法估计，则需要借助定时器 QTimer，具体应用方法将在 5.4.4 小节详细讲解。

3.3　自定义对话框窗口类

系统内置对话框功能有限，大多数情况都需要根据具体业务要求定制对话框。可以为自定义对话框添加各类输入输出控件、各类按钮和显示控件、可定制对话框的图标及背景等。自定义对话框类以 QDialog 为基类，具体创建步骤如下。

（1）创建项目。选择一个模板为 Qt Widgets Application 的应用程序项目，设置项目的名称和位置，Build System 选择 qmake，然后自定义对话框类名称，基类选择 QDialog，勾选 Generate form 界面复选框，选择 Kits 中的编译器，完成自定义对话框项目的创建。

（2）编辑项目。编辑图形用户界面、建立信号与槽的关联、添加槽函数及实现功能，并根据项目需要添加其他相关的类文件或者资源文件等。

（3）编译与运行项目。编译项目，检测并修改项目中的各类错误，最后运行项目，查看项目各个功能部件的实现效果。

3.4　对话框的应用案例

例 3-1：创建自定义对话框为对话框中的各按钮添加相应的功能。创建步骤如下。

（1）创建项目：基类选择 QDialog。

（2）编辑项目：设计 Form 窗口，建立信号与槽的关联。

（3）编译与运行项目：运行效果如图 3.13 所示。

图 3.13　自定义对话框的运行效果

3.5 作业

1. 工程项目中 Q_OBJECT 宏的作用是什么?
2. Qt 常用的窗口部件有哪些? 各自有什么特点?
3. 简述 QDialog 对话框的工作模式。
4. QDialog 内置对话框有哪些?

第4章 Qt 的主窗口设计

常见应用程序大多基于主窗口设计，主窗口为建立应用程序用户界面提供了框架。Qt 提供了一个预定义的主窗口类 QMainWindow 和其他相关的类，用于主窗口的设计。QMainWindow 类拥有自己的布局，主窗口中包含一个菜单栏（Menu Bar）、一个中心部件（Central Widget）、若干工具栏（Tool Bar）、一个状态栏（Status Bar）及多个锚接部件（Dock Widget）等。本章主要介绍主窗口每个部分的设计与实现方法，还会涉及资源文件管理、文本操作等内容。

4.1 主窗口概述

主窗口提供了完整的应用程序用户界面的框架，包含一个菜单栏、一个中心部件、多个工具栏、一个状态栏及多个锚接部件等，很多应用程序都通过 QMainWindow 类创建主窗口。Qt 使用主窗口类 QMainWindow 和相关的类管理主窗口应用。主窗口的结构如图 4.1 所示，其中，菜单栏、工具栏、状态栏及锚接部件是可选部件，中心部件则是每个主窗口应用所必须指定的。

图 4.1　主窗口的结构

4.1.1　各部件功能

1．菜单栏

菜单栏是保存了一系列命令的列表。菜单栏命令、工具栏按钮命令、键盘快捷键命令等统一使用 Qt 的动作类 QAction 对象表示。Qt 的菜单栏就是由一系列 QAction 动作对象构成的列表，它是包含各菜单命令的面板。

2．工具栏

工具栏也是由 QAction 命令序列组成的面板，工具栏上的命令以按钮形式呈现，也可以插入其他窗口部件。工具栏的位置可以改变，可停靠在窗口的上下左右区域，一般放置在菜单栏的下方。

3．锚接部件

锚接部件又被称为停靠窗口部件，通过包含其他窗口部件以实现某些功能。锚接部件位于工具栏下方，可以停靠在中心部件的四周，也可以浮动在主窗口上，用来放置一些部件以实现一些功能，就像工具箱。

4．中心部件

中心部件位于锚接部件的内部，一个主窗口有且只有一个中心部件，它是应用程序的主要功能实现区域。例如，文本编辑区域是 Word 应用窗口的中心部件。任何继承自 QWidget 类的子类对象，如 QTextEdit、QLabel、QTextBrowser、QTableWidget、QGraphicsView 等，都可以作为中心部件使用。

5．状态栏

状态栏位于主窗口底部，通常用于显示图形用户界面应用程序的一些状态信息，如菜单命令的提示信息、文档的状态等。状态栏中也可添加 Qt 的窗口部件，用于显示不同的状态信息。

4.1.2 主窗口类

Qt 通过 QMainWindow 类管理整个主窗口，它的基类是 QWidget，因此它继承了 QWidget 类大量的属性和方法。另外，QMainWindow 类还增加了自己独有的属性和方法，增加的主要属性如表 4.1 所示，增加的主要方法如表 4.2 所示。

表 4.1 QMainWindow 类增加的主要属性

属性	类型	说明
animated	bool	停靠小部件和工具栏在移动时是否以动画形式显示，默认值为 true
documentMode	bool	是否可以嵌套停靠小部件
dockNestingEnabled	bool	停靠小部件的选项卡栏是否可以设置为文档模式。默认值为 false
unifiedTitleAndToolBarOnMac	bool	窗体是否使用与 macOS 上一致的标题风格
iconSize	QSize	设置工具栏中各按钮的大小
dockOptions	DockOptions	停靠选项，默认值为 AnimatedDocks|AllowTabbedDocks
tabShape	QTabWidget::TabShape	设置选项卡式停靠小部件的选项卡形状。默认值为 QTabWidget::Rounded，可取值还有 QTabWidget::Triangular
toolButtonStyle	Qt::ToolButtonStyle	主窗口中工具栏按钮的样式，默认值为 Qt::ToolButtonIconOnly

表 4.2　QMainWindow 类增加的主要方法

原型	功能
void setCentralWidget(QWidget *widget)	设置参数 widget 所指向的部件为中心部件
void setMenuBar(QMenuBar *menuBar)	将参数 menuBar 所指向的工具栏添加到主窗口中，并指定初始停靠位置
void setStatusBar(QStatusBar *statusbar)	将参数 statusbar 所指向的状态栏放到主窗口中
void insertToolBar(QToolBar *before, QToolBar *toolbar)	在参数 before 所指定的工具栏前插入参数 toolbar 所指向的工具栏
void addToolBar(QToolBar *toolbar)	将 QToolBar 类型指针 toolbar 所指向的工具栏添加到当前主窗口中，并指定初始停靠位置
void addDockWidget(Qt::DockWidgetArea area, QDockWidget *dockwidget)	在主窗口参数 area 所指定的区域添加参数 dockwidget 所指向的锚接部件

除了从 QWidget 类和 QObject 类继承的槽函数之外，QMainWindow 类还另外增加了 3 个槽函数。常用槽函数及其功能如表 4.3 所示，其中，后 3 行是 QMainWindow 类中增加的，其余是 QWidget 类原本有的。

表 4.3　常用槽函数及其功能

原型	功能
bool close()	关闭当前主窗口
bool hide()	隐藏当前主窗口
void show()	显示隐藏的主窗口
void repaint()	刷新窗口区域
void showFullScreen()	全屏显示窗口
showMaximized()	最大化显示窗口
void showNormal()	以普通大小显示窗口
void update()	更新窗口的显示方式
void setAnimated(bool enabled)	设置 animated 属性的值
void setDockNestingEnabled(bool enabled)	设置 dockNestingEnabled 属性的值
void setUnifiedTitleAndToolBarOnMac(bool set)	设置 unifiedTitleAndToolBarOnMac 属性的值

QMainWindow 类中还增加了改变图标大小的信号 iconSizeChanged、激活停靠窗口的信号 tabifiedDockWidgetActivated、改变工具栏风格的信号 toolButtonStyleChanged。

4.2　主窗口的创建方法和设计流程

4.2.1　主窗口的创建方法

对图形用户界面应用程序开发而言，整个应用程序的创建分为两部分，分别是用户界面设计部分和功能实现部分。用户界面设计也称为 UI 设计或资源设计，功能实现是基于用户界面完成的。

创建应用程序主窗口主要有两种方式。

第一种是全部通过代码生成。应用程序主窗口类继承自 QMainWindow 类，添加菜单栏、工具栏、锚接部件及状态栏等，通过代码设置它们的属性，用窗口部件类的方法生成中心部件并添加到主窗口。这种方式代码量大，难度相对较高，开发效率降低。但使用这种方式代码冗余少，在嵌入式设备中占用资源少，项目打开和执行速度快。

第二种是通过 UI 设计器添加菜单栏、工具栏、锚接部件、状态栏等，并通过属性编辑器或代码设置各部件的属性；也可通过设计器关联信号与槽，再使用代码将主窗口继承到应用程序中，实现应用程序主窗口的创建。这种方式学起来容易、开发难度低，PC 端的大型应用程序开发经常使用这种方法。

4.2.2 主窗口的设计流程

创建主窗口应用程序大体分为 4 步：创建应用框架、添加用户界面、实现功能、编译运行。

第 1 步：创建基类为 QMainWindow 的主窗口应用程序项目。在创建项目时，如果采用第一种全代码方法，不勾选 UI 复选框；如果采用第二种方法，则勾选 UI 复选框。

第 2 步：用户界面设计，为应用添加所需的界面，为每个界面添加窗口所需的各类部件，包括数据输入显示部件、菜单命令、工具栏按钮、状态栏等。

第 3 步：实现功能，包括建立信号与槽的关联，完善类的构造函数、析构函数，为窗口添加成员函数及槽函数的定义、添加功能性类的定义等。

第 4 步：编译、修改、运行。

4.3 主窗口应用程序设计

4.3.1 主窗口应用的界面设计

例 4-1：采用第二种 UI 设计方法实现文本编辑器的主窗口应用的界面，具体实现步骤如下。

第 1 步：使用应用向导创建主窗口应用程序框架。

在创建应用程序的过程中，基类选择 QMainWindow，同时，勾选创建 Form 后面的复选框，自动创建与自定义窗口类对应的头文件、源文件和.ui 文件。依次按照向导提示完成项目的创建。

第 2 步：设置主窗口的标题和按钮图标。

在"对象"面板中选择 myMainWindow，在属性列表中选择 windowTitle，在后方的文本框中输入"文本编辑器"，如图 4.2 所示。也可通过在主窗口的构造函数中添加代码修改窗口标题，代码如下：

图 4.2 设置窗口标题

```
this->setWindowTitle("文本编辑器") ;
```

或者

```
QMainWindow::setWindowTitle("文本编辑器");
```

设置主窗口图标，可以通过导入资源文件添加，也可以直接选择文件添加。如果直接选择文件添加，首先需要准备一个图片文件，然后在"对象"面板中选择主窗口对象 myMainWindow，在属性列表中选择 windowIcon，单击右侧的下拉按钮，在弹出的下拉列表中选择"选择文件"，如图 4.3 所示，打开图 4.4 所示的对话框，选择图片文件。

图 4.3　窗口图标

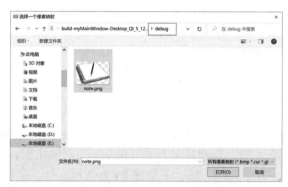

图 4.4　选择图片文件

　　编译运行后可看到修改过的标题和图标。图片文件必须添加到该工程相应的 build 文件夹的 debug 或 release 目录下，如果项目移动会导致图标不显示。

　　如果通过导入资源文件添加，首先需要在工程文件中添加一个资源文件，具体操作步骤：右击工程文件，选择添加新文件按钮，或者选择文件菜单中的"新建文件或项目"命令，然后在弹出窗口中的"文件和类"面板中选择 Qt 及 Qt Resource File，如图 4.5 所示，按要求依次完成便可在工程中添加扩展名为.qrc 的资源文件。同时在工程窗口中出现资源文件的编辑界面，先添加前缀"/"，然后添加需要的图片文件，如图 4.6 所示。这样工程中需要的图片文件统一通过资源文件管理，方便项目的移动和跨平台的移植。

图 4.5　添加资源文件

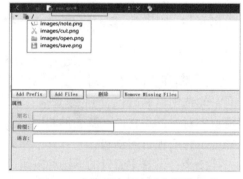

图 4.6　从资源文件中添加图片文件

　　添加好的资源文件可以通过对象窗口的属性列表添加到窗口中，步骤同直接选择资源文件方式，也可以通过代码添加，代码如下：

```
this-> setWindowIcon(QIcon(":/images/note.png"));
```

或者

```
QMainWindow::setWindowIcon(QIcon(":/images/note.png"));
```

　　第 3 步：设置窗口中心部件。

　　设计一个简单的文本编辑器，首先在编辑模式下打开.ui 文件，在窗口中从工具栏中拖放一个文本编辑部件，如 textEdit、plainTextEdit，然后将该部件作为中心部件，在构造函数中通过添加代码实现，代码如下：

```
this->setCentralWidget(ui->plainTextEdit);
```

或者

```
QMainWindow::setCentralWidget(ui->plainTextEdit);
```

第 4 步，添加菜单项。

（1）创建主菜单和子菜单，在工程项目文件中双击界面.ui 文件，打开界面，双击菜单栏中的"在这里输入"，输入&File 后按 Enter 键，便可创建 File 主菜单，再双击主菜单栏下的子菜单区域,依次添加子菜单命令&New、&Open 和&Save 等;以同样的方法添加&Edit、&Format、&About 等主菜单项，然后添加&Copy、&Cut 和&Paste 等菜单命令。

（2）添加菜单图标：在子菜单面板属性框中单击 windowIcon 右侧的下拉按钮，在弹出的下拉列表中选择"选择资源"，添加菜单图标，如图 4.7 所示。

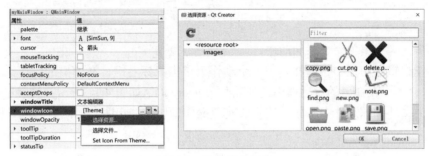

图 4.7　添加菜单图标

菜单栏添加效果如图 4.8 所示。

图 4.8　菜单栏添加效果

添加菜单项之后，动作编辑器面板中会显示添加的所有动作，每个动作都有默认名称，如图 4.9 所示。

图 4.9　动作编辑器面板

同时，在动作编辑器面板中可以为每个动作添加快捷键，具体操作为选择其中一个动作并双击，在弹出的"编辑动作"对话框中单击 Shortcut 旁边的编辑框，然后在键盘上同时按想要设置的快捷键，如图 4.10 所示。

图 4.10　为动作添加快捷键

第 5 步：为子菜单命令添加动作。

在动作编辑器面板中，选择其中一个动作后单击鼠标右键，在弹出的快捷菜单中选择"转到槽"命令，在弹出的对话框中选择信号 triggered()，如图 4.11 所示，最后单击 OK 按钮，便在头文件和源文件中添加了信号的响应操作槽函数的声明和槽函数的定义框架。

图 4.11　为子菜单命令添加动作

子菜单项的槽函数定义框架如下：

```
void myMainWindow::on_action_Open_triggered()
{  //添加打开文件功能
}
void myMainWindow::on_action_Save_triggered()
{  //添加保存文件功能
}
…
```

第 6 步：添加工具栏按钮。

工具栏是把菜单栏中的常用命令以按钮的方式显示出来，便于操作。由于主窗口工程文件创建时，没有在.ui 文件中自动添加工具条，所以，先在编辑模式下打开.ui 文件，在界面空白处右击，在弹出的快捷菜单中选择"添加工具栏"命令，此时，添加的工具栏便位于菜单栏的下方，然后可以直接把动作编辑器面板中需要在工具栏上显示的动作拖动到工具栏区域，如图 4.12 所示。

第 7 步：添加状态栏显示信息。

主窗口项目创建后，状态栏会自动添加在 UI 窗口的最下面。要想在状态栏中显示各种操作的提示信息，需要在构造函数中添加如下代码：

```
this->statusBar()->showMessage("ready......");
```

或者

```
QMainWindow::statusBar()->showMessage("ready......");
```

运行效果如图 4.13 所示。

图 4.12　添加工具栏按钮

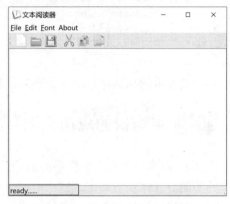

图 4.13　添加状态栏显示信息

如果其他菜单栏上的动作提示信息需要在状态栏上显示，则需要在窗口中选择对象，然后在下方的属性列表中选择 statusTip，并在右侧的文本框中输入相应的动作名称，如图 4.14 所示。

图 4.14　在状态栏中显示的动作提示信息

4.3.2　主窗口功能的实现

上面案例在设计器中完成了界面设计，现在为每个子菜单添加功能，具体实现步骤如下。

第 1 步：为动作添加信号与槽。

在主窗口设计中，通过选择动作编辑器面板中的各种动作，为其添加槽函数。

第 2 步：为槽函数添加函数实现代码。

"File"菜单下的"Open"命令用于打开一个文本文件，槽函数代码实现如下：

```
void MainWindow::on_actionOpen_triggered()
{
    QStringfileName=QFileDialog::getOpenFileName(this,"open File Dialog","./", "*.cpp;;
*.txt");
    QFile file(fileName);    //定义文件对象并初始化
if(!file.open(QIODevice::ReadOnly)) //判断打开文件的模式的标志是否为真
    return 0;
    QDataStream in(&file);
    if(!in.atEnd())
    {
        QString str=file.readAll();
        ui->plainTextEdit->appendPlainText(str) ;
    }
    file.close();//关闭文件对象
}
```

各个子菜单的功能操作编辑完成后，便可运行测试。

4.4 主窗口的应用案例

例 4-2：创建一个文本编辑器界面，要求利用系统内置对话框以及自定义函数实现各个动作的功能。具体步骤如下。

（1）创建项目：基类选择 QMainWindow。

（2）编辑项目：设计 Form 窗口中的菜单栏、工具栏和状态栏。

（3）实现功能：编辑各个动作的槽。

（4）编译与运行项目：运行效果如图 4.15 所示。

图 4.15 文本编辑器界面运行效果

4.5 作业

1. QMainWindow 类主窗口框架包括哪些?

2. 简述常用的主窗口创建方法，以及各自的优缺点和适用场合。

第5章 QWidget 类及窗口部件

QWidget 类是所有用户界面对象的基类，窗口部件是用户界面的原子，它从窗口系统接收鼠标、键盘和其他事件，并在屏幕上绘制这些事件。这些部件组成了与用户交互的窗口，也称为自定义窗口。本章主要介绍 QWidget 类的基本部件及其使用方法。

5.1 QWidget 类概述

QWidget 类是所有用户界面对象的基类，被称为基础窗口部件，它继承自 QObject 类和 QPaintDevice 类。它接收来自 Windows 系统的鼠标、键盘以及其他事件，然后将它自己绘制在屏幕上。

QWidget 类是最基础的窗口部件，它是 Qt 中建立用户界面的主要元素。主窗口、对话框、标签、按钮、文本输入框等都是窗口部件，提供了绘制自己和处理用户输入事件的基本功能。Qt 提供的所有界面元素不是 QWidget 的子类就是与 QWidget 的子类相关联，因此可以通过继承 QWidget 类或它的子类来设计自己的窗口部件。

未嵌入父窗口部件的 QWidget 类称为顶级窗口，顶级窗口有边框和标题栏，在 Qt 中用 QMainWindow 类和 QDialog 类的各种子类作为顶级窗口类型。非顶级窗口部件是子窗口部件，它们是其父窗口部件中的子窗口，Qt 中的绝大多数其他窗口部件仅作为子窗口部件。

QWidget 类代表一般的窗口，其他窗口类都是从 QWidget 类继承得到的。而 QWidget 类同时继承了 QObject 类和 QPaintDevice 类，也就是说，窗口类都是 Qt 对象类，QPaintDevice 类则是所有可绘制对象的基类，如图 5.1 所示。

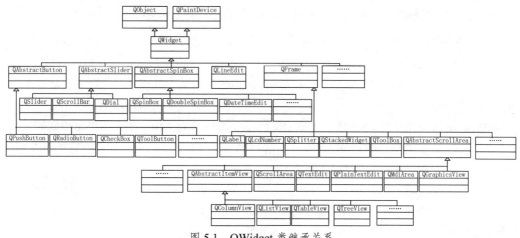

图 5.1 QWidget 类继承关系

5.1.1 QWidget 窗口类型

QWidget 类定义了 60 多个属性，用于设置窗体位置、状态、样式、外观等。QWidget 类的主要属性及其含义如表 5.1 所示。

表 5.1 QWidget 类的主要属性及其含义

属性	类型	含义
modal	bool	窗体是否为模态对话框
isActiveWindow	const bool	窗体是否处于激活状态
visible	bool	窗体是否可见
focus	const bool	是否获取焦点
enabled	bool	是否可用
windowModified	bool	是否被修改
minimized	const bool	能否被最小化
pos	QPoint	位置
rect	QRect	区域位置及大小
size	QSize	部件的大小，如果小部件在调整大小时可见，它将立即收到一个调整大小事件 resizeEvent()；如果小部件当前不可见，则会在显示之前收到一个事件
frameGeometry	QRect	窗体框（即窗体最外层）的位置和大小
geometry	QRect	存储窗体的客户区的位置和大小
height	const int	高度
width	const int	宽度
windowTitle	QString	窗体的标题，仅对顶级窗口部件有意义
windowIcon	QIcon	窗体的图标，如果未设置任何图标，则是 windowIcon 函数返回的应用程序图标
windowOpacity	double	窗口的透明度
font	QFont	窗体中显示的文字字体
styleSheet	QString	窗体的样式表

QWidget 提供的成员函数有 200 多个，包含多个构造函数、属性的设置与获取函数、窗体的最大化和最小化函数、刷新函数、窗体及子窗体的管理函数等。

QWidget 类的构造函数接收一个或两个标准参数，函数原型：

```
QWidget(QWidget *parent = Q_NULLPTR, Qt::WindowFlags f = Qt:: WindowFlags())
```

第一个参数 parent 是父窗口部件的指针，用于指定当前窗体的父窗体，默认值是 0，表明没有父窗口；如果不是 0，则参数 parent 所指向的窗体将作为当前窗体的父窗体。第二个参数 f 是设置窗体部件的标记，用于指定窗体类型，设置默认对几乎所有窗口部件适用，它的取值是 Qt::WindowType 窗口类型，这个类型定义的是一组枚举值，用来指定窗口系统属性，包括 Qt::Dialog（对话框类型）、Qt::Window（主窗口类型）、Qt::SplashScreen（启动画面类型）、Qt::WindowFlags 等。f=0 表明窗口类型为 Qt::Widget，这是 QWidget 的默认类型。

Qt::WindowFlags 窗口标志，通过枚举类型的值为部件指定窗口显示属性，如 Qt::WindowStaysOnTopHint（始终位于顶层位置）等。Qt::WindowFlags 有很多种取值，实际使用时若不关心窗口层次，可不设置这个参数。

其他常用成员函数及其功能如表 5.2 所示。

表 5.2　其他常用成员函数及其功能

原型	功能
QWidget *window() const	获得所在的独立窗口的指针
QWidget *parentWidget() const	获得父窗口指针
QString windowTitle() const	获得窗口标题
void setWindowTitle(const QString &text)	设置窗口标题为 text
const QRect &geometry() const	获取客户区的几何参数
void setGeometry(int x, int y, int w, int h) void setGeometry(const QRect &rect)	设置客户区的几何参数
QRect frameGeometry() const	获取外边框的几何参数
void move(const QPoint &pos)	将窗口左上角（外边框）移动到 pos 处
void resize(const QSize &size)	将窗口（客户区）的大小改为 size
void showFullScreen()	以全屏方式显示窗口，这是一个槽
void showNormal()	以普通方式显示窗口，这是一个槽
void setWindowState(Qt::WindowStates　windowState)	设置窗口状态
void setLayout(QLayout *layout)	设置顶级布局
void grabMouse()	捕获鼠标事件

QWidget 类从基类 QObject 中继承了两个信号，定义了自定义环境菜单请求 customContextMenuRequested 信号、窗体图标改变 windowIconChanged 信号、窗体标题改变 windowTitleChanged 信号。

QWidget 类的主要槽函数及其功能如表 5.3 所示。

表 5.3　QWidget 类的主要槽函数及其功能

原型	功能
void close()	关闭窗口
void hide()	隐藏窗口
void show()	显示窗口
void repaint()	调用刷新事件 paintEvent 刷新（重绘）窗口
void update()	窗口不能使用或隐藏时刷新窗口
void lower()	降低窗口到底层
void raise()	提升窗口到顶层

例 5-1：创建基类为 QWidget 的图形用户界面应用程序。
在构造函数中添加如下代码：

```
QWidget * widget=new QWidget(0,Qt::Dialog);//对话框类型
//使窗口停留在所有窗口上面
QLabel * label1=new QLabel(0,Qt::SplashScreen|Qt::WindowStaysOnTopHint);
label1->setText("label1: as a Window!");
QLabel * label2=new QLabel(widget);
label2->setText(QObject::tr("label2:只是 widget 的子部件"));
label2->resize(800,600);
```

```
widget->show();
label1->show();
```

⚠ **注意**：如果部件 widget 的 parent 的值为 0（nullptr 空指针），widget 部件将成为一个独立窗口，则必须明确显示该部件；如果 parent 是另一个窗体部件，则 widget 窗体将成为 parent 的子窗口，删除 parent 窗口时子窗口也将被删除。

5.1.2　QWidget 窗口布局

对于一个窗口，往往要设置它的大小和运行时出现的位置，这就是窗口几何布局，存储在属性 geometry、rect 和 size 中，通过访问这些属性就能得到窗口的大小和位置等。QWidget 的窗口布局如图 5.2 所示，信息获取方法如表 5.4 所示。

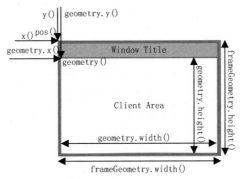

图 5.2　QWidget 的窗口布局

表 5.4　信息获取方法

原型	功能	说明
frameGeometry()	获取几何尺寸	包括边框和标题栏
x() y() frameGeometry.x() frameGeometry.y() pos()	获取屏幕左上角的坐标，坐标原点为(0,0)	
frameGeometry.width() frameGeometry.height()	获取窗口真正的宽度和高度	
move()	获取移动到的位置	
geometry()	获取几何尺寸位置大小	不包含边框的窗口位置函数
geometry.x() geometry.y()	客户区左上角的坐标，坐标原点为(0,0)	不包括标题栏、边框的客户区
geometry.width() geometry.height() width() height() rect().width() rect().height() size().width() size().height()	获取客户区的宽度和高度	
resize()	设置大小	
setGeometry()	设置位置和大小	

例 5-2：窗口函数的使用，在控制台输出窗口的位置、大小等信息。

使用向导创建基于 QWidget 类的应用，在构造函数中添加如下代码：

```
//窗口左上角的坐标（含边框），这 3 条语句输出的 x 和 y 均为 0
    qDebug() << this->frameGeometry().x() << this->frameGeometry().y();
    qDebug() << this->x()  << this->y();
    qDebug() << this->pos().x() << this->pos().y();
    //窗口的宽度和高度（含边框）
    qDebug() << this->frameGeometry().width() << this->frameGeometry().height();
    //窗口左上角的坐标（不含边框）
    qDebug() << this->geometry().x() << this->geometry().y();
//窗口的宽度和高度（不含边框），这 4 条语句的输出结果相同
    qDebug() << this->geometry().width() << this->geometry().height();
    qDebug() << this->width() << this->height();
    qDebug() << this->rect().width() << this->rect().height();
    qDebug() << this->size().width() << this->size().height();
```

QWidget 是所有 GUI 控件的基类，所以掌握 QWidget 类的用法是学习 Qt 的关键。Qt 中的 GUI 控件类型可分为容器类部件和功能类部件。

1．容器类部件

它是用于包含其他界面控件的父部件，Qt 的 GUI 工具箱中各容器控件的图标如图 5.3 所示。

2．功能类部件

它用于实现特定的交互功能，按钮部件、输入部件等均属于功能类部件。Qt 设计器将部件放在工具箱中以简化 UI 的设计，由于这些部件具有用户界面，因此也称为控件。控件是部件的一个主要样本，对控件的介绍是通过部件展开的。设计工具箱中常用的基础控件有 4 类，分别是按钮控件类（Buttons Widgets）、输入控件类（Input Widgets）、显示控件类（Display Widgets）及容器控件类（Containers Widgets）。

图 5.3　各容器控件的图标

5.2　按钮控件类

5.2.1　QAbstractButton 抽象基类

QAbstractButton 是按钮的抽象基类，提供按钮的通用功能，它的基类是 QWidget，继承了 QWidget 类的 59 个属性、214 个公有方法、3 个信号和 19 个槽。它扩展了是否可选择 checkable、是否为选中状态 checked 等属性，增加了 isCheckable、isChecked、setCheckable、setDown 等方法，增加了单击信号 clicked、鼠标左键长按信号 pressed、鼠标释放信号 released、按钮的状态发生变化时发出的信号 toggled，增加了槽函数 click、setChecked 等。

QAbstractButton 的子类分为按钮类和选择类，按钮类包括标准按钮 QPushButton、命令链接按钮 QCommandLinkButton、对话框按钮组 QDialogButtonBox 和工具按钮

QToolButton，选择类包括复选框 QCheckBox 和单选按钮 QRadioButton。GUI 工具箱中各按钮

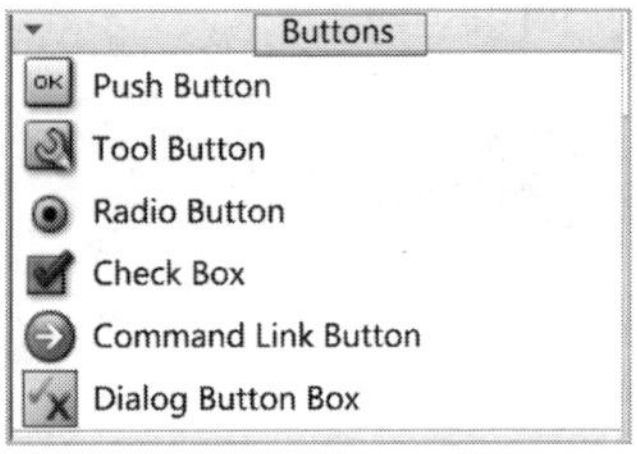

图 5.4　各按钮控件的图标

控件的图标如图 5.4 所示。

QPushButton 常用于执行命令或触发事件，被 QCommand-LinkButton 类继承。QToolButton 是工具按钮类，用于创建命令或者选项的快速访问按钮。

QRadioButton 是单选按钮类，通常成组出现，用于提供两个或多个互斥选项。QCheckBox 是复选框类，继承自 QAbstractButton 类，与 QRadioButton 类的区别在于选择模式的不同，前者多选多，后者多选一。

QCommandLinkButton 是命令链接按钮类，与 QRadioButton 类相似，用于在互斥选项中选择一项，区别在于 QCommandLinkButton 类除了带有描述文本外，默认携带一个箭头图标，表明单击按钮将打开另一个窗口或页面。

QDialogButtonBox 是对话框按钮类，继承自 QWidget 类，常用于自定义按钮组合构成的对话框，通过属性设置可以包含多个按钮。

5.2.2　QPushButton 部件

QPushButton 部件常用属性有对象的名称 objectName、对象在界面中显示的文本 text、对象的图标 icon、对象文本显示所用的字体 font、对象是否可用 enabled 等。

例 5-3：按钮样式的设置。

使用向导创建带有 UI 的对话框应用，在界面中添加一个 QPushButton 按钮部件，并设置按钮样式，如前景色、背景色、边框等，在构造函数中添加如下代码：

```
// 定义初始样式集合
    QStringList list;
    list.append("font: 14pt "Agency FB"");
    list.append("font: Agency FB");
    list.append("color:white");                     // 前景色
    list.append("background-color:rgb(85,170,255)"); // 背景色
    list.append("border-style:outset");             // 边框风格
    list.append("border-width:5px");                // 边框宽度
    list.append("border-color:rgb(10,45,110)");     // 边框颜色
    list.append("border-radius:20px");              // 边框倒角
    list.append("font:bold 30px");                  // 字体样式和大小
    list.append("padding:4px");                     // 内边距
// 设置按钮初始样式
    ui->pushButton->setStyleSheet(list.join(';'));
```

按钮设置效果如图 5.5 所示。

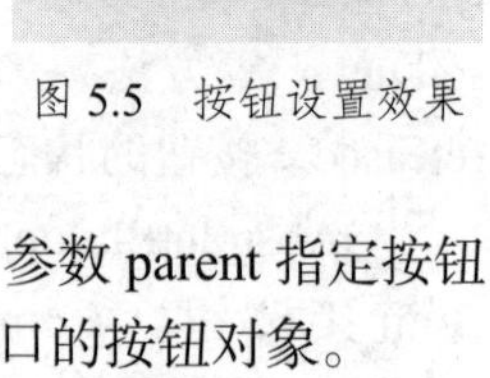

上面的很多属性，除了可通过代码设置，还可以在界面设计器的编辑样式表中进行设置，如图 5.6 所示。

QPushButton 部件常用的成员函数有构造函数、对各类属性设置与获取的函数。

图 5.5　按钮设置效果

带 1 个参数的构造函数 QPushButton(QWidget *parent = nullptr)：参数 parent 指定按钮的父窗口，默认值是空指针，表明按钮没有父窗口，用于构造有父窗口的按钮对象。

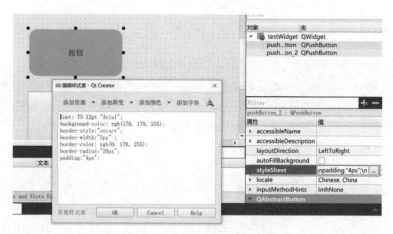

图 5.6　利用编辑样式表设置属性

带 2 个参数的构造函数 QPushButton(const QString &text, QWidget *parent = nullptr)：参数 text 指定按钮的 text 属性，用于构造有显示信息和父窗口的按钮对象。

带 3 个参数的构造函数 QPushButton(const QIcon &icon, const QString &text, QWidget *parent = nullptr)：参数 icon 指定按钮的图标，用于构造有图标、有显示信息、有父窗口的按钮对象。

如果使用无参构造函数，则会构造单独的按钮对象，如下：

```
QPushButton *pushButton=new QPushButton;
pushButton->show();
```

如果使用有参构造函数，则会构造带有相应参数值的按钮对象，如下：

```
QPushButton *pushButton=new QPushButton(":/Images/Qt.png" ,"按钮",this);
pushButton->show();
```

QPushButton 的信号函数继承自 QAbstractButton、QWidget 和 QObject 这 3 个类，如图 5.7 所示。

图 5.7　QPushButton 的信号函数

信号函数可作为 connect 函数的参数，如下：

```
//单击按钮时，关闭窗口
connect(pushButton,SIGNAL(clicked()), this, SLOT(close()));
```

5.2.3　QRadioButton 部件

QRadioButton 部件的属性、信号、槽和大部分方法都继承自基类 QWidget。QRadioButton 类重写了父类 QAbstractButton 的事件处理 event、mouseEvent、paintEvent 等方法。enabled 属性的值用于表示部件是否可用，可用为 true，不可用为 false。checked 属性用来设置或返回是否选中单选按钮，选中为 true，未选中为 false。

QRadioButton 部件常用的成员函数如下：

```
//两个构造函数
QRadioButton(QWidget *parent = nullptr);//用于指定父窗口
QRadioButton(const QString &text, QWidget *parent = nullptr);//用于显示文字和指定父窗口
bool  isChecked() const ;//选中单选按钮函数，选中时返回 true，没有选中时返回 false
QString text() const; //用于返回该按钮上显示的文字
void  setChecked(bool check)[virtual slot] ;//用于设置被选中时为 checked
```

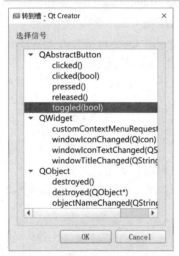

图 5.8　QRadioButton 的信号函数

QRadioButton 的信号函数继承自 QAbstractButton、QWidget 和 QObject 这 3 个类，如图 5.8 所示。

常用的信号函数有状态改变信号 stateChanged、单击信号 clicked、开关信号 toggled。

实际使用时，一般只有状态改变时才有必要去响应，因此，toggled 信号更适合状态监控。

例 5-4：QRadioButton 的使用。

使用向导创建带有 UI 的对话框应用，在界面中添加一个 QGroupBox 组框，再向组框中添加 QRadioButton 和 QLabel 部件，然后添加 QRadioButton 对象的信号 toggled 的响应槽函数 on_radioButton_toggled，槽函数实现的功能是在 QLabel 部件对象上显示当前选择的单选按钮上的文本信息。on_radioButton_toggled 槽函数定义如下：

```
void testWidget::on_radioButton_toggled(bool checked)
{
    if(checked==true)
        ui->label->setText(ui->radioButton->text());
    else if(checked==Qt::Unchecked)
        ui->label->setText("");
}
```

应用效果如图 5.9 所示。

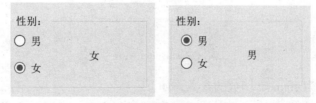

图 5.9　QRadioButton 应用效果

5.2.4 QCheckBox 部件

QCheckBox 复选框提供可选择多个项的功能，有 3 种状态，分别是 checked、unchecked 和 PartiallyChecked。QCheckBox 部件常用属性同 QRadioButton，不再详述。

QCheckBox 部件常用的成员函数如下：

```
void setText(const QString &text);          //设置显示文本
void  isChecked();    //判断是否选中
void  setTristate(bool y = true);           //true 表示开启三态模式
void  setChecked(bool check)[slot];         //设置复选框是否选中，选中时 check 的值为 true
void  stateChange(int state)[signal];       //当 checked 更改时将发送这个信号，state 为
Qt::Checked、Qt::unChecked 和 Qt::PartiallyChecked 中的一个
```

例 5-5：QCheckBox 的使用。

使用向导创建带有 UI 的对话框应用，在界面中添加一个 QGroupBox 组框，再向组框中添加 4 个 QCheckBox 部件，然后通过发送信号 stateChanged，在槽函数 on_checkBox_stateChanged 的文本编辑框中显示勾选的复选框的文本。槽函数 on_checkBox_stateChanged 的定义如下：

```
void testWidget::on_checkBox_stateChanged(int arg1)
{
  if(arg1==Qt::Checked)
    ui->textEdit->append(ui->checkBox->text());
  else if(arg1==Qt::Unchecked)
    ui->textEdit->append("");
  else if(arg1==Qt::PartiallyChecked)
    ui->textEdit->append("");
}
```

应用效果如图 5.10 所示。

图 5.10　QCheckBox 应用效果

5.2.5 QToolButton 部件

QToolButton 是一种可以快速访问命令或者选项的按钮，通常放置在 QToolBar 工具栏里。工具按钮一般显示为图标，而不是文本标签。QToolButton 支持自动浮起，在自动浮起模式中，按钮只有在鼠标指针指向它的时候才展现三维框架的外观。

QToolButton 的常用属性有 autoRaise、textLabel、usesTextLabel、arrowType、popupMode、toolButtonStyle，如表 5.5 所示。

表 5.5　QToolButton 部件的常用属性及其含义

属性	含义
autoRaise	自动浮起是否生效
textLabel	存储工具按钮，自动提示文本
usesTextLabel	设置 textLabel 是否自动提示文本，默认为 false，不工作
arrowType	箭头类型，取值有无箭头 Qt::NoArrow、上箭头 Qt::UpArrow、下箭头 Qt::DownArrow、左箭头 Qt::LeftArrow、右箭头 Qt::RightArrow
popupMode	弹起模式，取值有延迟弹出 QToolButton::DelayedPopup、菜单弹出 QToolButton::MenuButtonPopup、单击立即弹出 QToolButton::InstantPopup
toolButtonStyle	工具按钮样式，取值有仅显示图标 Qt::ToolButtonIconOnly、仅显示文本 Qt::ToolButtonTextOnly、文本显示在图标旁边 Qt::ToolButtonTextBesideIcon、文本显示在图标下边 Qt::ToolButtonTextUnderIcon、根据 QStyle::StyleHint 样式进行设置 Qt::ToolButtonFollowStyle

QToolButton 部件常用的成员函数如下：

```
void  setIcon(const QIconSet &); //设置显示在工具按钮上的图标
void  setOn(bool enable)[virtual slot] ;//设置按钮是否选中，选中时 enable 的值为 true
void  setTextLabel(const QString &)[slot] ;//设置按钮的提示标签
QString  textLabel()const; //返回按钮的提示标签
void setPopupMode ( ToolButtonPopupMode mode ); //设置 ToolButton 菜单的弹出方式
```

QToolButton 类增加了 3 个槽函数：设置默认动作的 setDefaultAction、显示菜单的 showMenu、设置按钮风格的 setToolButtonStyle。原型如下：

```
void setDefaultAction(QAction *action);
void showMenu();
void setToolButtonStyle ( Qt::ToolButtonStyle style );
```

常用触发信号是 triggered，当 action 被触发时发送这个信号，信号函数原型如下：

```
void  triggered(QAction *action) [signal] ;
```

例 5-6：QToolButton 的使用。

使用向导创建带有 UI 的基于 QWidget 类的应用，在 UI 中放置一个工具栏 QToolBar

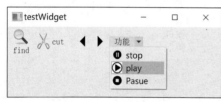

图 5.11　QToolButton 应用效果

部件，在工具栏中添加 5 个 QToolButton 部件，分别为 5 个部件添加按钮图标、按钮显示文本和菜单等属性，然后按钮通过发送 QToolButton 的 clicked 信号、菜单通过发送 QToolButton 的 triggered 信号，在槽函数中实现相应功能，如弹出消息框等，应用效果如图 5.11 所示。

5.2.6　QCommandLinkButton 部件

QCommandLinkButton 命令链接按钮继承自 QPushButton 类，该按钮除带有文字描述文本外，默认情况下，它还将携带一个箭头图标，表明单击按钮将打开另一个窗口或页面。

QCommandLinkButton 部件增加了 description 和 flat 属性。其中，description 是 QString 类型，此属性包含一个描述性标签，以补充按钮文本，设置此属性将在按钮上显示描述性文本，以补充文本标签；flat 属性是 bool 类型，用于设置按钮是否加边框显示。

QCommandLinkButton 带参的构造函数，用于构造文本为 text、描述文本为 description、

对象为 parent 的命令链接按钮，函数原型如下：

```
QCommandLinkButton(const QString &text, const QString &description, QWidget *parent
= nullptr);
```

包含的信号函数和成员属性与 QPushButton 部件相同。

5.2.7 QDialogButtonBox 部件

QDialogButtonBox 是对话框按钮组，可以快速地布置一组按钮。

orientation：按钮布局方向，有 Qt::Horizontal 和 Qt::Vertical 这两种可选择。

centerButtons：设置 ButtonBox 中的按钮是否居中布局，默认值为 false，即不居中。

standardButtons：标准按钮集合，包括确定按钮 QDialogButtonBox::Ok、关闭按钮 QDialogButtonBox::Close、打开按钮 QDialogButtonBox::Open、保存按钮 QDialogButtonBox::Save、重置按钮 QDialogButtonBox::Reset、放弃按钮 QDialogButtonBox::Discard、应用按钮 QDialogButtonBox::Apply、取消按钮 QDialogButtonBox::Cancel 等。

CommandLinkButton 常用的成员函数如下：

```
//构造一个按钮组，父对象为parent，排列方向为 Horizontal
QDialogButtonBox(StandardButton buttons, Qt::Orientation orientation =
Qt::Horizontal, QWidget *parent = 0);
//在按钮组中添加标准按钮button，并以指定角色返回标准按钮，如果 role 是无效的，则不创建，返回 0
QPushButton *QDialogButtonBox::addButton(StandarButton button,
 QDialogButtonBox ::ButtonRole role);
//移除按钮组里的按钮button，但是不删除，设置它的 Parent 为 0
void QDialogButtonBox::removeButton(QAbstractButton *button);
//当单击按钮组里定义为 AcceptRole 的按钮时，发送信号
void QDialogButtonBox::accepted()[signal];
//当单击按钮组里定义为 RejectRole 的按钮时，发送信号
void QDialogButtonBox::rejected()[signal];
```

例 5-7：QDialogButtonBox 的使用。

创建一个基于 QWidget 类的应用，添加一个 QDialogButtonBox 部件对象，在构造函数中添加如下代码：

```
QDialogButtonBox *dialogBtn = new QDialogButtonBox(this);
dialogBtn->setOrientation(Qt::Horizontal);
dialogBtn->setStandardButtons(QDialogButtonBox::Apply|QDialogButtonBox::
Cancel|QDialogButtonBox::Ok);
dialogBtn->button(QDialogButtonBox::Apply)->setText("apply");
dialogBtn->button(QDialogButtonBox::Apply)->setIcon(QIcon(":/images/app.png"));
dialogBtn->button(QDialogButtonBox::Ok)->setIcon(QIcon(":/images/apply.png"));
dialogBtn->button(QDialogButtonBox::Cancel)->setIcon(QIcon(":/images/cancle.png"));
connect(dialogBtn->button(QDialogButtonBox::Ok),SIGNAL(clicked()),this,SLOT(close()));
```

应用效果如图 5.12 所示。

也可以使用 UI 设计，先拖动 QDialogButtonBox 部件到 UI，然后在右侧部件属性框中进行属性设置，选择相应的 Button 转到槽函数实现功能，再为其他部件设置相应属性。最终得到图 5.13 所示的效果，界面中包含 QDialogButtonBox 对象、QRadioButton 单选按钮对象、QCheckBox 复选框对象、QCommandLinkButton 命令链接按钮、QToolButton 工具按

钮和 QDialogButtonBox 类对象的应用。

图 5.12　QDialogButtonBox 应用效果　　　　图 5.13　按钮类控件应用效果

5.3 输入控件类

Qt Creator 提供了 16 种输入控件类，用于处理用户向程序输入的字符串、整数、浮点数、时间和日期等数据。控件工具箱中的输入控件类如图 5.14 所示。

图 5.14　输入控件类

各类的具体描述如表 5.6 所示。

表 5.6　输入控件类

控件名	对应类名	描述
下拉列表框	QComboBox	通用下拉列表选择框
	QFontComboBox	字体选择下拉列表框
文本编辑框	QLineEdit	可输入单行文本
	QTextEdit	可输入多行富文本
	QPlainTextEdit	可输入多行纯文本
数值输入框	QSpinBox	用于整数的显示和输入
	QDoubleSpinBox	用于浮点数的显示和输入
时间日期控件	QTimeEdit/QDateEdit/QDateTimeEdit	用于时间和日期的选择和显示
滑块	QDial	通过数字表盘设置数值
	QSlider	通过滑动条设置数值
	QScrollBar	通过滚动条设置数值
按键序列编辑框	QKeySequenceEdit	用于对快捷键的采集

5.3.1 下拉列表框部件

1. QComboBox 控件

QComboBox 是下拉列表框部件类，它提供一个下拉列表供用户选择，也可以直接当作 QLineEdit 使用。QComboBox 除了显示可见下拉列表外，每个选项（item，或称列表项）还可以关联一个 QVariant 类型的变量，用于存储一些不可见数据。

QComboBox 常用方法如表 5.7 所示。

表 5.7　QComboBox 常用方法

原型	功能描述
void addItem(const QIcon &icon, const QString &text, const QVariant &userData = QVariant())	用于添加一个项，带有图标和文本信息，后面都有一个可选的 QVariant 类型的变量 userData，可以利用这个变量存储用户定义的数据
void insertItem(int index, const QIcon & icon, const QString & text, const QVariant & userData = QVariant())	在 index 处插入一个项，带有图表和文本信息等
void insertItems (int index, const QStringList & list)	在 index 处插入多个项
void addItems(const QStringList &texts)	添加一组，将字符串列表中的每个字符串添加到组框中
void insertSeparator (int index)	在序号为 index 的项前插入分隔线
void setItemText (int index, const QString & text)	改变序号为 index 的项的文本
int currentIndex()	返回当前项的序号，第一个项的序号为 0
QString currentText()	返回当前项的文本
QVariant currentData(int role = Qt::UserRole)	返回当前项的关联数据，默认 role = Qt::UserRole
QString itemText(int index)	返回指定索引项的文字
QVariant itemData(int index,int role=Qt%:UserRole)	返回指定索引的项的关联数据
int count()	返回项的个数

QComboBox 部件提供了 5 个槽函数：

```
void clear();      //移除所有选项
void clearEditText();   //清除当前文本编辑框中的内容
void setCurrentIndex(int index);  //设置当前项的索引号
void setCurrentText(const QString &text);  //设置当前项的文本内容
void setEditText(const QString &text);  //设置文本编辑框的文本内容
```

QComboBox 部件中的选项发生变化时，会发送如下两个信号：

```
void currentIndexChanged(int index) [signal]    //传递当前项的索引
void currentIndexChanged(const QString &text) [signal]//传递当前项的文本内容
```

QComboBox 的各个选项可以通过 addItem 方法添加，也可以通过设计器提供的属性框添加。

例 5-8：通过 addItem 方法为 QComboBox 添加选项。

（1）添加带图标的项，代码如下：

```
ui->comboBox->addItem(QIcon(":/images/Girl.jpg"),"女");
ui->comboBox->addItem(QIcon(":/images/Boy.jpg"),"男");
```

（2）添加不带图标的多个项，代码如下：

```
QStringList list;
list<<"春"<<"夏"<<"秋"<<"冬";
ui->comboBox->addItems(list);
```

（3）添加用户自定义数据，代码如下：

```
QMap<QString, QString> province_jc;
province_jc.insert("陕西","陕");
province_jc.insert("北京","京");
province_jc.insert("上海","沪");
foreach(const QString &str,province_jc.keys())
ui->comboBox->addItem(str,province_jc.value(str));
```

例 5-9：编辑 QComboBox。

创建一个基于 QWidget 类的应用，在 UI 上放置一个 QComboBox 部件后，双击此部件，

图 5.15　编辑 QComboBox

在出现的图 5.15 所示的对话框中，对 QComboBox 部件的下拉列表的选项进行编辑。可以进行添加、删除、上移、下移等操作，还可以设置选项的图标。

编辑完后，便可以通过 QComboBox 中常用的两个信号函数 currentIndexChanged(int index) 和 currentIndexChanged(const QString &text) 对 QComboBox 选项的编号和内容进行操作。

例如，想获取 QComboBox 中当前选项的内容和编号，可使用如下代码：

```
void testWidget::on_comboBox_currentIndexChanged(const QString &arg1)
{
  ui->textEdit->setText("当前选择的 QComboBox 的内容为"+arg1);
}
void testWidget::on_comboBox_currentIndexChanged(int index)
{
  ui->textEdit->setText("当前选择的 QComboBox 的第"+QString::number(index)+"项");
}
```

2．QFontComboBox 字体下拉列表框

QFontComboBox 继承自 QComboBox 类，是一个用来选择字体的控件，但它的内容是不能被编辑的。该下拉列表框里填充了按字母顺序排列的字体系列名称表，选中字体时，会发送 currentFontChanged (font)信号，根据参数 font 的值在 setCurrentFont 槽函数中修改目标对象的字体。

QFontComboBox 的常用方法：

```
void  setCurrentFont(const QFont &f);    //设置当前选择的字体
QFont QFontComboBox::currentFont();      //获得当前选择的字体
//设置字体过滤器，参数见 QFontComboBox.FontFilter 取值列表
void  setFontFilters(QFontComboBox::FontFilters filters);
FontFilters QFontComboBox::fontFilters();//获得当前的字体过滤器
```

QFontComboBox 的常用信号：

```
void currentIndexChanged(int index);  //当前索引发生了改变
void  currentFontChanged(const QFont &font);  //当前字体发生了改变
```

例 5-10： 编辑 QFontComboBox。

创建一个基于 QWidget 类的应用，在 UI 中放置 QFontComboBox、QTextEdit 部件，通过 QFontComboBox 设置 UI 上 textEdit 文本框的字体及字号大小。

通过 QFontComboBox 部件的 currentFontChanged(const QFont &font)信号转到槽函数 on_fontComboBox_currentFontChanged，在槽函数中编写如下代码：

```
void testWidget::on_fontComboBox_currentFontChanged(const QFont &f)
{
  QFont font=f;
  font.setPointSize(10);//设置字体大小
  ui->textEdit->setFont(font);
}
```

应用效果如图 5.16 所示。

图 5.16　QFontComboBox 应用效果

5.3.2　文本编辑框部件

Qt 提供了两类文本编辑框，一类是单行文本编辑框 QLineEdit，另一类是多行文本编辑框 QTextEdit 和 QPlainTextEdit。

1．单行文本编辑框 QLineEdit

QLineEdit 是一个单行文本编辑器，允许输入和编辑单行纯文本，自带一些编辑功能，如撤销、重做、剪切、粘贴等。QLineEdit 继承自 QWidget 类，具备父类的各种属性和方法。QLineEdit 常用方法如表 5.8 所示。

表 5.8　**QLineEdit 常用方法**

原型	功能描述
QString text() const	获取文本框的内容
void setText(const QString &)	设置文本框的内容
QString selectedText () const	获取选择的文本
voidsetSelection (int start, int length)	设置选择的文本
Qt::Alignment alignment () const	获取文本对齐方式
voidsetAlignment (Qt::Alignment flag)	设置文本对齐方式

原型	功能描述
EchoModeechoMode () const	获取 echoMode 模式
void setEchoMode(EchoMode)	设置 echoMode 模式
QStringplaceholderText()	获取占位提示符
voidsetPlaceholderText(QString)	设置占位提示符
intmaxLength()	获取文本长度限制
voidsetMaxLength(int)	设置文本长度限制
void setReadOnly(bool)	只读模式设置
bool isReadOnly()	只读模式判断

QLineEdit 常用的槽函数：

```
void  :clear()  //清空文本框中的内容
Void setText(const QString &)  //重新指定文本框中的内容
```

QLineEdit 类也提供了几个信号函数，具体参阅帮助文件。

例 5-11：编辑 QLineEdit。

创建一个基于 QWidget 类的应用，在 UI 上放置 3 个 QLabel 和 3 个 QLineEdit 部件。设置 QLineEdit 的属性，应用效果如图 5.17 所示。

图 5.17　QLineEdit 应用效果

2．多行富文本编辑框 QTextEdit

QTextEdit 具备文本段落的基本编辑操作，如提供 cut、copy、paste、undo、redo、clear、selectAll 等标准编辑功能的槽函数，支持显示多行文本内容，当文本内容超出控件显示范围时，会自动显示水平滚动条和垂直滚动条。

QTextEdit 通过设置 acceptRichText 属性，不仅可以显示文字，还可以显示 HTML 文档、图像、表格等元素，因此被称为富文本编辑框。QTextEdit 提供了 HTML 属性，可生成 HTML 格式的文件。与 QLineEdit 相同的属性、方法不再说明，QTextEdit 其他未介绍的特性可参考帮助文件。

QTextEdit 常用的方法如表 5.9 所示。

表 5.9　QTextEdit 常用的方法

原型	功能描述
QString toPlainText()	获取文本框的内容
void setPlainText(QString)	设置文本框的内容
QString toHtml()	获取多行文本框的内容为 HTML 文档
QTextCursor TextCursor()	获取光标
void setTextCursor(const QTextCursor &cursor)	设置光标

原型	功能描述
int cursorWidth() const	以像素为单位获取光标的宽度，默认值为 1
void setCursorWidth(int width)	以像素为单位设置光标的宽度，默认值为 1
QColor textBackgroundColor() const	获取当前格式的文本背景色
void setTextBackgroundColor(QColor) const	设置当前格式的文本背景色
QColor textColor() const	获取当前格式的文本颜色
void setTextColor(QColor) const	设置当前格式的文本颜色

3．纯文本编辑框 QPlainTextEdit

QPlainTextEdit 的使用方法与 QTextEdit 大体相同，区别在于 QPlainTextEdit 提供标准的右键快捷菜单，但不支持 HTML 显示。

例 5-12：编辑 QTextEdit 和 QPlainTextEdit。

创建一个基于 QWidget 类的应用，在 UI 上分别放置 QTextEdit 和 QPlainTextEdit 部件，使用这两个部件实现文本的输入，以及 QTextEdit 中的图像显示功能，效果如图 5.18 所示。

图 5.18　QTextEdit 和 QPlainTextEdit 应用效果

5.3.3　数值输入框部件

QAbstractSpinBox 类提供了一个行编辑器（QLineEdit）和一个数值旋转框（两个 QPushButton），数据的更改可以通过单击按钮或使用键盘输入实现。QAbstractSpinBox 是抽象类，但是可以直接实例化使用，它被 QSpinBox、QDoubleSpinBox 和 QDateTimeEdit 等继承，其中，QSpinBox 用于整数和离散数据的显示和输入，一般显示十进制数，也可以显示二进制数、十六进制数或者日期等，还可以在框中增加前缀或后缀。QDoubleSpinBox 用于浮点数的显示和输入。QDateTimeEdit 用来编辑日期和时间数据的单行文本框，可以通过箭头按钮来调节文本内容，也可以通过键盘直接输入。QDateTimeEdit 可以单独显示日期（QDate），也可以单独显示时间（QTime），还可以显示日期和时间（QDateTime）。

QAbstractSpinBox 常用的方法如表 5.10 所示。

表 5.10　QAbstractSpinBox 常用的方法

原型	功能描述
setReadOnly(bool r)	参数值为 true 表示只读，否则表示可读写
bool isReadOnly()	获取文本只读属性
setAlignment(Qt::Alignment flag)	设置文本对齐方式
setButtonSymbols(QAbstractSpinBox::ButtonSymbols bs)	设置旋转框按钮的样式
setFrame(bool)	参数值为 true 表示带边框（默认值），false 为不带边框
text() const	获取整个文本内容，包括前缀、后缀

1．QSpinBox 和 QDoubleSpinBox 部件

QSpinBox 允许用户通过单击上/下按钮或按键盘上的上/下键来选择值，以增加/减少当前显示的值，也可以手动输入值。

QSpinBox 常用的方法如表 5.11 所示。

表 5.11　QSpinBox 常用的方法

原型	功能描述
setRange(int minimum, int maximum)	设置输入范围
setSingleStep(int val)	设置步长
setStepType(QAbstractSpinBox::StepType stepType)	设置步长类型
setPrefix(const QString &prefix)	设置前缀
setSuffix(const QString &suffix)	设置后缀
QString cleanText() const	获取纯数值文本（返回字符串），不包括前缀、后缀
int maximum()	获取最大值
int minimum()	获取最小值
int value()	获取当前数值
virtual QString textFromValue(double value) const	将数值转换成字符串
virtual double valueFromText(const QString &text) const	将字符串转换成数值

QSpinBox 的值改变时触发的信号：

```
void valueChanged (int i)    //参数为整型值的信号
void valueChanged (const QString & text )  //参数为字符串的信号（带有前缀、后缀）
```

QSpinBox 常用的槽函数：

```
void setValue(int val)
```

QDoubleSpinBox 和 QSpinBox 的用法一样，不同之处是数值由 int 类型变成 double 类型。

例 5-13：QSpinBox 和 QDoubleSpinBox。

创建一个基于 QWidget 类的应用，在 UI 上放置 3 个 QLabel 部件、一个 QSpinBox 部件和两个 QDoubleSpinBox 部件。对 QSpinBox 和 QDoubleSpinBox 两类部件的属性进行设置，效果如图 5.19 所示。

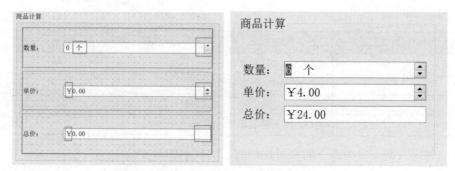

图 5.19 QSpinBox 和 QDoubleSpinBox 应用效果

2. QDateTimeEdit 部件

QDateTimeEdit 部件是用来编辑时间和日期的文本框,时间和日期是经常遇到的数据类型。QDateEdit 与 QTimeEdit 都继承自 QDateTimeEdit 类,分别用于实现针对日期和时间的特定显示功能。QDateEdit 和 QTimeEdit 的显示功能都可以通过 QDateTimeEdit 实现,只是需要对其属性进行设置。

(1)时间日期数据类型。

Qt 提供的时间日期数据类型分别为 QDateTime、QDate 与 QTime。其中,QTime 是时间类型,只表示时间;QDate 是日期类型,只表示日期;QDateTime 是日期时间类型,它是 QDate 和 QTime 两类的结合。

时间日期类的构造函数如下:

```
QTime::QTime(int h, int m, int s = 0, int ms = 0)
QDate::QDate(int y, int m, int d)
QDateTime::QDateTime (const QDate &date, const QTime &time)
```

通过时间日期类的静态方法获取当前时间日期,如下:

```
QTime::currentTime()
QDate::currentDate()
QDateTime::currentDateTime()
```

将 QString 类型与 QTime、QDate、QDateTime 类型相互转换,需要使用静态函数,如下:

```
QDateTime::toString(QString format)    //将 QDateTime 类型转换为 QString 类型
QDateTime::fromString(QString,format)   //将 QString 类型转换为 QDateTime 类型
```

其中,format 格式如表 5.12 所示。

表 5.12　format 显示格式

格式	含义
yy /yyyy	年,00~99 和 0000~9999
M/MM	月,1~12 和 01~12
d/dd	日,1~31 和 01~31
h/hh	时,0~23(1~12)和 01~23(01~12),若是括号中的形式显示 AM/PM
H/HH	时,0~23 和 01~23
m/mm	分,0~59 和 00~59
s/ss	秒,0~59 和 00~59

格式	含义
z/zzz	毫秒，0～999 和 000～999
AP/A	上午或下午，AM/PM
ap/a	上午或下午，am/ap
ddd/dddd	星期，周几/星期几

获取时间日期变量中的时间和日期的方法，代码如下：

```
QDateTime dateTime= QDateTime(QDateTime:: currentDateTime());
QTime myTime;
QDate myDate;
myTime = dateTime.time();
myDate =dateTime.date();
```

修改时间日期变量中的时间和日期用静态方法，代码如下：

```
QDateTime dateTime= QDateTime(QDateTime:: currentDateTime());
dateTime =dateTime.addYears();
dateTime =dateTime.addMonths();
dateTime =dateTime.addDays();
…
```

（2）时间日期部件常用方法。

QDateEdit 与 QTimeEdit 都继承自 QDateTimeEdit 类，它们的使用方法与 QSpinBox 部件基本相似，不再一一说明，在此主要对 QDateTimeEdit 部件的常用函数进行介绍。

QDateTimeEdit 部件常用的成员函数：

```
setCalendarPopup(bool enable);//设置弹出日历
setCalendarWidget(QCalendarWidget *calendarWidget);//设置日历控件
setDateRange(const QDate &min, const QDate &max);//设置日期范围
setDateTimeRange(const QDateTime &min, const QDateTime &max);//设置日期和时间的范围
setDisplayFormat(const QString &format);//设置显示格式
setTimeRange(const QTime &min, const QTime &max);//设置时间范围
```

QDateTimeEdit 部件常用的信号函数：

```
void  dateChanged(const QDate &date);//当日期改变时
void  dateTimeChanged(const QDateTime &datetime);//当日期或者时间改变时
void QDateTimeEdit::timeChanged(const QTime &time);//当时间改变时
```

QDateTimeEdit 部件常用的槽函数：

```
void  setDate(const QDate&date);//设定日期
void  setDateTime(const QDateTime &dateTime);//设定日期与时间
void  setTime(const QTime &time);//设定时间
```

例 5-14：编辑 QDateTimeEdit、QDateEdit、QTimeEdit 和 QLCDNumber。

创建一个基于 QWidget 类的应用，在 UI 中放置一个 QGroupBox 部件，并布局，然后在 QGroupBox 中分别放置 QDateTimeEdit、QDateEdit、QTimeEdit 和 QLCDNumber 部件，实现将 QDateTime、QDate 和 QTime 数据类型在 QDateTimeEdit、QDateEdit 和 QTimeEdit 部件上的显示。为了展示 QDateTime 数据信息，需在 QLabel 和 QLCDNumber 控件上进行

显示，并在 QDateTimeEdit 中设置弹出日历。应用效果如图 5.20 所示。

图 5.20　QDateTimeEdit、QDateEdit、QTimeEdit 和 QLCDNumber 的应用效果

5.3.4　滑块部件

QAbstractSlider 是抽象类，继承自 QWidget 类，是通过调节滑块获取整数值的控件，它是滑块部件 QSlider、滚动条部件 QScrollBar 和表盘部件 QDial 的父类。其中，QScrollBar 具有 QAbstractSlider 类的基本属性，没有专有属性，而 QSlider 和 QDial 具有专有属性。

QAbstractSlider 常用的方法如表 5.13 所示。

表 5.13　**QAbstractSlider 常用的方法**

原型	功能描述
void setMinimum(int)	设置滚动条的最小值
void setMaximum(int)	设置滚动条的最大值
void singleStep(int)	设置单步长
void pageStep(int)	鼠标单击时移动，或者按 PgUp 或 PgDn 键时步进的数值
int value()	获取部件的当前值
void setTracking(bool enable)	打开或关闭滑块跟踪
void setOrientation(Qt::Orientation)	设置为水平或垂直

QAbstractSlider 常用的信号有 valueChanged、sliderPressed、sliderMoved、sliderReleased、actionTriggered 和 rangeChanged，如表 5.14 所示。

表 5.14　**QAbstractSlider 常用的信号**

原型	说明
void valueChanged(int value)	当值发生改变，发送信号
void sliderPressed()	用户单击滑块，发送信号
void sliderMoved(int position)	用户拖动滑块，发送信号
void sliderReleased()	用户释放滑块，发送信号
void actionTriggered()	一个滑块动作被触发，发送信号
void rangeChanged (int value)	范围发生了变化，发送信号

1．QSlider 部件

QSlider 部件的属性 tickPosition 是 QSlider::TickPosition 枚举类型，用于存储标尺刻度

的信息，取值包括 NoTicks（不绘制任何刻度线）、TicksBothSides（在滑块的两侧绘制刻度线）、TicksAbove（在水平滑块的上方绘制刻度线）、TicksBelow（在水平滑块的下方绘制刻度线）、TicksLeft（在垂直滑块的左侧绘制刻度线）、TicksRight（在垂直滑块的右侧绘制刻度线），整型属性 tickInterval 存储标尺刻度的间隔值。

QSlider 的成员函数有设置间隔值的方法 setTickInterval、获取间隔值的方法 tickInterval、设置刻度显示位置的方法 setTickPosition、获取刻度信息的方法 tickPosition，成员函数的声明分别如下：

```
void setTickInterval(int ti);
void setTickPosition(QSlider::TickPosition position);
int tickInterval() const;
QSlider::TickPosition tickPosition() const;
```

2．QDial 表盘部件

QDial 用于在用户界面中显示一个圆形的旋钮控件，用户可以通过旋转操作来调整数值，模拟物理设备的旋钮交互。QDial 通常用于调整设备、软件的参数，如音量、亮度等。

QDial 的 bool 类型属性 notchesVisible 标记了表盘的小刻度是否可见。整型属性 notchSize 记录了坡口大小。实型属性 notchTarget 规定了坡口目标的设置值。当设置为 0 时，框架会尝试绘制足够大的坡口，使得前景和背景之间产生足够的对比度；当设置为非 0 值时，框架将使用该值作为坡口宽度。

QDial 的主要成员函数有设置坡口目标的方法 setNotchTarget、获取坡口目标的方法 notchTarget、获取表盘小刻度是否可见的方法 notchesVisible，方法原型如下：

```
void setNotchTarget(double target);
qreal notchTarget() const;
bool notchesVisible() const;
```

例 5-15：编辑 QSlider、QScrollBar 和 QDial。

创建一个基于 QWidget 类的应用，在 UI 上放置两个 QSlider 部件、两个 QScrollBar 部件、一个 QDial 部件和一个 QLabel 部件，分别设置它们的颜色和外观属性，并通过滑块类部件的信号函数 valueChanged 和 QLabel 类的槽函数 setNum 实现拖动滑块时在 QLabel 上显示当前对应的值，效果如图 5.21 所示。

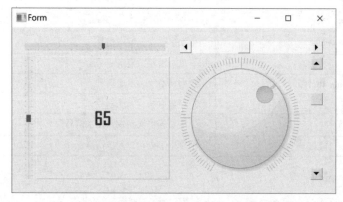

图 5.21　QSlider、QScrollBar 和 QDial 应用效果

5.4 显示类部件

Qt Creator 提供了 10 种显示类部件，显示类部件主要用于文本、图像、数字、动画、进度状态和三维图形等的显示，如图 5.22 所示。常用显示类部件如表 5.15 所示。

图 5.22　显示类部件

表 5.15　常用显示类部件

部件名	对应类名	描述
标签	QLabel	显示文字和图像
文本浏览器	QTextBrowser	带有超文本导航的只读文本浏览器
图形显示器	QGraphicsView	显示 QGraphicsScene 中的内容
日历表	QCalendarWidget	通常的日历
液晶数字	QLCDNumber	液晶数字显示器
进度条	QProgressBar	进度条

5.4.1　QLabel 部件

QLabel 是最常用的显示控件之一，它没有用户交互功能，可以用来显示文本、图像和动画等，属于带边框的显示控件，继承自 QFrame 类。

QLabel 的常用属性如表 5.16 所示。

表 5.16　QLabel 的常用属性

属性	类型	含义
alignment	Qt::Alignment	显示内容的对齐方式，水平和垂直对齐类型采用 Qt 的枚举类型
pixmap	QPixmap	显示的图像
hasSelectedText	bool	是否有选择的文本
openExternalLinks	bool	是否可以打开外部链接
selectedText	QString	被选择的文本，如果没有选定文本，则该值为空字符串
ident	int	文本的缩进量
textInteractionFlags	Qt::TextInteractionFlags	标签在显示文本时应如何与用户的输入交互，默认值为 Qt::TextSelectableByMouse

属性 alignment 用于设置 QLabel 控件所显示的内容的对齐方式，取值有左对齐 AlignLeft、右对齐 AlignRignt、居中对齐 AlignHCenter/AlignVCenter、顶部对齐 AlignTop、底部对齐 AlignBottom、自适应对齐 AlignJustify，如图 5.23 所示。

属性 frameShape 和 frameShadow 继承自基类 QFrame，分别用于设置控件的边框样式和边框阴影。边框样式和边框阴影都是枚举类型，如图 5.24 所示。

图 5.23　对齐方式

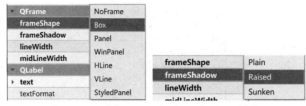

图 5.24　frameShape 和 frameShadow 样式

QLabel 的常用方法如表 5.17 所示。

表 5.17　QLabel 的常用方法

原型	功能描述
QString text()	获取 QLabel 的文本内容
QString selectedText()	获取所选择的字符串
Qt::Alignment alignment() const	获取所显示内容的对齐方式
void setPixmap(const QPixmap &)	设置所显示的图像
void setMovie(QMovie *movie)	设置所显示的动画
void setScaledContents(true/false)	设置是否可以缩放

QLabel 的常用槽函数：

```
void clear()
void setMovie(QMovie *movie)
void setNum(int num)
void setNum(double num)
void setPicture(const QPicture &picture)
void setPixmap(const QPixmap &)
void setText(const QString &)
```

例 5-16：编辑 QLabel 部件。

创建一个基于 QWidget 类的应用，在 UI 上放置 4 个 QLabel 部件，设置其属性及显示内容，效果如图 5.25 所示。

图 5.25　QLabel 应用效果

5.4.2 QTextBrowser 部件

QTextBrowser 是一种多文本区域部件，继承自 QTextEdit 类，默认为只读模式，用于富文本和普通文本的浏览，同时允许在一个窗口中显示和编辑 HTML 格式的文本，通常用作程序日志的输出窗口。此类扩展了 QTextEdit 类的文本编辑功能，添加了导航，可方便用户跟踪 HTML 文档中的链接。

QTextBrower 的属性如表 5.18 所示。

表 5.18　QTextBrower 的属性

属性	类型	含义
modified	const bool	文档的修改标记
openExternalLinks	bool	标记是否可以打开外部链接
openLinks	bool	标记是否打开链接
readOnly	const bool	标记是否为只读属性
searchPaths	QStringList	设置搜索路径
source	QUrl	保存要显示的文档网址

QTextBrower 的常用方法如表 5.19 所示。

表 5.19　QTextBrower 的常用方法

原型	功能描述
bool openExternalLinks() const	获取是否自动处理外部链接的开关
bool openLinks() const	获取是否启用自动处理所有链接点击的全局开关
QStringList searchPaths() const	获取当前设置的资源搜索路径列表
void setOpenLinks(bool open)	设置是否自动打开文本中的超链接
void setSearchPaths(const QStringList &paths)	设置资源搜索路径列表，用于定位外部文件
QUrl source() const	获取 source 属性的值
int backwardHistoryCount() const	返回当前可回退的历史记录项数量
int forwardHistoryCount() const	返回可前进的历史记录项数量
void clearHistory()	清除历史记录

QTextBrower 预定义的槽函数有后退 backward、前进 forward、回到主页 home、重新加载 reload、设置源 setSource。

QTextBrower 定义的信号方法如表 5.20 所示。

表 5.20　QTextBrower 定义的信号方法

原型	功能描述
void anchorClicked(const QUrl &link)	用户单击文本或网页中的超链接时触发
void backwardAvailable(bool available)	用户单击导航按钮中的后退按钮时触发
void forwardAvailable(bool available)	用户单击导航栏中的前进按钮时触发
void highlighted(const QUrl &link)	鼠标悬停在超链接上时触发
void highlighted(const QString &link)	
void historyChanged()	导航历史发生改变时触发
void sourceChanged(const QUrl &src)	控件加载的内容源发生变化时触发

5.4.3 QGraphicsView 部件

QGraphicsView 是 QObject 类的直接图形视图部件，负责显示图形，使场景中的内容可视化，可以通过连接多个视图到同一个场景来为相同的数据集提供多个视口。视图部件是可滚动的区域，提供滚动条用于浏览大的场景。

QGraphicsView 框架主要用于在 Qt 中处理二维图形和场景，主要包含 3 个类：QGraphicsScene（场景）、QGraphicsView（视图）、QGraphicsItem（图形项）。QGraphicsScene 类代表场景，是一种抽象的管理图形项的容器，可以添加、删除和管理多个图形项，它负责处理图形项的事件（如鼠标事件和键盘事件）以及场景的渲染。QGraphicsView 类是窗口部件，用于显示场景的内容，提供视图窗口的交互功能，如缩放、旋转和平移等，便于用户以不同的视角查看场景中的图形项。QGraphicsItem 类是所有图形项的基类，可以通过继承来创建自定义的图形项，提供绘制、变换、事件处理等功能。

QGraphicsView 框架为一些典型的形状提供了标准的图形项，如矩形 QGraphicsRectItem、椭圆 QGraphicsEllipseItem、文本 QGraphicsTextItem 等。

QGraphicsView 常用的方法如表 5.21 所示。

表 5.21　QGraphicsView 常用的方法

原型	功能描述
void setScene(QGraphicsScene *scene)	设置场景
QGraphicsScene *scene() const	返回当前视图中的可视化场景对象
void setCacheMode(QGraphicsView::CacheMode mode)	设置缓存模式
QGraphicsView::CacheMode cacheMode() const	返回缓存模式
void setTransformationAnchor(QGraphicsView::ViewportAnchor anchor)	设置视口变换的锚点
void shear(qreal sh, qreal sv)	剪切当前视图变化
QTransform transform() const	获取视图当前的转换矩阵
void translate(qreal dx, qreal dy)	平移当前的视图
void scale(qreal sx, qreal sy)	缩放当前的视图
void rotate(qreal angle)	顺时针旋转当前视图
void setTransform(const QTransform &matrix, bool combine = false)	设置视图当前的转换矩阵
void setScene(QGraphicsScene *scene)	设置场景

5.4.4 QLCDNumber 部件

QLCDNumber 是显示 LCD 样式的数字的部件，它可以显示几乎任意大小的数字。可以显示十进制数、十六进制数、八进制数和二进制数，也可以展示一些简单的字符，如 A、B、C、D、E、F、h、L、o、O、P、r、s、u、U、Y 以及空格和度（'）。QLCDNumber 会将非法字符替换为空格。

QLCDNumber 的主要属性如表 5.22 所示。

属性 mode 是枚举类型 QLCDNumber::ModeMode，可取值有十进制 QLCDNumber::Dec、八进制 QLCDNumber::Oct、十六进制 QLCDNumber::Hex，以及二进制 QLCDNumber::Bin。

表 5.22　QLCDNumber 部件的主要属性

属性	类型	含义
digitCount	int	当前可显示的位数，默认为 5
intValue	int	显示当前值最接近的整数（四舍五入）；如果显示的不是数字，那么返回 0
mode	Mode	当前显示的模式，十进制、十六进制、八进制或是二进制模式。十进制模式可以显示浮点数，其他模式只能显示整数
segmentStyle	SegmentStyle	当前显示文字的样式
samallDecimalPoint	bool	小数点的样式，如果为 true，则小数点不占用独立位置。否则，它将占用独立位置，即在数字位置上绘制。默认为 false
value	double	当前显示的值，如果显示的不是数字，则返回 0

属性 segmentStyle 是枚举类型 QLCDNumber::SegmentStyle，可取值有用背景色填充的凸起部分 QLCDNumber::Outline、用前景色填充的凸起部分 QLCDNumber::Filled、用前景色填充的平面片段 QLCDNumber::Flat。

QLCDNumber 部件除构造方法、属性的设置和获取方法之外，还定义了检验参数是否可以显示的 checkOverflow 方法，该方法适用于在设置值之前使用，函数原型如下：

```
bool checkOverflow(double num) const;
bool checkOverflow(int num) const;
```

QLCDNumber 部件常用槽函数如表 5.23 所示。

表 5.23　QLCDNumber 部件的常用槽函数

信号	说明
void display(const QString &s)	显示字符
void display(int num)	显示整数
void display(double num)	显示小数
void setBinMode()	设置为二进制模式
void setDecMode()	设置为十进制模式
void setHexMode()	设置为十六进制模式
void setOctMode()	设置为八进制模式
void setSmallDecimalPoint(bool)	设置小数点的样式

例 5-17：编辑 QLCDNumber。

创建一个基于 QWidget 类的应用，在 UI 上分别放置一个 QLCDNumber 和一个 QLabel 部件，与定时器 QTimer 一起使用，实现动态显示。首先构建一个定时器，每隔一秒刷新 QLCDNumber 和 QLabel 中的内容。定时器在构造函数中构建，代码如下：

```
QTimer *timer = new QTimer(this);//初始化一个定时器
timer->setInterval(1000);//设置定时间隔
connect(timer, SIGNAL(timeout()), this, SLOT(slotTimeOut()));//关联定时器的信号与自定义槽函数
timer->start();  //启动定时器
```

将定时器的信号函数 timeout 和自定义的槽函数 slotTimeOut 相关联，然后在槽函数 slotTimeOut 中实现对 QLCDNumber 的内容设置。时间日期数据在 LCD 和 Label 中同步显

示，自定义槽函数 slotTimeOut 的代码如下：

```
void myWidget::slotTimeOut()
{
QDateTime  dateTime = QDateTime::currentDateTime();  //获取系统当前时间
// LCD 中显示的内容
ui->lcdNumber->display(dateTime.toString("yyyy-MM-dd HH:mm:ss.zzz "));
//Label 中显示的内容
ui->label_time->setText(datetime.toString("yyyy-MM-dd HH:mm:ss dddd "));
}
```

应用效果如图 5.26 所示。

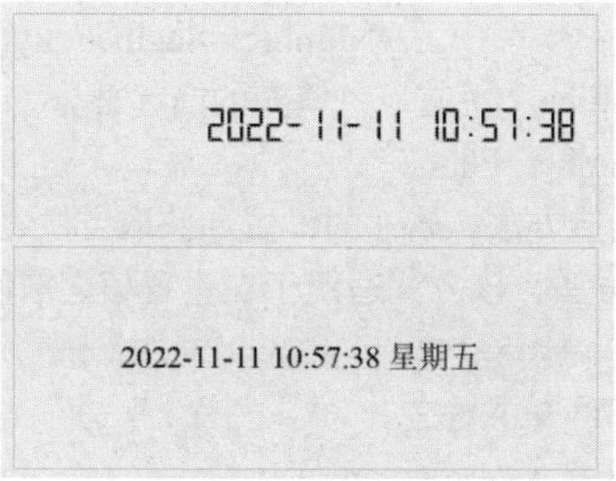

2022-11-11 10:57:38

2022-11-11 10:57:38 星期五

图 5.26　QLCDNumber、QLabel 与 QTimer 应用效果

5.4.5　QCalendarWidget 部件

QCalendarWidget 是 QWidget 的直接子类，是一种用于选择日期的窗口部件，它提供基于月份的视图，允许用户通过鼠标和键盘选择日期，默认选择当前日期，可以对日期的范围进行限制。

其常用属性如表 5.24 所示。

表 5.24　QCalendarWidget 部件的常用属性

属性	类型	含义
dateEditEnabled	bool	是否使用弹出框来选择当前选中时间
dateEditAcceptDelay	int	设置在 dateEditEnabled 为 true 的情况下，弹窗小部件编辑结束之后延迟多久生效，单位为毫秒
firstDayOfWeek	Qt::DayOfWeek	每周的第一天是周几
gridVisible	SegmentStyle	是否显示表格线，默认为 false（不显示）
maximumDate	QDate	日历可选择的最大日期
minimumDate	QDate	日历可选择的最小日期
navigationBarVisible	bool	导航是否显示，默认为 true，下个月、上个月、月选择、年选择可视
selectedDate	QDate	当前选择的日期
selectionMode	SelectionMode	用户选择日期的模式

除了构造方法、属性的设置与获取方法之外，其常用方法如表 5.25 所示。

表 5.25　QCalendarWidget 部件的常用方法

原型	功能描述
QTextCharFormat dateTextFormat(const QDate &date) const	获取文本格式，使用 QTextCharFormat 封装，包含文本的字体属性、布局属性等内容。可返回每个日期的文本格式
QTextCharFormat weekdayTextFormat(Qt::DayOfWeek dayOfWeek) const	获取显示日期的文本格式
int yearShown() const	获取当前显示的年份
int monthShown() const	获取当前显示的月份

QCalendarWidget 提供了大量槽函数，如表 5.26 所示。

表 5.26　QCalendarWidget 部件的槽函数

原型	功能描述
void setCurrentPage(int year, int month)	设置当前要显示的年份和月份
void setDateRange(const QDate &min, const QDate &max)	设置当前可选日期的范围
void setGridVisible(bool show)	设置是否显示网格线
void setNavigationBarVisible(bool visible)	设置导航栏是否显示
void setSelectedDate(const QDate &date)	设置当前选择的日期
void showNextMonth()	显示下个月
void showNextYear()	显示下一年
void showPreviousMonth()	显示上个月
void showPreviousYear()	显示上一年
void showSelectedDate()	显示选择的日期
void showToday()	显示系统日期

常用的信号有激活信号 activated、鼠标单击信号 clicked、当前页改变信号 currentPageChanged、选项改变信号 selectionChanged，信号的声明方法如下：

```
void activated(const QDate &date) ;
void clicked(const QDate &date) ;
void currentPageChanged(int year, int month) ;
void selectionChanged();
```

例 5-18：编辑 QCalendar Widget。

接着例 5-17，在 UI 上放置一个 QCalendarWidget 部件，修改其显示属性，效果如图 5.27 所示。

图 5.27　QCalendarWidget 应用效果

5.4.6　QProgressBar 部件

QProgressBar 部件是 QWidget 的直接子类，提供水平或垂直进度条，以方便用户查看进度。该部件在控件工具箱中对应有两个控件，分别是水平滚动条控件和垂直滚动条控件。

QProgressBar 部件提供了 maximum、minimum、value 等属性存储进度条的状态，常用属性如表 5.27 所示。

表 5.27　QProgressBar 部件的常用属性

属性	类型	含义
alignment	Qt::Alignment	文本对齐方式
format	QString	文本内容格式
invertedAppearance	bool	进度条方向，true 为反方向、false 为正方向
maximum	int	存储最大值
minimum	int	存储最小值
orientation	Qt::Orientation	存储方向，水平或垂直
text	const QString	存储进度条上显示的文本
textDirection	Direction	存储文本显示的方向
textVisible	bool	标记文本是否显示
value	int	存储当前进度的值

进度条其实就是滑块。而 QProgressDialog 是进度对话框，继承自 QDialog 类，有两种使用方式：模态和非模态。

除了构造方法、对属性的设置与获取方法外，QProgressBar 部件还提供了一个重置格式的方法 resetFormat。

```
void resetFormat();
```

常用的槽函数如表 5.28 所示。

表 5.28　QProgressBar 部件的槽函数

原型	功能描述
void reset()	设置进度条重新回到开始处
void setMaximum(int maximum)	设置进度条的最大值
void setMinimum(int minimum)	设置进度条的最小值
void setOrientation(Qt::Orientation)	设置进度条的方向
void setValue(int value)	设置进度条的当前值
void setRange(int minimum, int maximum)	设置进度条的取值范围

QProgressBar 部件还增加了一个值改变信号 valueChanged，原型如下：

```
void valueChanged(int value);
```

当前值设置完成以后，将显示已完成的百分比，计算百分比的公式为 $(value - minimum)/(maximum - minimum) \times 100\%$。如果最小值和最大值都设置为 0，进度条会显示繁忙，而不会显示当前值。

例 5-19：编辑 QProgress Bar。

创建一个基于 QWidget 类的应用，在 UI 上放置 3 个 QProgressBar 部件、一个 QLabel 部件和一个 QSlider 部件，设置 QProgressBar 部件的属性，并通过水平 QSlider 部件和 QLabel 部件控制进度条显示状态，QSlider 转到槽函数 on_horizontalSlider_valueChanged，代码如下：

```
void myWidget::on_horizontalSlider_valueChanged(int value)
{
    ui->label_progress->setNum(value);
    ui->progressBar->setValue(value);
    ui->progressBar_2->setValue(value);
}
```

效果如图 5.28 所示。

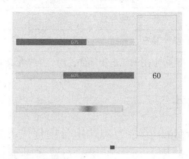

图 5.28　QProgressBar 应用效果

5.4.7　QOpenGLWidget 部件

QOpenGLWidget 部件是 QWidget 的直接子类，是一种 OpenGL（Open Graphics Library，开放式图形库）渲染的部件，可以在 Qt 的应用中显示图形（包括二维和三维图形），该部件没有任何独有属性，都是继承自 QWidget 的属性。

因为 Qt 5.5 及以上的版本对 OpenGL 有很好的封装，所以选择用 Qt 自带的 QOpenGLWidget 类进行三维图形绘制。但值得注意的是，需要安装 OpenGL 插件才可以使用其相关的方法和属性。该控件的具体使用方法可参考官方文档。

5.5　容器类部件

Qt 提供了 10 种容器类部件，如图 5.29 所示，其功能描述如表 5.29 所示。

图 5.29　容器类部件

表 5.29　容器类部件的功能描述

部件名	对应类名	描述
组框	QGroupBox	显示文字和图像
滚动区	QScrollArea	滚动区域，可以自动添加滚动条
工具箱	QToolBox	抽屉样式的容器，可以存储多个窗口
切换卡	QTabWidget	可以存储多个窗口
堆栈窗口部件	QStackedWidget	可堆叠的窗口容器，可以存储多个窗口
边框容器	QFrame	带边框的容器
窗口部件	QWidget	可以作为独立窗口使用，也可以嵌入其他窗口使用
多文档窗口	QMdiArea	多文档区域容器
停靠窗口	QDockWidget	停靠窗口容器
Active 插件	QAxWidget	可重用的二进制部件，用于在 Windows 操作系统上提供特定的功能和服务

5.5.1　QGroupBox 部件

QGroupBox 部件继承 QWidget 类，为构建组合框提供支持。组合框通常带有一个边框和一个标题栏，作为容器部件使用，可以在其中布置各种窗口部件。布局时可用作一组控件的容器，把功能相关的控件放到一个组合框中。

QGroupBox 部件属性设置：name 属性，该控件对应源码的名称；title 属性，该控件对应图形界面所显示的名称；font 属性，用于设置 title 的字体样式。

5.5.2　QScrollArea 部件

QScrollArea 部件继承自 QAbstractScrollArea 类，用于在框架中显示子部件的内容。如果子部件内容超过框架的大小，视图就会出现滚动条，以便查看子部件的整个区域。

QScrollArea 部件属性的设置选项同 QGroupBox，区别在于 name 和 font 属性。
常用成员函数：

```
QScrollArea(QWidget *parent = 0)            //构造一个父对象为 parent 的滚动区域
void setWidget(QWidget *widget)             //设置控件 widget 为该滚动区域的子部件
QWidget * takeWidget()                      //删除该滚动区域的子部件
QWidget * widget() const                    //返回该滚动区域的子部件
void setWidgetResizable(bool resizable)     //设置是否自动调整滚动区域子部件的大小
void setAlignment(Qt::Alignment)            //设置子部件在滚动区域内的对齐方式
```

5.5.3　QToolBox 部件

QToolBox 部件继承自 QFrame 类，提供了一种列状的层叠窗体，类似抽屉，可以存储多个子部件，每个抽屉都可以设置图标和标题，并且对应一个子部件，通过抽屉上的按钮可以实现各个子部件间的切换，而且每个选项卡在选项卡列中都有一个索引位置。

QToolBox 部件的选项如图 5.30 所示。

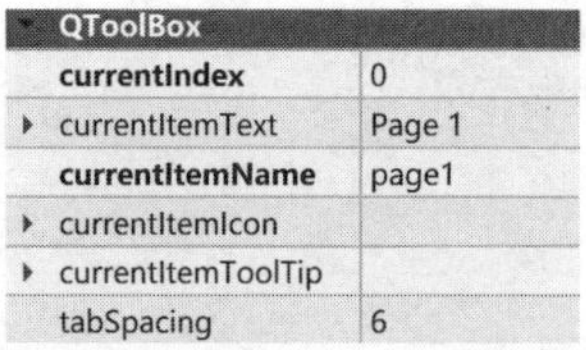

QToolBox	
currentIndex	0
▸ currentItemText	Page 1
currentItemName	page1
▸ currentItemIcon	
▸ currentItemToolTip	
tabSpacing	6

图 5.30　QToolBox 部件的选项

QToolBox 部件常用属性及其含义如表 5.30 所示。

表 5.30　QToolBox 部件的常用属性及其含义

属性	含义
currentIndex	工具箱中当前选项卡对应的索引，索引值从 0 开始
currentItemText	工具箱中当前选项卡上显示的标题
currentItemName	当前选项卡上对应子部件的名称
currentItemIcon	当前选项卡上显示的按钮图标
currentItemToolTip	当前选项卡上显示的提示信息
tabSpacing	工具箱中窗口折叠后，选项卡间隙的大小

QToolBox 部件的常用成员函数如表 5.31 所示。

表 5.31　QToolBox 部件的常用成员函数

原型	功能描述
QToolBox(QWidget *parent=0,const char *name = 0, QFlags f = 0)	构造一个名称为 name、父对象为 parent、标志位为 f 的工具箱
int addItem(QWidget *widget, const QIcon &iconSet, const QString &text)	增加一个 item 到工具箱底部，新增加的 item 标签文本是 text、按钮图标是 iconSet
int count() const	返回该工具箱中 item 的数目
int currentIndex() const	返回当前活动 item 的索引值
QWidget * currentItem() const	返回当前活动 item，如果工具箱内容为空，则返回 0
int indexof(QWidget *item) const	返回 item 的索引值
int insertItem(int index,QWidget *item,const QIconSet &iconSet,const QString &label)	在索引 index 处插入一个新项目 item，按钮图标为 iconSet、标签为 label，返回插入 item 的索引值
QWidget * item(int index)const	返回索引为 index 的 item
QString itemLabel(int index)const	返回索引为 index 的标签
int removeItem(QWidget *item)	删除工具箱中的 item，删除成功后返回 item 的索引值，否则返回−1
void setCurrentIndex(int index)	设置索引为 index 的 item 为当前活动 item
void setCurrentIndex(QWidget *item)	设置索引 item 为当前活动 item
void setItemLabel(int index, const QString &label)	设置 label 为索引 index 的项目的标签文本

5.5.4　QTabWidget 部件

QTabWidget 部件继承自 QWidget 类，提供了一组选项卡（多页面）部件。QTabWidget 主要是用来分页显示，每页一个界面，众多界面共用一块区域，能够节省空间，方便地为用户显示更多的信息。

QTabWidget 部件的常用成员函数如表 5.32 所示。

表 5.32　QTabWidget 部件的常用成员函数

原型	功能描述
QTabWidget(QWidget *parent = 0,const char *name = 0,WFlags f = 0)	构造一个名称为 name、父对象为 parent、标记为 f 的选项卡
void QTabWidget::addTab(QWidget *child,const QString &label)[virtual]	增加子页到该选项卡，子页控件是 child，子页标签是 label
void QTabWidget::changeTab(QWidget *w,const QIconSet &iconset,const QString &label)	更改子页 w 的图标为 iconset、标签为 label

原型	功能描述
int QTabWidget::count() const	返回该选项卡中子页的数目
QWidget *QTabWidget::currentPage() const	返回当前活动子页
int QTabWidget::currentPageIndex() const	返回当前活动子页的索引值
int QTabWidget::indexOf(QWidget *w)const	返回子页 w 的索引值

QTabWidget 部件常用的槽函数：

```
void QTabWidget::removePage(QWidget *w)[virtual slot]; // 删除子页 w
void QTabWidget::setCurrentPage(int index)[slot] ;//设置索引 index 处的子页为当前活动子页
```

例 5-20：编辑 QTabWidget。

创建一个基于 QWidget 类的应用，在 UI 上放置一个 QTabWidget 部件，然后在各个页面中添加部件及内容，并使 QPushButton 信号和相关槽函数关联，效果如图 5.31 所示。

图 5.31　QTabWidget 应用效果

5.5.5　QStackedWidget 部件

QStackedWidget 部件继承自 QFrame 类，提供了一个小部件堆栈，其中一次只能看到一个小部件。它是构建在 QStackedLayout 类之上的一个易用的布局小部件，常与 QListWidget 部件搭配使用，左边一般是 QListWidget 列表，右边是 QStackedWidget 部件，一般使用信号与槽机制，通过选择左边的 QListWidget 列表中的不同选项，让右边的 QStackedWidget 显示不同的内容，且每次显示一个小部件。

QStackedWidget 部件的常用函数：

```
int  count() const;  //返回栈容器窗口中存储的子窗口个数
int  currentIndex() const; //得到当前栈窗口中显示的子窗口的索引值
```

QStackedWidget 部件常用的槽函数：

```
//设置 index 索引指定当前栈窗口中显示的子窗口
void QStackedWidget::setCurrentIndex(int index);
```

5.5.6　QFrame 部件

QFrame 部件用来存放其他部件，也可用于装饰，一般作为复杂容器的基础，或在 UI 中作为占用控件。QWidget 控件在创建时是不可见的，它可以包含子控件，在删除该 QWidget

控件时，其子控件也一起被删除。

5.5.7 QMdiArea 部件

QMdiArea 部件被称作 MDI（Multiple Document Interface，多文档界面）窗口显示区，主要适用于完成一项工作时需要用到多个文档的情况。QMainWindow 是 SDI（Signal Document Interface，单文档界面）窗口显示区，主要适用于所有工作没有太多文档参与的情况。

部分其他部件将在后文进行详细介绍。

5.6 QWidget 类综合应用案例

创建图 5.32 所示的界面，具体步骤如下。

（1）创建项目：基类选择 QWidget。

（2）编辑项目：进行 UI 设计，其中左、右两个部件分别为 QToolBox 和 QTableWidget，在 QToolBox 中添加 QGroupBox 和 QPushButton 部件；在 QTabelWidget 中添加 QScrollArea、QPushButton 和 QLabel 部件。

（3）实现功能：编辑各个动作的槽，将 QToolBox 上的 QPushButton 与 QTableWidget 的页面进行信号与槽的关联。

（4）编译与运行项目：运行效果如图 5.32 所示。

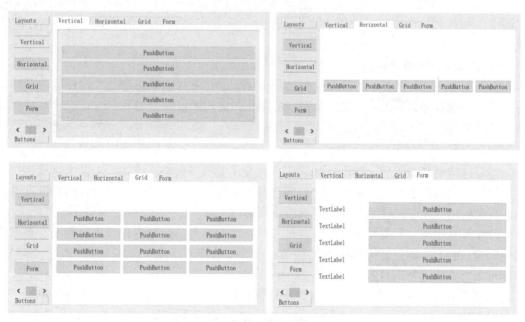

图 5.32　各窗口部件的使用效果

5.7 作业

1. 利用 QWidget 类的窗口部件及时间日期类设计一个日历。
2. 利用已学知识模仿设计 QQ 图形用户界面。

第6章 Qt 的部件布局管理

在实际项目开发中，一个界面上可能放置有十几个部件，手动调整它们的位置费时又费力。作为成熟的 GUI 框架，Qt 提供了布局管理器和一些布局控件，能够自动调整控件位置，实现对窗口的分割显示和多窗口中部件的管理，从而保持整个界面的美观。本章主要介绍 Qt 的布局管理器、窗口分割器和堆栈窗口部件的含义及具体使用方法。

6.1 布局管理概述

Qt 的界面设计使用了布局（Layout）功能，可以使部件有规则地分布，并且随着窗口的变化自动调整大小和位置。Qt 有一系列布局管理器，用来设置这些子部件在交互界面中如何排列。当窗口的位置、大小改变后，这些布局管理器会自动调整子部件的位置、大小。

Qt 提供了两种部件定位机制：绝对定位和布局定位。

（1）绝对定位：这是一种最原始的定位方法，直接在像素级指定各个部件的位置和大小，部件的位置和大小无法自适应父窗口的变化。常用函数原型如下：

```
void move (int x, int y);
void resize (int w, int h);
```

但是这样做带来了一个问题：如果用户改变了父窗口大小，比如单击最大化按钮或者使用鼠标拖动窗口边缘，采用绝对定位的部件是不会有任何响应的，因为我们并没有告诉 Qt，在父窗口变化时部件是否要更新自己以及如何更新。

（2）布局定位：只要把部件放入某种布局，将由专门的布局管理器进行管理。当需要调整父窗口的大小和位置的时候，Qt 使用对应的布局管理器自动对部件进行调整，布局管理器可以有效地弥补绝对定位的缺陷。

Qt 共提供了 5 种布局管理器，每种布局管理器对应一个类，分别是 QVBoxLayout（垂直布局）、QHBoxLayout（水平布局）、QGridLayout（网格布局）、QFormLayout（表单布局）和 QStackedLayout（堆栈布局），它们的继承关系如图 6.1 所示。

QObject 是所有 Qt 类的基类，也是 Qt 对象模型的核心；QLayoutItem 为布局操作提供了抽象条款。布局管理器不是界面部件，而是界面部件的定位策略。Qt 采用的解决方案是布局管理器 QLayout。布局管理器能根据界面部件进行布局管理，能够自动排列窗口中的界面部件，在窗口变化后能自动更新部件的大小和位置。

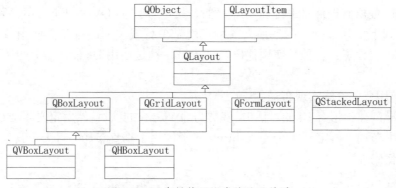

图 6.1　Qt 布局管理器类的继承关系

Qt 的布局管理器使用起来简单方便，功能强大，可以自动对某个窗口下的子部件进行合理化布局，充分地利用所有可用的空间。布局管理器可以相互嵌套，从而形成更加复杂的布局方式，即管理器管理的对象除了可以直接管理部件之外，还可以是布局。如果要在布局中添加控件，用布局管理器的 addWidget 方法实现；如果要在布局管理器中添加布局，用 addLayout 方法实现。两个方法的原型如下：

```
    void addWidget(QWidget *widget, int stretch = 0, Qt::Alignment alignment =
Qt::Alignment());
    void addLayout(QLayout *layout, int stretch = 0);
```

Qt 为界面设计提供了丰富的布局管理功能，如图 6.2 所示。

为了将界面中的各个部件的布局设计得更加美观，经常使用一些容器类。将需要的部件加入某个布局时，布局会完成如下动作。

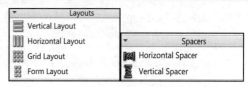

图 6.2　Qt 提供的布局管理功能

所有的部件优先按照各自的 QWidget::sizePolicy 和 QWidget::sizeHint 方法分配空间。如果某个部件设置了 stretch factor（拉伸因子），且大于 0，则会按照 stretch factor 的比例分配空间；如果某个部件的 stretch factor 等于 0，则只有在其他部件不需要空间的时候才会占据相应部分空间。

若布局管理器尝试为某部件分配的空间小于该部件的 minimum size（最小尺寸），则会按照这个最小尺寸分配。假如没有设置 minimum size，则会按照 minimum size hint 分配最小空间。部件其实不需要设置 minimum size 或者 minimum size hint，stretch factor 反而是最为重要的。

若布局管理器尝试为某部件分配的空间大于该部件的 maximum size（最大尺寸），则会按照这个最大尺寸分配。同样地，stretch factor 是最为重要的。

除了可以利用布局管理器对窗口部件进行布局管理之外，还可以通过 QSplitter 对窗口进行分割显示管理。QSplitter 可以容纳其他部件，具有布局一样的特性，但是又可以动态调整，其内部部件可以自由伸缩。也可以通过 QStackedWidget 对窗口控件进行布局管理，类似 QStackedLayout。

6.1.1　QBoxLayout 布局

QBoxLayout 布局又分为垂直布局 QVBoxLayout 和水平布局 QHBoxLayout。

QHBoxLayout 使所有控件水平排列，从左到右一行多列；而 QVBoxLayout 使所有控件垂直排列，从上到下一列多行。两者最大的特点就是单行或单列的排布。使用布局管理器时用两种方式进行设置：一种是使用代码实现，另一种是使用 UI 设计器上的布局管理命令实现。

例 6-1：用代码方式实现布局。

使用向导创建不带有 UI 的对话框、基类为 QWidget 的项目，然后定义 4 个 QPushButton 部件用于水平布局，再定义 4 个 QPushButton 部件用于垂直布局。首先令其包含布局管理器类文件，代码如下：

```
#include<QVBoxLayout>
#include<QHBoxLayout>
```

然后分别在构造函数中进行布局，代码如下：

```
//水平布局
QHBoxLayout  *hBoxLayout=new QHBoxLayout;
hBoxLayout->addWidget(ui->pushButton_h1);
hBoxLayout->addWidget(ui->pushButton_h2);
hBoxLayout->addWidget(ui->pushButton_h3);
hBoxLayout->addWidget(ui->pushButton_h4);
this->setLayout(hBoxLayout);
//垂直布局
QVBoxLayout  *vBoxLayout=new QVBoxLayout(this);
vBoxLayout->addWidget(ui->pushButton_v1);
vBoxLayout->addWidget(ui->pushButton_v2);
vBoxLayout->addWidget(ui->pushButton_v3);
vBoxLayout->addWidget(ui->pushButton_v4);
```

应用效果如图 6.3 所示。

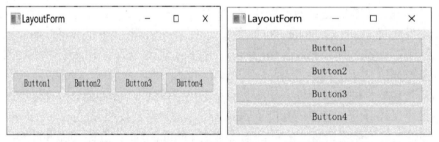

图 6.3　QHBoxLayout 和 QVBoxLayout 布局应用效果

对上面两个布局再进行布局，也就是嵌套布局，具体实现代码如下：

```
QHBoxLayout  *hBoxLayout=new QHBoxLayout(); //水平布局
hBoxLayout->addWidget(ui->pushButton_h1); //在水平布局中添加部件 h1
hBoxLayout->addWidget(ui->pushButton_h2);
hBoxLayout->addWidget(ui->pushButton_h3);
hBoxLayout->addWidget(ui->pushButton_h4);
QVBoxLayout  *vBoxLayout=new QVBoxLayout(); //垂直布局
vBoxLayout->addWidget(ui->pushButton_v1); //在垂直布局中添加部件 v1
vBoxLayout->addWidget(ui->pushButton_v2);
vBoxLayout->addWidget(ui->pushButton_v3);
```

```
vBoxLayout->addWidget(ui->pushButton_v4);
QVBoxLayout *vBoxLayout2=new QVBoxLayout(this); //对上面两个布局进行垂直布局
vBoxLayout2->addLayout(hBoxLayout); //在垂直布局中添加布局1
vBoxLayout2->addLayout(vBoxLayout); //在垂直布局中添加布局2
```

效果如图 6.4 所示。

如果只有一个布局，在初始化布局管理器时指定父窗口 parent 为 this，或者通过 setLayout 方法显示布局。

如果有多个布局嵌套，则在最后一个布局（顶层布局）中指定父窗口 parent 为 this，或者通过 setLayout 方法显示布局。这样整个布局就会在 Form 窗口中显示，其他的布局不用指定父窗口。只有设置了顶层布局，控件和布局才能自适应窗口。

图 6.4　嵌套布局应用效果

例 6-2：使用 UI 设计器上的布局管理命令实现布局。

使用向导创建带有 UI 对话框、基类为 QWidget 的项目，然后在 UI 上添加 4 个 QPushButton 部件用于水平布局，再放置 4 个 QPushButton 部件用于垂直布局，最后对两个布局进行垂直布局。具体操作步骤如下。

方式一：同时选中水平布局 4 个 QPushButton 部件，单击鼠标右键，在弹出的快捷菜单中选择"布局"命令，在弹出的子菜单中选择"水平布局"命令。

方式二：同时选中水平布局的 4 个 QPushButton 部件，在工具栏中单击"水平布局"按钮。

方式三：在 UI 设计器中将水平布局控件拖到 UI 上，然后将 4 个 QPushButton 部件放进水平布局控件内。

使用这 3 种方式设置的布局效果相同，设计时根据需要选中其中一种方式即可。通过 UI 设计器进行布局管理的效果如图 6.5 所示。

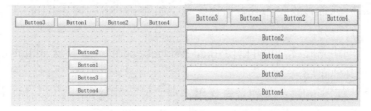

图 6.5　通过 UI 设计器进行布局管理的效果

如果是多个布局嵌套，上面 3 种方式同样可使用。如果布局不合适，可以打破相应布局，然后重新布局。

在布局中可以设置各个控件或布局的边距，如 stretch factor 等，布局管理的属性参数如图 6.6 所示。

layoutLeftMargin、layoutTopMargin、layoutRightMargin 和 layoutButtonMargin 4 个参数分别用来设置控件或者布局距离窗口左、上、右、下边界的距离。layoutSpacing 用来指定布局控件内的部件之间的距离。layoutStretch 用来设置控件或者布局之间的拉伸因子，默认值为 0,0，可

Layout	
layoutName	verticalLayout
layoutLeftMargin	0
layoutTopMargin	0
layoutRightMargin	0
layoutBottomMargin	0
layoutSpacing	6
layoutStretch	0,0
layoutSizeConstraint	SetDefaultCons...

图 6.6　布局管理的属性参数

根据需要设置为不同值，如 1,3 等。这个参数一般起决定性作用，窗口变化时，控件或者布局将按照设置的拉伸因子随着发生变化。layoutSizeConstraint 一般选择默认的值 SetDefaultConstraint 0:，将主窗口的最小值设置为 minimumSize，即布局管理所需的最小控件尺寸，除非控件已经有 minimumSize。

不同拉伸因子的效果如图 6.7 所示。

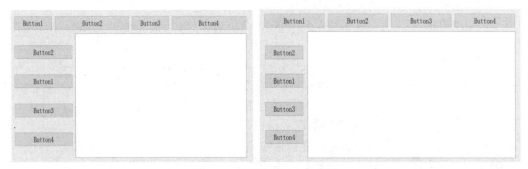

图 6.7   不同拉伸因子的效果

6.1.2   QGridLayout 网格布局

QGridLayout 网格布局（也称格栅布局）以二维的方式来管理界面部件，实现多行多列的布局。网格布局与垂直和水平布局不同，它是根据当前控件的摆放位置进行布局，并绘制出行和列的分隔线。添加控件的函数原型如下：

```
void addWidget(QWidget *, int row, int column, int rowSpan, int columnSpan,
Qt::Alignment = 0);
```

其中 row 和 column 是控件占据单元格的左上角位置，控件将从(row,column)开始，跨行到 rowSpan 和 columnSpan 指定倍数的行和列。如果 rowSpan 或 columnSpan 的值为-1，则窗口部件将扩展到布局的底部或者右边缘处。如果 rowSpan 或 columnSpan 的值为 1，则窗口部件占用一行一列。

在网格布局创建完成后，就可以使用 addWidget、addItem，以及 addLayout 方法向其中加入窗口部件及其他布局。

同样，有两种实现方法：一种是全代码实现，另一种是利用 UI 设计器实现。

例 6-3：使用全代码方式设计一个简单计算器界面的布局应用。

使用向导创建不带有 UI 对话框、基类为 QWidget 的项目，头文件包含 #include<QGridLayout>，构造函数中的代码如下：

```
QGridLayout *gridLayout=new QGridLayout(this);  //初始化网格布局
 gridLayout->addWidget(ui->lineEdit,0,0,1,3); //在网格布局中的第1行第1列添加部件，跨3列

 gridLayout->addWidget(ui->CE,0,3);    //在网格布局中的第1行第4列添加部件
 gridLayout->addWidget(ui->pushButton_one,1,0); //在网格布局中的第2行第1列添加部件
 gridLayout->addWidget(ui->pushButton_two,1,1);
 gridLayout->addWidget(ui->pushButton_three,1,2);
 gridLayout->addWidget(ui->pushButton_add,1,3);
 gridLayout->addWidget(ui->pushButton_four,2,0);
 gridLayout->addWidget(ui->pushButton_five,2,1);
```

```
gridLayout->addWidget(ui->pushButton_six,2,2);
gridLayout->addWidget(ui->pushButton_sub,2,3);
gridLayout->addWidget(ui->pushButton_seven,3,0);
gridLayout->addWidget(ui->pushButton_eight,3,1);
gridLayout->addWidget(ui->pushButton_nine,3,2);
gridLayout->addWidget(ui->pushButton_mux,3,3);
gridLayout->addWidget(ui->pushButton_plus,4,0);
gridLayout->addWidget(ui->pushButton_zero,4,1);
gridLayout->addWidget(ui->pushButton_equ,4,2);
gridLayout->addWidget(ui->pushButton_div,4,3);
```

全代码布局效果如图 6.8 所示。

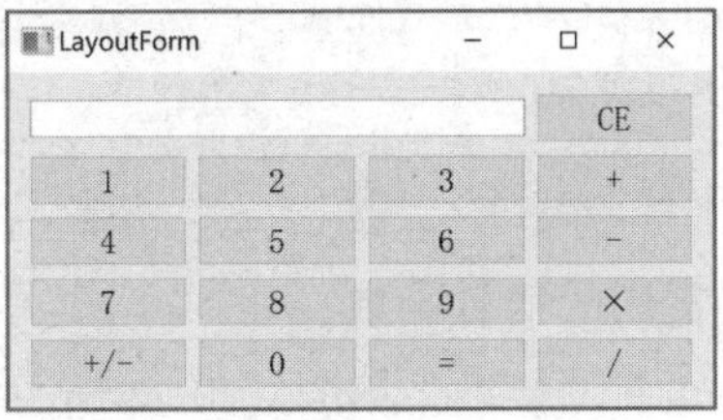

图 6.8　网格布局效果

6.1.3　QFormLayout 表单布局

QFormLayout 用于管理由输入型控件和关联的标签组成的 Form 表单。QFormLayout 是一个使用起来很方便的表单布局类，其中的控件以两列的形式被布局在表单中。左列包含标签，右列包含输入型控件，如 QLineEdit、QSpinBox、QDateEdit 等。添加控件的函数原型如下：

```
void addRow(const QString &labelText, QWidget *field);
void addRow(const QString& labelText, QLayout* field) ;
```

可以通过 QFormLayout 来创建一个带有给定文本的 QLabel 及 QWidget 控件行，表单布局中的标签和控件是相互对应的关系。表单布局支持嵌套，其他布局管理器也可以作为子布局被其管理。

同样，有两种实现方法：一种是全代码实现，另一种是利用 UI 设计器实现。

例 6-4：使用全代码方式设计一个简单的登录界面布局。

使用向导创建不带有 UI 对话框、基类为 QWidget 的项目，头文件包含#include <QFormLayout>，构造函数中的代码如下：

```
QFormLayout *formLayout=new QFormLayout(this);  //初始化表单布局
formLayout->addRow(ui->label_Number,ui->lineEdit_Number); //在表单布局中添加部件 1
formLayout->addRow(ui->label_Name,ui->lineEdit_Name); //在表单布局中添加部件 2
formLayout->addRow(ui->label_Password,ui->lineEdit_Password); //在表单布局中添加部件 3
```

全代码布局效果如图 6.9 所示。

图 6.9　表单布局效果

6.1.4　QStackedLayout 堆栈布局

QStackedLayout 堆栈布局将一堆 widget 控件放置在一起，但只有一个控件可见，可以根据需要切换显示不同的控件或页面。QStackedLayout 继承自 QLayout 类。QStackedLayout 类提供了可以进行多页面切换的布局，一次只能看到一个界面。QStackedLayout 可用于创建类似于 QTabWidget 部件提供的用户界面，也可以建立类似于 QStackedLayout 之上的栈控件 QStackedWidget 的用户界面效果。

QStackedLayout 堆栈布局常用的成员函数：

```
//将 widget 控件添加到 QStackedLayout 控件中
int  addWidget(QWidget *widget);
//将 widget 控件插入 QStackedLayout 控件指定的位置 index 处
Int insertWidget(int index, QWidget *widget);
```

QStackedLayout 堆栈布局常用的信号函数：

```
//切换当前显示的控件时，会触发此信号，index 为显示的新控件的索引值
void  currentChanged(int index);
//移除某个控件时，会触发此信号，index 为被移除控件的索引值
void  widgetRemoved(int index);
```

QStackedLayout 堆栈布局常用的槽函数：

```
void setCurrentIndex(int index);//将第 index 个控件作为要显示的控件
//设置 widget 为当前要实现的控件。必须保证 widget 存储在 QStackedLayout 控件中
void  setCurrentWidget(QWidget *widget);
```

同样，有两种实现方法：一种是全代码实现，另一种是利用 UI 设计器实现。

例 6-5：通过 QStackedLayout 堆栈布局设计一个页面浏览器。

使用向导创建带有 UI 对话框、基类为 QWidget 的项目。首先，在 UI 上放置一个 QComboBox 部件、4 个 QLabel 部件，然后，在头文件中包含#include<QStackedLayout>，并定义一个堆栈对象 stackedLayout，构造函数中的代码如下：

```
stackedLayout=new QStackedLayout;  //初始化堆栈布局
stackedLayout->addWidget(ui->labelpage1);  //为堆栈布局添加部件 1
stackedLayout->addWidget(ui->labelpage2);  //为堆栈布局添加部件 2
stackedLayout->addWidget(ui->labelpage3);  //为堆栈布局添加部件 3
stackedLayout->addWidget(ui->labelpage4);  //为堆栈布局添加部件 4
QHBoxLayout  *hBoxLayout1=new QHBoxLayout(this);  //初始化水平布局
hBoxLayout1->addWidget(ui->comboBox);  //在水平布局中添加 comboBox 部件
hBoxLayout1->addLayout(stackedLayout);  //在水平布局中添加堆栈布局
```

在 UI 中选中 comboBox，单击鼠标右键，在弹出的快捷菜单中选择"转到槽"命令，信号选择 currentIndexChanged(int index)，槽函数中设置堆栈当前的索引号为 comboBox 的当前索引号 index，代码如下：

```
void stackedLayout::on_comboBox_currentIndexChanged(int index)
{
stackedLayout->setCurrentIndex(index);
}
```

效果如图 6.10 所示。

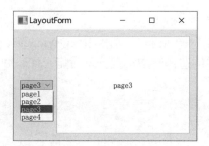

图 6.10　堆栈布局效果

6.2　窗口分割器

6.2.1　QSplitter 概述

在 Qt 开发中，QSplitter 是窗口分割器，QSplitter 类实现了窗口分割功能，允许用户通过拖动它们之间的边界来控制子窗口部件的大小。任何数量的部件都可以由单个分割器控制。QSplitter 可以容纳其他 Widget 部件，具有与布局一样的特性，QSplitter 的典型用途是创建多个部件，并使用 insertWidget 或 addWidget 方法添加，其内部的 Widget 部件可以自由伸缩。

如果调用 insertWidget 或 addWidget 方法时，部件已经在 QSplitter 中，那么它将被移动到新位置。同时，可以使用 indexOf、widget 和 count 方法来访问分割器内的小控件。

QSplitter 分割器可以进行水平和垂直分割，默认水平（并排）分割，可以使用 setOrientation(Qt::Vertical)将其设置为垂直分割。

QSplitter 的应用方式有两种：一种是通过 Qt Creator 的 UI 设计器添加，另一种是直接使用 C++代码添加。其中，第一种方法较为直观和方便。

QSplitter 分割器常用的成员函数：

```
QSplitter(Qt::Orientation orientation, QWidget *parent = nullptr)  //构造函数
void addWidget(QWidget *widget)  //在分割器中添加部件
void insertWidget(int index, QWidget *widget)  //在分割器 index 位置处插入部件
void setHandleWidth(int)  //设置分割器句柄的宽度
void setStretchFactor(int index, int stretch)  //设置拉伸因子
```

6.2.2　QSplitter 应用

QSplitter 的具体使用步骤如下。

第 1 步：通过构造函数新建分割器，指定分割方式和父窗口。

在 QSplitter(Qt::Orientation orientation, QWidget *parent = nullptr)构造函数中，第一个参数通过 Qt::Horizontal 或 Qt::Vertical 来指定水平分割或垂直分割，第二个参数设置为 0 代表自身就是主窗口，无父窗口。

第 2 步：为分割器添加部件或者分割器，通过 addWidget 方法或者 insertWidget 方法实现。

第 3 步：显示主分割器。如果主分割器有父窗口，就直接显示父窗口；如果无父窗口，直接显示分割器。

例 6-6：通过代码方式实现 QSplitter。

使用向导创建带有 UI 对话框、基类为 QWidget 的项目，在头文件中包含 #include<QSplitter>，然后在构造函数中实现分割功能，代码如下：

```
QSplitter *mainSplit=new QSplitter(Qt::Horizontal,0); //新建一个水平分割器，无父窗口
QTextEdit *text1=new QTextEdit("test1"); //定义第一个部件，初始化显示的内容
text1->setAlignment(Qt::AlignCenter); //将部件中的内容居中
mainSplit->addWidget(text1);  //将部件添加到分割器中
QTextEdit *text2=new QTextEdit("test2",mainSplit); //定义第二个部件，指定父窗体为刚才创
建的分割器
//与 addWidget 方法功能相同
text2->setAlignment(Qt::AlignCenter); //将部件中的内容居中
mainSplit->setWindowTitle("SPlitter");   //设置分割器的标题
mainSplit->show(); //显示分割器
```

通过 UI 设计器实现 QSplitter 的设计：首先在窗口中放置两个 QTextEdit 部件，然后将它们同时选中并单击鼠标右键，在弹出的快捷菜单中选择"水平分割"，或者在工具栏中单击"水平分割器"按钮。单分割器效果如图 6.11 所示。

图 6.11　单分割器效果

多分割器效果如图 6.12 所示。

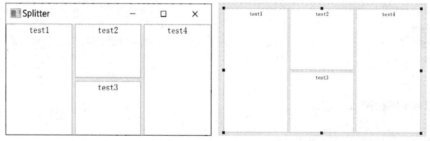

图 6.12　多分割器效果

6.3　堆栈窗口部件

6.3.1　QStackedWidget 概述

QStackedWidget 继承自 QFrame 类，是一个堆栈窗口控件，也是一个容器控件，提供一个空间来存放一系列控件，一次只显示一个页面，可以用来实现不同页面之间的切换。

QStackedWidget 部件可用于创建类似于 QTabWidget 部件提供的用户界面。与 QStackedLayout 一样，QStackedWidget 可以构建并填充许多子部件页面。

QStackedWidget 常用的成员函数：

```
int addWidget(QWidget * widget);//添加页面，并返回页面对应的索引值
int insertWidget(int index, QWidget * widget);//在 index 位置处添加页面
int count() const;//获取页面数量
int currentIndex() const;//获取当前页面的索引值
QWidget * currentWidget() const;//获取当前页面
void removeWidget(QWidget * widget);//移除 widget 页面，该页面并没有被删除，只是被隐藏了。
```

QStackedWidget 常用的信号：

```
void currentChanged(int index);//当前页面发生变化时候发送，index 为新的索引值
void widgetRemoved(int index);//页面被移除时候发送，index 为页面对应的索引值
```

QStackedWidget 常用的槽函数：

```
void setCurrentIndex(int index);//设置索引 index 所在的页面为当前页面
void setCurrentWidget(QWidget * widget);//设置 widget 页面为当前页面
```

可使用 currentWidget 方法来判断当前页面，通过 setCurrentWidget 方法来设置需要显示的页面；再根据 currentIndex 方法来判断当前页面的索引值，通过 setCurrentIndex 方法来设置需要显示的页面。

6.3.2 QStackedWidget 应用

QStackedWidget 应用方式也有两种：一种是通过 Qt Creator 的 UI 设计器添加；另一种是直接使用 C++代码添加。本应用采用 UI 和代码混合的方式设计。

例 6-7：QStackedWidget 设计应用。

使用向导创建带有 UI 对话框、基类为 QWidget 的项目，在 UI 中进行部件的布局，然后通过信号函数和槽函数实现栈窗口的切换显示。界面设计通过 UI 上的布局命令实现布局管理，通过右击 UI 上的两个 button 中转到槽命令，自动添加两个槽函数，槽函数的实现如下：

```
void stackedWidget::on_pushButton_pre_clicked()
{
int index=ui->stackedWidget_4->currentIndex();
ui->stackedWidget_4->setCurrentIndex(index-1);
}
void stackedWidget::on_pushButton_next_clicked()
{
int index=ui->stackedWidget_4->currentIndex();
ui->stackedWidget_4->setCurrentIndex(index+1);
}
```

应用效果如图 6.13 所示。

除上述布局管理器、窗口分割器和堆栈窗口部件之外，停靠窗口类 QDockWidget 和多文档窗口类 QMdiArea 也属于 Qt 的部件布局管理可以参阅 Qt 帮助文档学习使用。

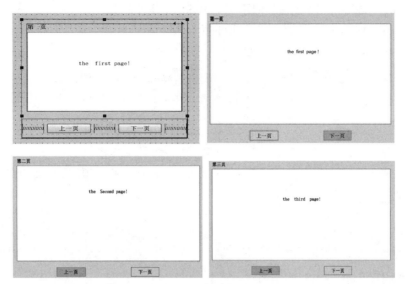

图 6.13　StackedWidget 的应用效果

6.4　综合应用案例

通过堆栈窗口部件 QStackedWidget 和列表部件 QListWidget 实现基本信息编辑框的设计。具体步骤如下。

（1）创建项目：基类选择 QWidget。

（2）编辑项目：进行 UI 设计，其中左、右两个控件分别为 QListWidget 和 QStackedWidget，在 QStackedWidget 中插入 3 页，每页的部件和布局如图 6.14 所示。

（3）实现功能：编辑信号与槽，将 QListWidget 当前的行索引与 QStackedWidget 的页面索引进行信号与槽的关联。

（4）编译与运行项目：运行效果如图 6.14 所示。

图 6.14　布局综合应用案例运行效果

6.5　作业

1. 简述 Qt 提供了哪些布局方式用于确定窗口的位置。
2. 简述布局管理器、窗口分割器、堆栈窗口部件各自的特点。

第7章 Qt 的项部件及项视图

在图形用户界面开发中，数据的展示包括表格、简单列表、树形列表及纯文本等多种方式。Qt 封装了两类部件用于数据展示，分别为项部件（Item Widgets）和项视图(Item Views)。其中，项部件是基于项的数据显示，项视图是基于模型的数据显示。两类部件在不同的场合可以选择使用，数据量少的一般选择项部件，处理大数据量一般使用基于模型的项视图，进而完成数据的展示。本章主要介绍项部件和项视图各类部件的基本功能，以及具体使用方法。

7.1 项部件和项视图部件概述

Qt 将表格、简单列表和树形列表称为表项视图（item view class），并提供两种实现方式：一种为 item based，这些类名以 Widget 结尾，如 QListWidget；另一种为 model based，这些类名以 View 结尾，如 QListView。Qt Creator 的 UI 设计器中提供了 Item Widgets(Item-Based) 和 Item Views(Model-Based) 两类部件，其中 Item Widgets 有 3 种，分别为 List Widget 列表部件、Tree Widget 树形部件和 Table Widget 表格部件；Item Views 有 5 种，分别为 List View 列表视图部件、Tree View 树形视图部件、Table View 表格视图部件、Column View 多列视图部件和 Undo View 撤销视图部件。UI 设计器中部件的图标如图 7.1 所示。

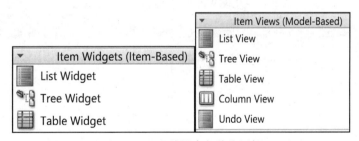

图 7.1 UI 设计器中部件的图标

这两类部件都可以实现界面的项视图展示，二者之间的关系与区别如下。

（1）Item Views(Model-Based) 类内的部件是 Item Widgets(Item-Based) 内对应部件的父类，即项部件继承自项视图部件，如 QListWidget 继承自 QListView。

（2）Item Views(Model-Based) 的对象进行数据操作时相对较复杂，但处理和展示大数据量时的表现较好；而 Item Widgets(Item-Based) 的数据操作相对简单，但处理及展示大数据量时的表现较差。

（3）Item Views 类部件是基于 MVC（Model-View-Controller，模型-视图-控制器）架构的一种简化，数据和视图是分开的，数据在 Model 中存储和操作，View 只负责展示、界面操作和逻辑控制；Item Widgets 则将数据、展示及控制集于一体，开发中没有 Item Views 灵活。实际上 Item Widgets 就是在 Item Views 的基础上绑定了一个默认的存储模型并提供了相关方法。

（4）Item Views 基于 Model，Item Widgets 基于 Item，这是它们的本质区别。Model 需要用户自己建模（如 QStringListModel、QSqlTableModel 等），这样就大大降低了数据冗余度，提高了程序的执行效率，但是需要用户对数据建模有一定了解，使用门槛较高。而 Item Widgets 是一个升级版的 Item Views，它已经建立了一个数据存储模型（QListWidgetItem），操作方便，直接调用 addItem 方法即可添加项目。

（5）从性能和数据量角度考虑，选用 Item Views；从界面开发角度考虑，选择 Item Widgets。

7.2　项部件 Item Widgets

Item Widgets 共提供了 3 个项部件，分别为 QListWidget、QTreeWidget 和 QTableWidget。下面分别介绍各个部件的功能及使用方法。

7.2.1　列表部件 QListWidget

QListWidget 类继承自 QListView 类，提供了一个基于项的列表部件，一个用于添加和删除项目的基于项的经典接口。QListWidget 使用内部模型来管理列表中的每个 QListWidgetItem。

QListWidget 部件的 name 属性是控件对应源码内的名称，count 属性是项目的数目，sortingEnabled 属性用于设置是否对项目进行排序，排序默认按字母顺序进行。

QListWidget 部件的常用成员函数如表 7.1 所示。

表 7.1　QListWidget 部件的常用成员函数

原型	功能描述
QListWidget(QWidget *parent = 0)	构造父对象为 parent 的 ListWidget
addItem(QListWidgetItem *item)	添加项目 item
addItem(const QString &label)	添加标签 label
addItems(const QStringList &labels)	添加一列项目
insertItem(int row,QListWidgetItem * item)	在行 row 处插入项目 item
insertItem(int row，const QString &label)	在行 row 处插入标签 label
currentItem() const	返回当前活动的项目
item(int row)const	返回 row 处的项目，若不存在则返回 0

QListWidget 部件的常用信号与槽函数如表 7.2 所示。

表 7.2　QListWidget 部件的常用信号与槽函数

原型	功能描述
void currentItemChanged(QListWidgetItem *current, QListWidgetItem *previous)	当前列表项发生变化时触发
void currentRowChanged(int currentRow)	当前列表项行发生变化时触发
void currentTextChanged(const QString &currentText)	当前列表项内容发生变化时触发
void scrollToItem(const QListWidgetItem *item, QAbstractItemView:: ScrollHint hint = EnsureVisible)	以 hint 参数指定的滑动方式，查看指定的 item 列表项

1. QListWidgetItem 列表项

QListWidget 列表部件可以显示多项数据，每项数据习惯上称为列表项（简称项），每个列表项都是 QListWidgetItem 类的实例对象，即 QListWidget 中有多少个列表项就有多少个 QListWidgetItem 类对象。

QListWidgetItem 是一个纯数据类，不是部件，没有基类，也就没有信号与槽函数。QListWidgetItem 可以直接用数据流 QDataStream 读写。QListWidgetItem 不仅有字符串，还有自己的图标、复选框等特性，列表部件会根据 QListWidgetItem 对象的丰富特性来呈现数据并进行交互操作。

默认情况下，QListWidget 中的每个列表项独自占用一行，每个列表项包含文字、图标等内容。在实际项目开发中，还可以将指定的窗口或控件放到列表项中显示，比如 QWidget 窗口、QLabel 文本框、QPushButton 按钮、QLineEdit 输入框等。通过 QListWidgetItem 类可以轻松管理 QListWidget 中的每个列表项。

通过 QListWidgetItem 类提供的 setIcon、setText、setFont、setBackground 等方法，可分别设定每个列表项的图标、文本内容、文字格式、列表项背景颜色等。

2. QListWidget 列表部件应用

例 7-1：为 QListWidget 部件添加数据项。

使用向导创建带有 UI、基类为 QWidget 的应用。首先，在 UI 上分别添加一个 QListWidget 部件和 QLabel 部件，然后按照 1∶2 的拉伸比例进行水平布局。其次，在 QListWidget 中添加数据项，具体操作为双击 QListWidget，在弹出的对话框中添加 text 和 icon 信息，如图 7.2 所示。

最后，通过信号与槽关联，实现 QListWidget 选择的行信息在 QLabel 上显示。具体操作为右击 QListWidget 控件，在弹出的快捷菜单中选择"转到槽"命令，选择信号 currentTextChanged(const QString &currentText)。槽函数代码如下：

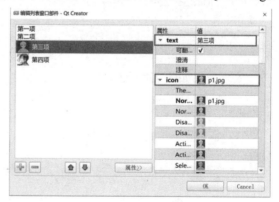

图 7.2　添加数据项

```
void ItemWidget::on_listWidget_currentTextChanged(const QString &currentText)
{
  int index=ui->listWidget->currentRow(); //获取行号
```

```
    QStringList list; //定义一个字符串列表
//为 list 赋值
    list<<"www.baidu.com"<<"www.163.com"<<"www.google.com"<<"www.hao123.com";
    ui->label_listWidget->setText(currentText+list.at(index)); //在 label 上显示相应的内容
}
```

实现效果如图 7.3 所示。

图 7.3   为 QListWidget 部件添加数据项的效果

接着例 7-1，也可以通过 QListWidgetItem 类对象继续添加 item 项，该方法可以添加包含文本和图标的项，也可以添加控件顶级项，通过代码方式实现，在构造函数中添加如下代码：

```
QListWidgetItem *listItem1=new QListWidgetItem;
listItem1->setIcon(QIcon(":/images/cat1.png"));
listItem1->setText("cat");
ui->listWidget->addItem(listItem1);  //添加 cat 图片的 item 项
QListWidgetItem *listItem2=new QListWidgetItem;
listItem2->setIcon(QIcon(":/images/p1.jpg"));
ui->listWidget->addItem(listItem2);
QPushButton *btn=new QPushButton("listWidgetItem");
ui->listWidget->setItemWidget(listItem2,btn); //添加 p1 图片和 QPushButton 部件的 item 项
QListWidgetItem *listItem3=new QListWidgetItem;
ui->listWidget->addItem(listItem3);
QCheckBox *check=new QCheckBox;
check->setText("CheckedBox");
ui->listWidget->setItemWidget(listItem3,check); //添加 QCheckedBox 部件的 item 项
```

实现效果如图 7.4 所示。

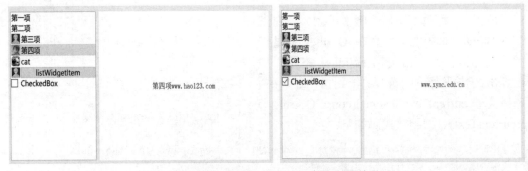

图 7.4   为 QListWidget 部件添加复杂项的效果

7.2.2 树形部件 QTreeWidget

QTreeWidget 类继承自 QTreeView 类，提供使用预定义树模型创建的树视图。QTreeWidget 类提供标准的树小部件，以及基于项目的经典接口。QTreeWidget 使用内部模型管理数据项，每个项都是 QTreeWidgetItem 类对象。

QTreeWidget 部件的 columnCount 属性用于保存该 TreeWidget 的列数，其他属性与 QListWidget 相同，不再描述。

QTreeWidget 部件的常用成员函数如表 7.3 所示。

表 7.3　QTreeWidget 部件的常用成员函数

原型	功能描述
QTreeWidget(QWidget *parent = 0)	构造父对象为 parent 的 TreeWidget
addTopLevelItem(QTreeWidgetItem * item)	在 TreeWidget 中追加 item 为顶级项目
setItemWidget(QTreeWidgetItem *item,int column,QWidget *widget)	设置控件 widget 为项目 item 的显示控件，项目 item 在列 column 中
currentColumn() const	返回当前活动列
currentItem() const	返回当前活动的项目

1．QTreeWidgetItem 树形部件项

通常情况下，树形结构中的数据称为节点。QTreeWidget 部件中，每个节点都是 QTreeWidgetItem 类的实例对象，即 QTreeWidget 类对象代表整个树形部件，而 QTreeWidgetItem 类对象代表树形部件中的节点。QTreeWidgetItem 的内容是较复杂的，因为每个项都涉及内部多列数据的操作、父子节点操作，这些都是之前列表项和表格项不具备的。

QTreeWidgetItem 类常用的构造函数：

```
//创建一个新节点,节点中包含数据 strings,将该节点添加到指定 parent 树形结构中
QTreeWidgetItem(QTreeWidget *parent, const QStringList &strings, int type = Type)
//创建一个新节点,将其插入 parent 树形结构中 preceding 节点之后的位置
QTreeWidgetItem(QTreeWidget *parent, QTreeWidgetItem *preceding, int type = Type)
```

QTreeWidgetItem 类成员函数：

```
void QTreeWidgetItem::addChild(QTreeWidgetItem *child)   //为当前节点添加子节点
QTreeWidgetItem *QTreeWidgetItem::child(int index)   //获得当前节点第 index 个子节点
QTreeWidgetItem *QTreeWidgetItem::parent() const   //获得当前节点的父节点
```

2．QTreeWidget 树形部件应用

例 7-2：QTreeWidget 的应用。

使用向导创建带有 UI、基类为 QWidget 的应用。首先，在 UI 上分别添加一个 QTreeWidget 部件和一个 QLabel 部件，然后进行水平布局，按照 1∶2 的拉伸比例；其次，在 QTreeWidget 中添加节点，具体操作如下。

（1）添加顶层节点。

向 QTreeWidget 控件中添加节点，具体可分为两种情况：一种是添加顶层节点，另一种是为某个节点添加子节点。一个 QTreeWidget 控件可以同时包含多个顶层节点。添加顶层节

点的方法有两种。一种是通过编辑树窗口部件直接添加顶层节点和子节点，如图 7.5 所示。

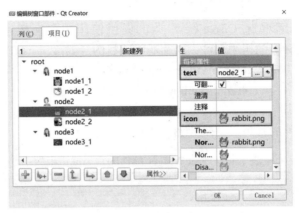

图 7.5　编辑树窗口部件

另一种是通过代码添加顶层节点，具体也有两种方式，代码如下：

```
//调用相应的构造函数，直接将节点作为树形部件的顶层节点
QTreeWidgetItem *topItem1=new QTreeWidgetItem(ui->treeWidget); //添加顶层节点
topItem1->setText(0,"topItem1");  //设置文本内容
topItem1->setIcon(0,QIcon(":/images/cat2.png")); //设置图标
//调用 QTreeWidget 类的 addTopLevelItem 方法
QTreeWidgetItem *topItem2=new QTreeWidgetItem;
topItem2->setText(0,"topItem2");  //设置文本内容
topItem2->setIcon(0,QIcon(":/images/cat1.png")); //设置图标
ui->treeWidget->addTopLevelItem(topItem2); //添加顶层节点
```

添加效果如图 7.6 所示。

（2）添加子节点。

为某个节点添加子节点的方法也有两种，代码如下：

```
//调用相应的构造函数，直接指定新节点的父节点
QTreeWidgetItem *childItem1=new QTreeWidgetItem(topItem1); //将创建的新节点添加为子节点
 childItem1->setText(0,"childItem1"); //设置文本内容
 childItem1->setIcon(0,QIcon(":/images/p1.jpg")); //设置图标
 //创建一个新节点，调用QTreeWidgetItem 类 addChild 方法，为某个节点添加子节点
QTreeWidgetItem *childItem2=new QTreeWidgetItem; //创建一个新节点
childItem2->setText(0,"childItem2");
childItem2->setIcon(0,QIcon(":/images/p2.jpg"));
topItem2->addChild(childItem2); //为 topItem2 添加子节点
```

添加效果如图 7.7 所示。

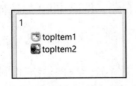

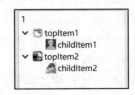

图 7.6　向 QTreeWidget 中添加顶层节点　　图 7.7　向 QTreeWidget 中添加子节点

最后，通过将信号与槽关联，将选择的 QTreeWidget 节点信息显示在 QLabel 上，具体操作为，右击 QTreeWidget 部件，在弹出的快捷菜单中选择"转到槽"命令，选择信号 itemClicked (QTreeWidgetItem *item, int column)，槽代码实现如下：

```
void ItemWidget::on_treeWidget_itemClicked(QTreeWidgetItem *item, int column)
{
  if(item->parent()==nullptr) //判断是否为顶层节点
  {
  ui->label_threeWidget->setText(QString::number(column)+":顶层节点: "+
      item->text(column));
  }
  else   //为子节点
  ui->label_threeWidget->setText("父节点:"+item->parent()->text(column)+
                                " 子节点: "+item->text(column));
}
```

效果如图 7.8 所示。

图 7.8　QTreeWidget 应用效果

7.2.3　表格部件 QTableWidget

QTableWidget 继承自 QTableView 类，是 Qt 中的表格部件类。QTableWidget 类提供了一个带有默认模型、基于项的表视图，表格部件为应用程序提供标准的表格显示工具。QTableWidget 中的项由 QTableWidgetItem 类提供。

在窗口上放置一个 QTableWidget 部件，双击这个部件，打开一个编辑器，可以对其 colum、row 和 item 进行编辑。表格的第 1 行称为行表头，用于设置每列的标题；第 1 列称为列表头，可以设置其标题，但一般使用默认的标题，即行号。行表头和列表头一般是不可编辑的。

行表头和列表头之外的表格区域是内容区，内容区是规则的网格状，如同一个二维数组，每个网格单元称为一个单元格。每个单元格有一个行号、一个列标，左上角第一个单元格为第 1 行第 1 列，向下依次为第 2 行、第 3 行，向右依次为第 2 列、第 3 列等。图 7.9 中，①代表行表头，②代表列表头，③代表单元格。

在 QTableWidget 表格部件中，每个单元格都是 QTableWidgetItem 类对象，可以设置其文字内容、文字字体、字体颜色、单元格颜色、图标，

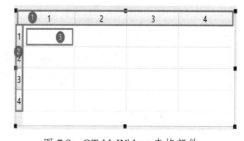

图 7.9　QTableWidget 表格部件

也可以编辑和显示标记。每个单元格可以存储一个 QVariant 数据，用于设置用户自定义数据。

QTableWidget 部件的常用成员函数如表 7.4 所示。

表 7.4　QTableWidget 部件的常用成员函数

原型	功能描述
void setRowCount(int rows)	设置表格行数
void setColumnCount(int columns)	设置表格列数
void setRowHeight(int row, int height)	指定行高
void setColumnWidth(int column, int width)	指定列宽
void setCellWidget(int row, int column, QWidget *widget)	在表格(row,column)位置处添加 widget 部件
void setItem(int row, int column, QTableWidgetItem *item)	在表格(row,column)位置处添加 item 项
void setHorizontalHeaderLabels(const QStringList &labels)	添加横向表头 labels
void setShowGrid(bool)	设置网格可视化
void setSpan(int row, int column, int rowSpanCount, int columnSpanCount)	合并单元格

QTableWidget 常用的信号与槽函数：

```
void cellClicked(int row, int column);  //当某个单元格被选中时，触发该信号
void itemClicked(QTableWidgetItem *item); //当某个项被选中时，触发该信号
void clearContents(); //删除表格内容区内所有的内容
void insertColumn(int column); //在表格第 column 列的位置插入一个空列
```

1. QTableWidgetItem 表格部件项

QTableWidgetItem 是一个纯数据类，不是部件，没有基类，也就没有信号与槽函数。QTableWidgetItem 可以直接用数据流 QDataStream 读写，表格条目不仅有文本，还有图标、复选框等特性，表格部件会根据表项对象的丰富特性来呈现数据并进行交互操作。QTableWidget 表格中，每个单元格都是 QTableWidgetItem 类的实例对象。定义 QTableWidgetItem 类的实例对象之前，要在头文件中引入<QTableWidgetItem>。

QTableWidgetItem 构造函数：

```
QTableWidgetItem(const QIcon &icon, const QString &text, int type = Type)
QTableWidgetItem(const QString &text, int type = Type)
QTableWidgetItem(int type = Type)
```

其中，icon 用于指定单元格要显示的图标；text 用于指定单元格要显示的文本（字符串）；type 配有默认值，可以不设置。

QTableWidgetItem 部件的常用成员函数如表 7.5 所示。

表 7.5　QTableWidgetItem 部件的常用成员函数

原型	功能描述
void setText(const QString &text)	设置单元格中的文本内容
void setIcon(const QIcon &icon)	给单元格添加图标
setBackground(const QBrush &brush)	设置单元格颜色
setFont(const QFont &font)	设置单元格中文本的字体

原型	功能描述
setForeground(const QBrush &brush)	设置单元格中字体的颜色
setTextAlignment(int alignment)	设置单元格中文本的对齐方式
setToolTip(const QString &toolTip)	给单元格设置提示信息

2．QTableWidget 表格应用

例 7-3：QTableWidget 的应用。

使用向导创建带有 UI、基类为 QWidget 的应用。在 UI 上添加 QTableWidget 控件，根据要求设置 QTableWidget 的属性，并为单元格添加相应内容。效果如图 7.10 所示。

图 7.10　QTableWidget 表格应用效果

7.2.4　ItemWidgets 综合应用案例

使用向导创建带有 UI、基类为 QWidget 的应用，在 UI 中分别添加一个 QListWidget 部件、一个 QTreeWidget 部件、一个 QTableWidget 部件和 3 个 QLabel 部件，并进行布局设计，然后给每个项目控件添加和编辑项。效果如图 7.11 所示。

图 7.11　项目控件综合应用效果

有时，项目中需要显示大量数据，比如从数据库中读取数据，并以不同的方式显示在应用程序界面中。早期 Qt 实现此目标需要定义一个部件，然后在这个部件中保存数据对象，比如一个列表。

Smalltalk 语言提出了一种崭新的实现方式，即著名的 MVC 模型，它的核心思想是分层，不同的层具有不同的功能。MVC（Model-View-Controller，模型-视图-控制器），由 3 种对象组成：Model 是应用程序对象，View 是屏幕表示，Controller 定义了用户界面如何对用户的输入进行响应。

7.3.1 Model/View 概念

1．Model/View 框架

Qt 引入了 Model/View 框架，用于完成数据与界面的分离，允许不同界面显示同一数据，也允许在不改变数据的情况下添加新的显示界面。

Model/View 框架是 Qt 中显示界面部件与编辑数据的一种结构，视图（View）是显示和编辑数据的界面部件，模型（Model）是视图与原始数据之间的接口。图形用户界面应用程序（如数据库应用程序）一个很重要的功能是用户能在界面上编辑和修改数据。数据库应用程序中，用户在界面上执行的各种操作实际上是修改界面部件所关联的数据库内的数据。将界面部件与所编辑的数据分离开来，又通过数据源的方式连接起来，是处理界面与数据的一种较好的方式。

Qt 使用 Model/View 框架来处理这种关系，Model/View 框架如图 7.12 所示。

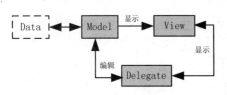

图 7.12 Model/View 框架

其中，Data 是实际的数据，如数据库的一个数据表、SQL 查询结果、内存中的一个 StringList 或磁盘文件结构等。

Model 与实际数据通信，并为视图部件提供数据接口。它从原始数据中提取需要的内容，用于显示和编辑视图部件。Qt 中有一些预定义的数据模型（如 QStringListModel，可作为 StringList 的数据模型）。

View 是屏幕上的视图部件，从数据模型中获得每个数据项的模型索引（model index），又通过模型索引获取数据，然后为视图部件提供显示数据。Qt 提供了一些现成的数据视图部件，如 QListView、QTreeView 和 QTableView 等。

在 Model/View 框架中，还提供了 Delegate（代理）功能，可以让用户定制数据的视图显示和编辑方式。在标准的视图部件中，Delegate 功能显示数据，当数据被编辑时，Delegate 通过模型索引与数据模型通信，并为待编辑数据提供编辑器，一般是 QLineEdit 部件。

Model、View 和 Delegate 之间使用信号与槽通信。当源数据发生变化时，数据模型发送信号通知视图部件；当用户在界面上操作数据时，视图部件发送信号传达这些操作信息；当编辑数据时，代理发送信号告知数据模型和视图部件编辑器的状态。

这种将 View 和数据源分离的方式有以下优势。

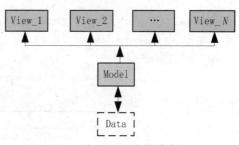

图 7.13　一个 Model 映射到多个 View

（1）在处理较大的数据集时每个部件各司其职，不会降低系统性能。

（2）如果底层数据源的存储方式改变了，只需处理 Model。

（3）一个 Model 可以映射到多个 View，这样可以以不同的方式查看同一份数据，如图 7.13 所示。

2．相关类概念

（1）Model。

所有基于项数据的数据模型（Model）都是基于 QAbstractltemModel 类的，这个类定义了视图部件和代理存取数据的接口。数据不需要存储在数据模型里，数据可以是其他类、文件、数据库或其他任何数据源。

Qt 中与数据模型相关的几个主要的类的继承关系如图 7.14 所示。

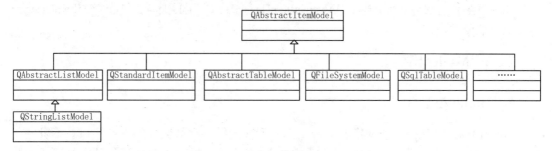

图 7.14　Qt 中数据模型类的继承关系

图 7.14 中的抽象类是不能直接使用的，需要由其子类继承来实现一些纯虚函数。Qt 提供了一些模型类用于项数据处理，Qt 中常见的数据模型类如表 7.6 所示。

表 7.6　Qt 中常见的数据模型类

类名	功能描述
QStringListModel	用于处理字符串列表数据的数据模型类
QStandardltemModel	标准的、基于项数据的数据模型类，每个项数据可以是任何数据类型
QFileSystemModel	计算机上文件系统的数据模型类
QSortFilterProxyModel	与其他数据模型结合，提供排序和过滤功能的数据模型类
QSqlQueryModel	用于返回数据库 SQL 查询结果的数据模型类
QSqlTableModel	用于返回数据库的一个数据表的数据模型类
QSqlRelationalTableModel	用于关系数据表的数据模型类

如果这些现有的模型类无法满足需求，可以从 QAbstractltemModel、QAbstractListModel 或 QAbstractTableModel 类中继承，生成自己定制的数据模型类。

（2）View。

Qt 中所有视图类都基于抽象基类——QAbstractItemView 类，Qt 提供的视图部件

QListView、QTableView、QTreeView、QColumnView 等都继承自抽象基类。视图类的继承关系如图 7.15 所示。

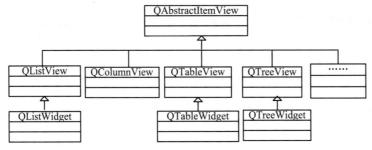

图 7.15　Qt 视图类的继承关系

视图部件类的数据采用单独的数据模型，视图部件不存储数据。视图部件显示数据时，只需调用视图类的 setModel 方法，为视图部件设置一个数据模型就可以实现视图部件与数据模型之间的关联，在视图部件上的修改操作将自动保存到关联的数据模型里。

（3）Delegate。

Qt 中所有代理都基于抽象基类 QAbstractItemDelegate，QItemDelegate 和 QStyledItemDelegate 类继承自抽象基类。

7.3.2　Model 模型

1．Model 模型

Model/View 框架中，数据模型为视图部件和代理提供存取数据的标准接口。不管底层数据是如何存储的，只要是 QAbstractItemModel 的子类，Model 都提供一种表格形式的层次结构。视图利用统一的转换方法来访问模型中的数据，模型内部数据的组织方式并不一定和视图中数据的显示方式相同。常用的 QListModel、QTableModel 和 QTreeModel 模型的结构如图 7.16 所示。

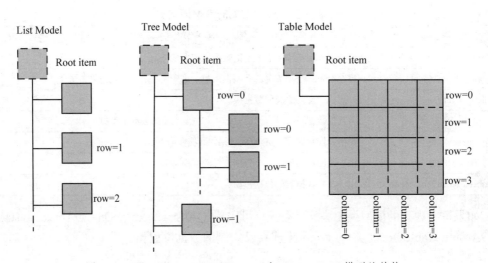

图 7.16　QListModel、QTableModel 和 QTreeModel 模型的结构

QListModel 虽然是线性的列表，但它有一个 Root Item（根节点），一行行数据可以看作一个只有一列的表格。QTableModel 是由多行和多列数据组成的表格，也存在一个根节点。QTreeModel 主要面向层次数据，而每个层次都可以有很多列，因此也是一种带有层次的表格。

2．模型索引

为了使数据的显示同存储分离，Qt 引入了模型索引（model index）的概念。通过模型索引，可以访问模型特定元素的特定部分。视图和委托使用模型索引来请求所需要的数据，因此，只有模型自己知道如何获得数据，模型所管理的数据类型可以使用通用的方式进行定义。模型索引保存了创建它的模型的指针，方便同时操作多个模型。

模型索引提供了所需要的信息的临时索引，用于通过模型取回或者修改数据。由于模型随时可能重新组织其内部的结构，因此，模型索引也可能随时失效，不可长期保存。如果需要长期有效的数据片段，必须创建持久索引。持久索引保证其引用的数据能及时更新。临时索引（也就是通常使用的索引）由 QModelIndex 类提供，持久索引则由 QPersistentModelIndex 类提供。

为了定位模型中的数据，需要 3 个属性：行号、列号及父索引。比如在列表和表格视图中，行号和列号可以定位一个数据项，但在树形结构视图中，因为树形结构是一种层次结构，而层次结构中每个节点都有可能是一个表格，所以需要指明其父节点。由于模型外部只能通过索引访问内部数据，因此，index 方法需要 parent 参数：

```
QModelIndex index = model->index(row, column, parent);
```

3．数据角色

模型可以针对不同的部件或部件的不同部分，比如按钮的提示及显示的文本等提供不同的数据，例如 Qt::DisplayRole 用于视图的文本显示。模型的数据项通常包含一系列不同的数据角色，数据角色定义在枚举类型 Qt::ItemDataRole 中，具体含义如下：

Qt::DisplayRole：文本表格中要渲染的关键数据。

Qt::EditRole：编辑器中正在编辑的数据。

Qt::ToolTipRole：数据项工具提示的显示数据。

Qt::WhatsThisRole：项为 "What's This?" 模式显示的数据。

通过为每个角色提供恰当的数据，模型可以告诉视图和代理如何向用户显示内容。

4．Qt 内置标准模型的应用

（1）QStringListModel。

QStringListModel 是一个可编辑的模型，可以为部件提供一系列字符串作为数据，是封装了 QStringList 的 Model。QStringListModel 通常作为只有一列视图部件的 Model，如 QListView 和 QComboBox。

例 7-4：QStringListModel 的应用。

使用向导创建带有 UI、基类为 QWidget 的应用，在 UI 中添加 QGroupBox、QListView 和 QComboBox 部件，然后在构造函数中添加如下代码：

```
QStringListModel* listModel = new QStringListModel; //初始化一个字符串列表模型
QStringList monthList; //定义月份字符串列表
monthList<<"一月"<<"二月"<<"三月"<<"四月"<<"五月"<<"六月"<<"七月"<<"八月"<<"九月"<<"十
月"<<"十一月"<<"十二月"; //定义字符串列表初始化值
listModel->setStringList(monthList); //在字符串列表模型中设置字符串列表数据
ui->listView->setModel(listModel); //在列表视图中设置列表模型
ui->comboBox_List->addItems(monthList); //在组框中添加列表数据项字符串
```

效果如图 7.17 所示。

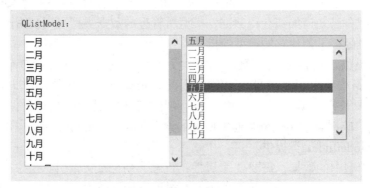

图 7.17　QStringListModel 应用效果

（2）QFileSystemModel 和 QDirModel。

QFileSystemModel 提供了一个可用于访问本机文件系统的数据模型。QFileSystemModel 和视图部件 QTreeView 结合使用，可以以目录树的形式显示本机上的文件系统，如同 Windows 的资源管理器一样。使用 QFileSystemModel 提供的接口函数，可以进行创建目录、删除目录、重命名目录等操作，可以获得文件名称、目录名称、文件大小等参数，还可以获得文件的详细信息。

要想通过 QFileSystemModel 获得本机的文件系统，需要用 setRootPath 方法为 QFileSystemModel 设置一个根目录。用于获取计算机磁盘文件目录的数据模型类还有 QDirModel，QDirModel 的功能与 QFileSystemModel 类似，也可以获取目录和文件。

例 7-5：QFileSystemModel 和 QDirModel 的应用。

使用向导创建带有 UI、基类为 QWidget 的应用，在 UI 中添加 QGroupBox、QTreeView 部件，然后在构造函数中添加如下代码：

```
QFileSystemModel *fileSystemModel=new QFileSystemModel;//初始化一个文件系统模型
QDirModel *dirModel=new QDirModel; //初始化一个目录模型
fileSystemModel->setRootPath(QDir::currentPath()); //设置文件系统模型的根目录为当前路径
ui-> treeView_fileSysModel->setModel(fileSystemModel); //将文件系统模型添加到树形视图中
dirModel->index(QDir::currentPath()); //设置目录模型的索引值为当前路径
ui->treeView_2->setModel(dirModel); //将目录模型添加到树形视图中
```

其中，静态函数 QDir::currentPath 用于获取应用程序的当前路径。

效果如图 7.18 所示。

QFileSystemModel 采用单独的线程获取目录文件结构，而 QDirModel 不使用单独的线程。使用单独的线程就不会阻碍主线程，所以推荐使用 QFileSystemModel。

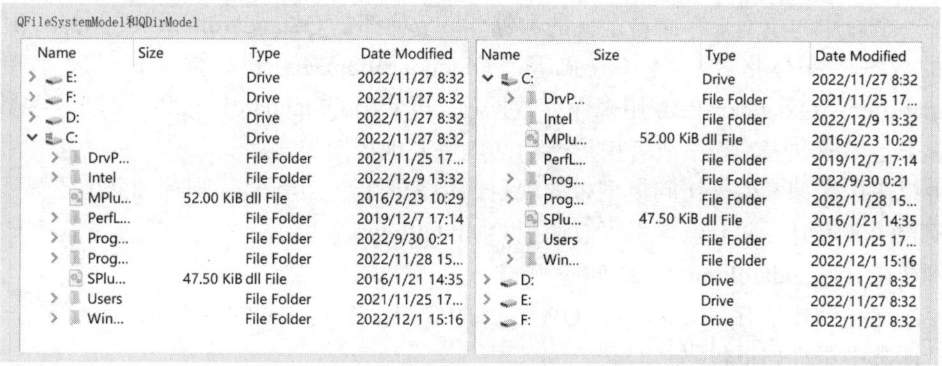

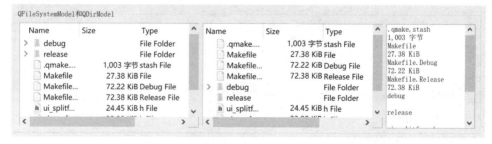

图 7.18　QFileSystemModel 和 QDirModel 应用效果

通过模型索引和数据角色访问模型中的数据信息，接着例 7-5，在 UI 中再添加一个 QTreeView 部件，在构造函数中添加如下代码：

```
QFileSystemModel *fileSystemModel=new QFileSystemModel;//初始化一个文件系统模型
QDirModel *dirModel=new QDirModel;  //初始化一个目录模型
ui->treeView_fileSysModel->setModel(fileSystemModel);//将文件系统模型添加到树形视图中
ui->treeView_fileSysModel->setRootIndex(fileSystemModel->setRootPath(QDir::currentPath ()));
ui->treeView_dirModel->setModel(dirModel);  //将目录模型添加到树形视图中
ui->treeView_ dirModel ->setRootIndex(dirModel->index(QDir::currentPath())); //通过视图的根索引设置当前目录
//由该模型使用 index 方法来获取父节点的索引值
QModelIndex parentIndex=dirModel->index(QDir::currentPath());
int numberRows=dirModel->rowCount(parentIndex);  //使用 rowCount 方法来计算行号
//依次获取每行第一个项目的模型索引值，读出存储在该模型项目中的数据
for(int row=0;row<numberRows;++row)  {
QModelIndex index=dirModel->index(row,0,parentIndex);
QString  text=dirModel->data(index,Qt::DisplayRole).toString();
ui->textEdit->append(text);
QModelIndex index2=dirModel->index(row,1,parentIndex);
 QString  text2=dirModel->data(index2,Qt::DisplayRole).toString();
 ui->textEdit->append(text2);
}
```

效果如图 7.19 所示。

图 7.19　QFileSystemModel 和 QDirModel 模型及数据角色的应用效果

（3）QStandardItemModel。

QStandardItemModel 是标准的、以项数据（item data）为基础的标准数据模型类，该类

提供了一个通用的模型来存储自定义的数据。每个项都是 QStandardItem 类的对象，用于存储项的数据、字体格式、对齐方式等。QStandardItemModel 数据管理的基本单元是 QStandardItem，QStandardItem 用来保存数据项，再使用 QStandardItemModel 将这些数据项组织起来，形成列表、表格或者树形结构，以供其他视图类显示。

可以使用模型索引来访问模型中的项目，但需要指定其行号、列标和父节点索引。当要访问顶层节点时，父节点索引可以使用 QModelIndex 来表示。

例 7-6：QStandardItemModel 的应用。

使用向导创建带有 UI、基类为 QWidget 的应用，在 UI 中添加 QTreeView 部件，然后在构造函数中添加如下代码：

```
//创建并初始化标准模型项
QStandardItemModel *standardItemModel=new QStandardItemModel;
//获取模型项的根节点，根节点是不可见的
QStandardItem *parentItem=standardItemModel->invisibleRootItem();
//创建标准项 item0，并设置显示文本、图标和工具提示
 QStandardItem *item0=new QStandardItem;
 item0->setText("Item0");
 item0->setIcon(QIcon(":/images/find.png"));
 item0->setToolTip("index0");
 parentItem->appendRow(item0);//将创建的标准项 item0 作为根项的子项
 parentItem=item0;//将创建的标准项 item0 作为新的父节点
//创建标准项 item1，并设置显示文本、图标和工具提示
 QStandardItem *item1=new QStandardItem;
 item1->setText("Item1");
 item1->setIcon(QIcon(":/images/Girl.jpg"));
 item1->setToolTip("index1");
 parentItem->appendRow(item1);//将创建的标准项 item1 作为根项的子项
//创建标准项 item2，通过 setData 方法显示文本、图标和工具提示
 QStandardItem *item2=new QStandardItem;
 item2->setData("Item2",Qt::EditRole);
 item2->setData(QIcon(":/images/Boy.jpg"),Qt::DecorationRole);
 item2->setData("index2",Qt::ToolTipRole);
 parentItem->appendRow(item2);//将创建的标准项 item2 作为根项的子项
 parentItem=item2;//将创建的标准项 item2 作为新的父节点
//创建标准项 item3，并设置显示文本、图标和工具提示
 QStandardItem *item3=new QStandardItem;
 item3->setText("Item3");
 item3->setIcon(QIcon(":/images/fj.jpg"));
 item3->setToolTip("index3");
 parentItem->appendRow(item3);
ui->treeView->setModel(standardItemModel);   //在树形视图中显示 Model
```

效果如图 7.20 所示。

（4）QAbstractItemModel。

QAbstractItemModel 提供标准的模型接口，QAbstractItemView 提供标准的视图接口，可以将数据同显示层分离。视图管理来自模型数据的布局：既可以直接渲染数据本身，也可以通过委托渲染和编辑数据。

图 7.20　QStandardItemModel 的应用效果

例 7-7： QAbstractItemModel 的应用。

使用向导创建带有 UI、基类为 QWidget 的应用，在 UI 中添加 QListView、QTreeView 和 QTableView 部件，实现自定义模型可以从 QAbstractItemModel 类中继承，也可以从 QAbstractListModel 和 QAbstractTableModel 类中继承实现列表模型或表格模型，然后在构造函数中添加如下代码：

```
QStringList number;
number<<"one"<<"one"<<"two"<<"three"<<"four"<<"five";
QAbstractItemModel *stractItemModel=new QStringListModel(number);
ui->treeView->setModel(stractItemModel);
ui->listView->setModel(stractItemModel);
ui->tableView->setModel(stractItemModel);
```

效果如图 7.21 所示。

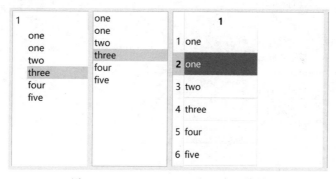

图 7.21　QAbstractItemModel 应用效果

7.4　项视图 Item Views

Qt 的 Item Views 提供了 5 个项视图部件，分别为 List View、Tree View、Table View、Column View 和 Undo View。同时 Qt 内置了 QListView、QTreeView、QTableView、QColumnView 和 QUndoView 视图类。

7.4.1　列表视图部件 QListView

QListView 将存储在模型中的项显示为简单的列表或图标集合。此类用于提供以前由 QListBox 和 QIconView 类提供的列表和图标视图，但使用 Qt 的 Model/View 框架提供的方法会更加灵活。

QListView 常用方法：

```
void setModel(QAbstractItemModel *model)        //设置模型
void setMovement(Movement movement)              //设置数据是否可以任意拖动
void setSpacing(int space)                       //设置数据间距
```

其中 QListView::Movement 类型含义如下：

```
QListView::Static    //无法移动项目
QListView::Free      //可以自由移动项目
QListView::Snap      //可以自由移动项目，移动时项目会捕捉到指定的网格
```

QListView 常用信号：

```
void QAbstractItemView::clicked(const QModelIndex &index)    //单击触发该信号
```

例 7-8：QListView 的应用。

使用向导创建带有 UI、基类为 QWidget 的应用，在 UI 中添加 QListView 和 QTextEdit 部件，使用字符串列表模型（QStringListModel），定义字符串列表并为其添加数据，然后在 QListView 视图中显示数据，单击列表中的信息时，在 QTextEdit 中显示对应的视图信息。在构造函数中添加如下代码。

（1）初始化模型时添加数据：

```
QStringListModel* stringListModel = new QStringListModel;
QStringList strList;
strList.append("星期一");
strList.append("星期二");
strList.append("星期三");
strList.append("星期四");
strList.append("星期五");
strList.append("星期六");
strList.append("星期天");
//或者采用如下形式添加数据
//strList <<"星期一"<<"星期二"<<"星期三"<<"星期四"<<"星期五"<<"星期六"<<"星期天";
stringListModel ->setStringList(strList);
```

（2）使用数据列表视图显示模型数据：

```
ui->listView->setModel(stringListModel);        //使用数据列表创建数据时显示模型
ui->listView->setMovement(QListView::Free);     //设置数据可以自由拖动
ui->listView->setSpacing(2);                    //设置数据的间距
```

（3）手动设置 QListView 的 clicked 信号与自定义的 slotClicked 槽关联，代码如下：

```
connect(ui->listView, SIGNAL(clicked(const QModelIndex)), this, SLOT(slotClicked(const QModelIndex)));
//自定义槽函数
void testForm::slotClicked(const QModelIndex)
{
ui->textEdit->append(index.data().toString());
}
```

或右击 listView 控件，在弹出的快捷菜单中选择"转到槽"，槽函数定义如下：

```
void testForm::on_listView_clicked(const QModelIndex &index)
```

```
{
    ui->textEdit->append(index.data().toString());
}
```

效果如图 7.22 所示。

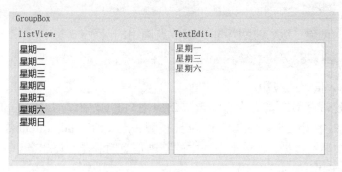

图 7.22　QListView 应用效果

7.4.2　树形视图部件 QTreeView

QTreeView 以树形结构展示数据。每个节点代表一个项，可以拥有子节点，形成树的
分支。可以通过展开和折叠节点，在视图中查看不同级别的数据。树形结构的数据由
QStandardItemModel 类来存储。QTreeView 支持多列显示，每列可以有一个标题（表头），
可以使用 setHeaderLabels 方法设置列标题，使数据按列进行组织和展示。QTreeView 可以
显示一个或多个根节点，使用 setRootIndex 方法可以设置根节点的索引，如果不设置，则
默认将所有项都作为根节点来显示。使用 QTreeView 展示数据时，可以通过单击加号或减
号按钮来展开或折叠节点，展开节点会显示它的子节点，折叠节点则隐藏它的子节点，
QTreeView 提供了相关方法（如 expand 和 collapse）来控制节点的展开和折叠。

QTreeView 支持单选模式和多选模式，并提供相关信号与槽函数来获取和操作选择的
QTreeView 项，通过连接这些信号和自定义的槽函数，可以实现针对不同交互事件的响应
逻辑。QTreeView 的外观可以通过样式表定制，使其与应用程序的整体风格保持一致，可
以改变项的颜色、字体、背景等，还可以自定义图标和样式。

QTreeView 部件的常用成员函数如表 7.7 所示。

表 7.7　QTreeView 部件的常用成员函数

原型	功能描述
QTreeView(QWidget *parent = nullptr)	创建一个空的树形视图
setModel(QAbstractItemModel *model)	设置树形视图的数据模型，即 QAbstractItemModel 的子类对象，用于提供数据
setRootIndex(const QModelIndex &index)	设置根节点的索引
setHeaderLabels(const QStringList &labels)	设置树形视图的列标题（表头）
setColumnWidth(int column, int width)	设置指定列的宽度
expand(const QModelIndex &index)	展开指定索引的项及其子项
collapse(const QModelIndex &index)	折叠指定索引的项及其子项
selectionModel() const	返回与树视图关联的选择模型
setFixedSize(int width, int height)	设置固定的宽度和高度

1．创建树形视图节点

创建树形视图节点分两种情况，第一种情况，创建一级节点调用的函数：

```
QStandardItemModel::appendRow(QStandardItem *item)
```

第二种情况，创建二级、三级等非一级节点调用的函数：

```
QStandardItem::appendRow(QStandardItem *item)
```

例 7-9：QTreeView 的应用。

使用向导创建带有 UI、基类为 QWidget 的应用，在 UI 中添加 QGroupBox、QTreeView 和 QTextEdit 部件，使用 QStandardItemModel 模型，定义 QStandardItem 添加数据，然后在 QTreeView 视图中显示数据，当单击视图中的某项信息时，在 QTextEdit 中显示对应的视图信息，在构造函数中添加如下代码：

```
QStandardItemModel *model = new QStandardItemModel();
model->setHorizontalHeaderLabels(QStringList() << "省市县");
QStandardItem *provinceItem_1= new QStandardItem("陕西省");  // 省级
......
QStandardItem *cityItem_1_1= new QStandardItem("西安市");  // 市级
QStandardItem *cityItem_1_2= new QStandardItem("咸阳市");
......
QStandardItem *countyItem_1_2_1 = new QStandardItem("兴平市");  // 县级
QStandardItem *countyItem_1_2_2 = new QStandardItem("渭城区");
......
//创建一级节点：在 model 下创建省节点
model->appendRow(provinceItem_1);
......
//创建二级节点：在 provinceItem 下创建市节点
provinceItem_1->appendRow(cityItem_1_1);
provinceItem_1->appendRow(cityItem_1_2);
......
// 创建三级节点：在 cityItem 下创建县节点
cityItem_1_3->appendRow(countyItem_1_2_1);
cityItem_1_3->appendRow(countyItem_1_2_2);
......
ui->treeView->setModel(model);  //树形视图显示模型数据
```

2．QTreeView 常用的信号

```
void QAbstractItemView::clicked(const QModelIndex &index)  //单击触发该信号
```

将树形视图的鼠标单击信号与自定义的槽函数关联，在槽函数中实现选择的树节点相关信息在 QTextEdit 中显示，槽函数代码如下：

```
void testForm::on_treeView_clicked(const QModelIndex &index)
{
  QString Name,order_number;
  if(index.column()==0)
  {
    Name=index.data().toString();
    order_number=index.sibling(index.row(),1).data().toString();
```

```
  }
  else
  {
    Name=index.sibling(index.row(),0).data().toString();
    order_number=index.data().toString();
  }
 ui->textEdit->append("Name:"+Name+" Order_number:"+order_number +" 行:
"+QString::number(index.row())+" 列: "+QString::number(index.column()));
 if(index.parent().data().toString()!=NULL)
    ui->textEdit->append("parten:"+index.parent().data().toString());
  else
    ui->textEdit->append("parten is NULL");
}
```

其中，sibling 函数用于返回所在的行和列，函数原型如下：

```
QModelIndex QModelIndex::sibling(int row, int column) const
```

效果如图 7.23 所示。

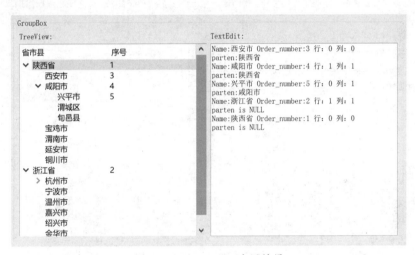

图 7.23   QTreeView 应用效果

7.4.3   表格视图部件 QTableView

QTableView 是一个二维数据表视图部件，有多个行和多个列，其基本显示单元是单元格，通过 setModel 方法设置 QStandardItemModel 类的数据模型之后，单元格中将显示 QStandardItemModel 数据模型中的项。QItemSelectionModel 是一个用于跟踪视图部件的单元格选择状态的类，当在 QTableView 中选择一个或多个单元格时，通过 QItemSelectionModel 可以获得选中的单元格的模型索引值，为单元格的选择操作提供方便。

因此，可以认为 QTableView 视图部件关联的数据模型是 QStandardItemModel、关联的项选择模型是 QItemSelectionModel，QStandardItemModel 的数据管理的基本单元是 QStandardItem。

例 7-10：QTableView 的应用。

使用向导创建带有 UI、基类为 QWidget 的应用，在 UI 中添加 QGroupBox、QTableView 部件，实现模型数据添加及 QTableView 视图显示，在构造函数中添加如下代码。

（1）添加表头。

给 QTableView 添加表头有两种方式，一种是通过 QStandardItem 类对象一项一项地添加，另一种是通过 QStringList 一次性全部添加。代码如下：

```
// 准备数据模型
QStandardItemModel *model = new QStandardItemModel();
```

方式一：

```
// 设置列
modelTable->setColumnCount(7);
model->setHorizontalHeaderItem(0, new QStandardItem(QObject::tr("星期一")));
model->setHorizontalHeaderItem(1, new QStandardItem(QObject::tr("星期二")));
model->setHorizontalHeaderItem(2, new QStandardItem(QObject::tr("星期三")));
model->setHorizontalHeaderItem(3, new QStandardItem(QObject::tr("星期四")));
model->setHorizontalHeaderItem(4, new QStandardItem(QObject::tr("星期五")));
model->setHorizontalHeaderItem(5, new QStandardItem(QObject::tr("星期六")));
model->setHorizontalHeaderItem(6, new QStandardItem(QObject::tr("星期日")));
// 设置行
model ->setRowCount(5);
model ->setHeaderData(0, Qt::Vertical, "第1节课");
model ->setHeaderData(1, Qt::Vertical, "第2节课");
model ->setHeaderData(2, Qt::Vertical, "第3节课");
model ->setHeaderData(3, Qt::Vertical, "第4节课");
model ->setHeaderData(4, Qt::Vertical, "第5节课");
```

方式二：

```
// 设置表头内容
QStringList h_headers,v_headers;
h_headers << "星期一" << "星期二" << "星期三" << "星期四" << "星期五"
<< "星期六"<< "星期日";
v_headers << "第一节课" << "第一节课" << "第二节课" << "第三节课"
<< "第四节课" << "第五节课";
// 添加表头
model->setHorizontalHeaderLabels(h_headers);        //水平表头
model->setVerticalHeaderLabels(v_headers);          //垂直表头
```

（2）模型视图绑定。代码如下：

```
// 利用 setModel 方法将数据模型与 QTableView 绑定
ui->tableView->setModel(model);
```

（3）向表格中添加内容。

向表格中的单元格添加字符元素用的是 model 的 setItem(行号,列号,item 变量)方法，添加控件用的是 tableView 的 setIndexWidget(model ->index(index, 2),widget 变量)方法。代码如下：

```
//向表格内加入内容
model ->setItem(index, 0, new QStandardItem("高等数学"));
modelTable->item(0,0)->setTextAlignment(Qt::AlignCenter);
modelTable->item(0,0)->setFont(QFont("微软雅黑",10,QFont::Bold));
QStringList listCoruse;
listCoruse<<"C 语言程序设计"<<"Python 程序设计"<<"Java 程序设计"<<"C++程序设计";
```

```
for(int index=0;index< model ->columnCount();index++)
{
  QLineEdit *lineEdit = new QLineEdit;
lineEdit->setAlignment(Qt::AlignCenter);
 ui->tableView->setIndexWidget(model ->index(index, 1), lineEdit);
  QComboBox *comboBox = new QComboBox;
  comboBox->addItems(listCoruse);
  ui->tableView->setIndexWidget(model ->index(index, 2), comboBox);
}
```

向表格中添加内容的形式虽与 **QTableWidget** 相同，但方法不同，注意区别。

（4）设置表格属性。

设置表格各列的宽度：

```
ui->tableView->setColumnWidth(int column, int width);
```

设置列宽不可变动，即不能通过拖动鼠标改变列宽：

```
ui->tableView->horizontalHeader()->setResizeMode(0, QHeaderView::Fixed);
```

设置单元格内容行列居中对齐：

```
model->item(int row, int column)->setTextAlignment(Qt::AlignCenter);
```

设置单元格内容的字体、字号等：

```
pItemModel->item(int row, int column)->setFont(QFont("微软雅黑",10,QFont::Bold));
```

设置行颜色交替显示：

```
ui->tableView->setAlternatingRowColors(true);
```

隐藏表格的行号：

```
ui->tableView ->verticalHeader()->hide();
```

设置标题颜色：

```
ui->tableView->horizontalHeader()->setObjectName("hHeader");
ui->tableView->verticalHeader()->setObjectName("vHeader");
ui->tableView->setStyleSheet("QHeaderView#hHeader::section
{color:white;min-height:3em; background:blue;}"
"QHeaderView#vHeader::section {border-radius:1px;color:white;background:green;}"
);
```

效果如图 7.24 所示。

图 7.24　QTableView 应用效果

7.4.4 多列视图部件 QColumnView

QColumnView 提供了一个 Model/View 的多列视图实现，兄弟节点纵向排列，父子节点横向排列，父节点在左，通过多列来表示多级父子关系。从展示效果来看，QColumnView 部件的数据在视图中是一列一列地展示。

将例 7-9 中 QTreeView 树形视图的模型数据添加到 QColumnView 视图中。只修改视图部件，代码如下：

```
ui->QColumnView->setModel(model);  //使用多列视图显示模型数据
```

效果如图 7.25 所示。

图 7.25　QColumnView 应用效果

7.4.5 撤销视图部件 QUndoView

QUndoView 继承自 QListView 类，提供了一个可用于查看和管理撤销命令的用户界面，它用于显示在 QUndoStack 上的撤销和重做命令列表。列表中的当前项总是最近执行的命令，如果选择其他命令，则 QUndoStack.setIndex 方法会被调用，以确保将视图中的文档向前或向后滚动到命令的位置。使用 setStack 方法可以设置撤销视图显示的堆栈，使用 setGroup 方法可以设置撤销视图显示的组，即 QUndoGroup 类对象。每当堆栈中的数据发生改变时，视图将自动更新。

要实现 Undo/Redo 功能，需从 QUndoCommand 类中派生出子类来完成具体操作，并设置相应的显示信息，该信息将在 QUndoView 视图中显示。假设派生出的命令操作为 MyCommand，当执行一个新命令时，就创建一个 MyCommand，并将其压入 QUndoStack 栈，QUndoView 视图中将自动更新信息。

QUndoView 可应用于文本编辑器、图形编辑工具、CAD 应用程序、配置界面和数据分析工具等场景，通过结合 QUndoStack 和自定义的 QUndoCommand，可以构建强大的 Undo/Redo 框架，为用户提供友好的交互体验。在实际应用中，结合 QUndoView 的使用场景和需求，可以更灵活地定制和扩展这一功能。

7.5　综合应用案例

通过标签部件 QListWidget 和列表部件 QTabWidget 实现视图展示功能窗体框架的设计，然后在各个标签窗体中放置 4 个视图控件。具体步骤如下。

（1）创建项目：基类选择 QWidget。

（2）编辑项目：进行 UI 设计，其中左、右两个控件分别为 QListWidget 和 QTabWidget，在 QTabWidget 中插入 4 页选项卡，每页的部件和布局如图 7.26 所示。

（3）实现功能：编辑信号与槽，将 QListWidget 当前的行索引与 QTabWidget 的页面索引进行信号与槽的关联。

（4）编译与运行项目：运行效果如图 7.26 所示。

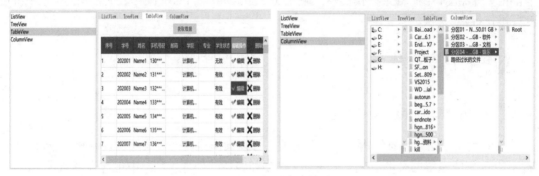

图 7.26　视图应用效果

7.6　作业

1. 简述 Qt 的 Model/View 框架中模型、视图和代理之间的关系。

2. Qt 提供的标准模型有哪些？它们之间有何区别？

3. Item Views 提供了哪些视图部件？简述这些视图部件以什么方式实现显示数据。

第 8 章

Qt 的目录与文件操作

在 Qt 项目开发过程中，有时要对设备或者文件进行读取或写入操作，也会对本地文件系统中的文件或者目录进行各种操作，需要用到一些处理命令，例如在某个目录下查看文件信息，进行文件夹的复制、文件夹的删除或创建、文件的复制、文件的删除等。Qt 已经包含这些操作，作为一个跨平台的开发工具，这些功能在跨平台开发中很方便。本章主要介绍 Qt 中的目录操作、输入输出（Input/Output，I/O）操作、文件信息、文件的读写操作等。

8.1 目录操作

1. QDir 类访问系统目录结构

QDir 类用来访问目录结构，与平台无关，可以操作路径名及底层文件系统，也可以用来获取 Qt 资源系统的文件信息，实现对文件夹和路径的处理。目录中包含许多条目，如文件、目录和符号链接等。QDir 是 Qt 中功能强大的目录操作类，能够对目录进行任意操作，如创建、删除、重命名等。Qt 使用"/"作为通用的目录分隔符和统一资源定位符（Uniform Resource Locator，URL）的分隔符。QDir 可以使用相对路径或者绝对路径来指向文件。

绝对路径：

```
QDir("/home/mytest");
QDir("E:/Qttest/DirFile");  //在 Windows 上使用时，会被转换为"E:\Qttest\DirFile"
```

其中第二个路径是 Windows 操作系统下的路径，它指向 E:\Qttest\DirFile。

相对路径：

```
QDir("images/rabit.png");
```

注意，当前路径是指应用程序的工作目录，而 QDir 自己的路径可以通过 setPath 方法设置、通过 path 方法获得。

可以使用 QDir 类的 isRelative 或 isAbsolute 方法来判断 QDir 指向的路径是相对路径还是绝对路径，如果是相对路径，可使用 makeAbsolute 方法将相对路径转换为绝对路径。

目录的路径也可以使用 cd 或者 cdUp 方法来切换。当使用一个已存在的目录名字来调用 cd 方法时，QDir 对象会转换到指定的目录，而使用 cdUp 方法则会跳转到父目录，cdUp() 与 cd("..")是等效的。

使用 mkdir 方法来创建目录，使用 rename 方法来对目录进行重命名，使用 rmdir 方法来删除目录，使用 exists 方法来测试指定的目录是否存在，使用 isReadable 和 isRoot 等方法来测试目录的属性，使用 refresh 方法来重新读取目录的数据。

目录中包含很多条目，如文件、目录和符号链接等。一个目录中的条目数可以使用 count 方法来获取，所有条目的名称列表可以使用 entryList 方法来获取。如果需要每个条目的信息，则可以使用 entryInfoList 方法来获取一个 QFileInfo 对象的信息列表。

2．QDir 类的常用成员函数

QDir 类的常用成员函数如表 8.1 所示。

表 8.1　QDir 类的常用成员函数

原型	功能描述
QDir(const QString &path = QString())	构造函数
bool exists() const	判断路径是否存在
bool isFile() const	判断是否为文件
bool isDir() const	判断是否为文件夹
QString absolutePath() const	获取当前路径
QString fileName() const	获取文件名
QString dirName() const	获取文件目录
qint64 size() const	获取文件大小
QDateTime created() const	获取文件的创建时间
QDateTime lastModified() const	获取文件的最后修改时间

3．QDir 类应用案例分析

例 8-1：QDir 类的应用。

使用向导创建不带有 UI、基类为 QWidget 的应用，在头文件中包含#include<QDir>和#include<QMessageBox>，在构造函数中编写代码测试。

（1）创建目录。

使用 Qt 的 QDir 类方法来实现目录的创建，常用的创建目录方法有两个：QDir::mkdir 和 QDir::mkpath。代码如下：

```
QDir dir; // 创建一个 QDir 类变量
if (!dir.exists("E:/Qttest/DirFile/test")) //使用 QDir 成员函数 exists 判断目录是否存在
{
    dir.mkdir("E:/Qttest/DirFile/test");  //使用 mkdir 创建目录
    QMessageBox::information(this,"information","Folder create success");
}
else if(!dir.exists("E:/Qttest/DirFile/hgn/test"))
{
  dir.mkpath("E:/Qttest/DirFile/hgn/test");//使用 mkpath 创建目录
  QMessageBox::information(this,"information","Folder create success");
}
else
  QMessageBox::warning(this,"warning","Folder exit");
```

应用效果如图 8.1 所示，如果目录在指定位置不存在，会创建图 8.1（a）所示的目录，并弹出创建成功对话框，如图 8.1（b）所示；如果目录存在，则会弹出警告对话框，如图 8.1（c）所示。

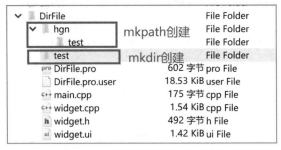

(a) 创建的目录

(b) 创建成功对话框　　　　(c) 警告对话框

图 8.1　创建目录应用效果

注意，这两个创建目录的方法是有区别的。使用 QDir::mkdir (E:/Qttest/ DirFile/test)方法创建目录时，如果 DirFile 目录不存在，则创建失败；而使用 QDir::mkpath(E:/Qttest/DirFile/test) 方法创建目录时，如果 DirFile 不存在，那么会先创建 DirFile，再创建 test目录。

（2）删除目录、文件。

QDir 类提供了 remove、rmdir 和 rmpath 这 3 个方法用于实现目录、文件的删除操作。其中，rmdir 方法和 rmpath 方法用于删除目录，而 remove 方法用于删除文件。例如，在构造函数编写如下代码：

```
QDir dir; // 创建一个 QDir 类变量
if(dir.exists("E:/Qttest/DirFile/test ")) // 使用 QDir 成员函数 exists 来判断目录是否存在
{
dir.rmdir("E:/Qttest/DirFile/test "); // 使用 rmdir 方法删除目录
QMessageBox::information(this,"information","Folder delete success");
}
if(dir.exists("E:/Qttest/DirFile/hgn/test"))
{
dir.rmpath("E:/Qttest/DirFile/hgn/test "); // 使用 rmpath 方法删除目录
    QMessageBox::information(this,"information","Folder delete success");
}
if(dir.exists("E:/Qttest/DirFile/tt.txt"))
{
dir.remove("E:/Qttest/DirFile/tt.txt "); // 使用 remove 方法删除文件
  QMessageBox::information(this,"information","file delete success");
}
```

使用 rmdir 和 rmpath 方法时目录必须为空才能被删除，rmpath 方法还会把父级目录也删除。Qt 5 以后，可以直接使用 QDir::removeRecursively 方法删除整个目录，不用再遍历待删除目录中的文件和子目录、进行文件和目录的一一删除了。代码如下：

```
QString path="E:/Qttest/dirFolder/hgn";  //也可以采用打开文件对话框的方法获取文件名
  QDir dir(path);
  if(dir.exists())
    {    //使用 removeRecursively 方法删除目录及其子目录或者文件
      dir.removeRecursively();
    QMessageBox::information(this,"information",tr("%1 Folder delete success").arg(path));
    }
    else
      QMessageBox::warning(this,"warning",tr("%1 Folder or file is not exit").arg(path));
```

（3）统计所指目录中文件及目录的数量：

```
QDir my_dir("E:/"); //指向一个目录
qDebug() << "目录和文件的数量: " << my_dir.count();//返回指向的目录中目录和文件数量
```

（4）返回当前目录：

```
qDebug() << "当前目录: " << my_dir.current();      //返回当前目录
qDebug() << "当前目录的绝对路径" << my_dir.currentPath(); //返回应用程序当前目录的路径
```

（5）为目录排序：

```
my_dir.setSorting(QDir::Size | QDir::Reversed);  //按文件大小排序，从大到小
```

（6）设置当前目录中所有文件的属性：

```
my_dir.setFilter(QDir::Files | QDir::Hidden | QDir::NoSymLinks | QDir::AllDirs);
    //列出文件，列出隐藏文件（在 Linux 操作系统下就是以"."开头的文件），不列出符号链接（不支持符号链接的操作系统会忽略）
```

（7）遍历目录文件信息：

```
QDir my_dir("E:/");
int count1=0,count2=0;
foreach(QFileInfo my_info,my_dir.entryInfoList())
{
    //访问遍历第 2 个参数容器中的所有内容，每次都存入第 1 个参数变量中
    if(my_info.isDir())   //判断是否为目录
      {
        ui->textEdit->append("Dir:"+my_info.absoluteFilePath());
          count1++;
      }
    if(my_info.isFile())
    {
          ui->textEdit->append("File:"+my_info.absoluteFilePath());
          count2++;
    }
}
ui->textEdit->append("Dir 数量: "+QString::number(count1));
ui->textEdit->append("file 数量: "+QString::number(count2));
```

结果如图 8.2 所示。

（8）路径中"/"和"\"之间的转换：

```
QString strFilePath ="E:/Qttest/dirFolder/hgn";
ui->textEdit->append("原来路径:"+strFilePath);
strFilePath=QDir::toNativeSeparators(strFilePath); //将"/"转为"\"
ui->textEdit->append("将"/"转为"\"路径:"+strFilePath);
strFilePath=QDir::fromNativeSeparators(strFilePath); //将"\"转为"/"
ui->textEdit->append("将"\"转为"/"路径:"+strFilePath);
```

转换结果如图 8.3 所示。

```
Dir:E:/.idea
Dir:E:/2021年12月
Dir:E:/C programtest
Dir:E:/Detection-and-Tracking
File:E:/Detection-and-Tracking.zip
Dir:E:/juptertest
Dir:E:/Lane_Extraction
Dir:E:/ld-lsi-master
Dir:E:/loongnix2022
Dir:E:/matlabtest
Dir:E:/Qttest
File:E:/SNE-RoadSeg-master.zip
Dir:E:/tracker_benchmark_v1.0
File:E:/操作命令.txt
Dir:E:/新建文件夹
Dir:E:/电子书
Dir:E:/竞赛平台实验程序
Dir数量：14
file数量：3
```

图 8.2　遍历目录文件信息结果

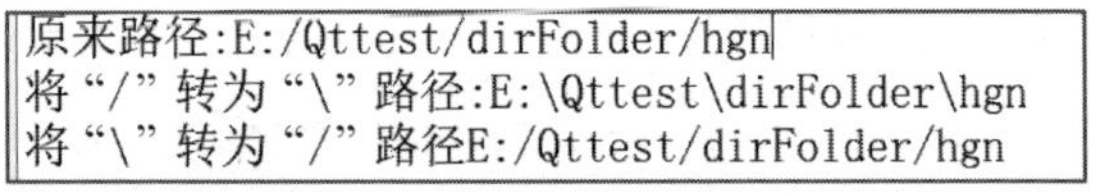

```
原来路径:E:/Qttest/dirFolder/hgn
将"/"转为"\"路径:E:\Qttest\dirFolder\hgn
将"\"转为"/"路径E:/Qttest/dirFolder/hgn
```

图 8.3　转换结果

目录的其他操作方法可参考帮助文件。

8.2　I/O 操作

在 Qt 中，I/O 操作通过统一的接口简化了文件和外部设备的操作方式，秉承了 Linux 操作系统"一切皆文件"的原则。Qt 中的文件被看成一种特殊的外部设备，与外部设备的操作方式相同，都属于 I/O 操作。

I/O 操作四部曲包括打开设备、读取数据、写入数据、关闭设备。

I/O 操作中的关键函数如表 8.2 所示。

表 8.2　I/O 操作中的关键函数

原型	功能描述
bool open(OpenMode mode)	打开设备
QByteArray read(qint64 maxSize)	读取数据
qint64 write(const QByteArray& byteArray)	写入数据
void close()	关闭设备

I/O 操作的本质是对连续存储空间的数据进行读写操作。

QIODevice 支持对 I/O 设备的抽象，具有读写字节块的能力。I/O 设备的类继承关系如图 8.4 所示。

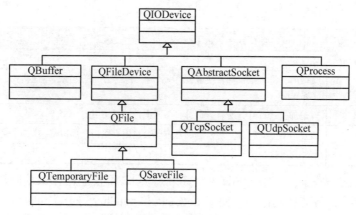

图 8.4　I/O 设备的类继承关系

I/O 设备的文件系统类型包括顺序存取设备和随机存取设备，顺序存取设备只能从第一个字节到最后一个字节按顺序地读写数据，不能指定数据的读写位置，如 QProcess、QTcpSocket、QUdpSocket 等；随机存取设备可以定位任意访问位置任意次，还可以使用 QIODevice::seek 方法来重新定位文件访问位置指针，如 QFile、QTemporaryFile 和 QBuffer 等。

本部分主要围绕文件操作，顺序存取设备操作在后文讲解，其他操作可以参考相关文献。

8.3　文件信息

文件操作是应用程序必不可少的功能。Qt 作为一个通用开发库，提供了跨平台的文件操作能力。在所有的 I/O 操作中，文件 I/O 极为重要，因为大多数的程序依旧需要首先访问本地文件。

文件的操作中最常见的是文件的读取操作，具体操作过程是传入一个文件名，向其中写入数据或从中读取数据。QFile 类提供了读取和写入文件数据的能力，结合 Qt 提供的 QIODevice、QFileInfo 和 QDir 类进行操作。

QFile 类实现了对文件的处理。需要打开 I/O 设备方可进行文件的读写操作。

8.3.1　I/O 设备类

QIODevice 是 Qt 中所有 I/O 设备的基础接口类，为 QFile、QBuffer 和 QTcpSocket 等支持读写数据块的设备提供了一个抽象接口。QIODevice 类直接继承自 QObject，是 I/O 设备的基类，为设备提供了公共实现和抽象接口，以读写数据块。它是抽象的，无法被实例化，一般使用它所定义的接口提供与设备无关的 I/O 功能。

访问一个设备之前，需要使用 open 方法打开设备，而且必须指定正确的打开模式。QIODevice 中打开模式由枚举类型 QIODevice::OpenMode 定义，其可取值如表 8.3 所示。

表 8.3　QIODevice 中的打开模式

常量	描述
QIODevice::NotOpen	不打开
QIODevice::ReadOnly	以只读方式打开，这时无法写入
QIODevice::WriteOnly	以只写方式打开，这时无法读取

常量	描述
QIODevice::ReadWrite	以读写方式打开
QIODevice::Text	读取时，将行结束符转换成\n；写入时，将行结束符转换成本地格式，如在 Win32 平台上是\r\n
QIODevice::Append	以追加模式打开，所有数据都将写入文件的末尾
QIODevice::Truncate	以重写的方式打开，写入新的数据时会将原有数据全部覆盖，光标设置在文件开头
QIODevice::Unbuffered	忽略缓冲区

QIODevice 的一些子类，如 QFile 和 QTcpSocket，都使用内存缓冲区进行数据的中间存储。这样减少了设备的访问次数，使得 getChar 和 putChar 等方法可以快速执行，可以直接在内存缓冲区上进行操作，而不用在设备上进行操作。但是，一些特定的 I/O 操作使用缓冲区反而无法很好地工作，这时可以调用 open 方法打开设备，使用 QIODevice::Unbuffered 模式来绕过所有的缓冲区。

8.3.2　文件类

QFile 是 Qt 中用于文件操作的类，是一个可以用于读写文本文件、二进制文件和 Qt 资源的 I/O 设备。QFile 可以单独使用，也可以和 QTextStream 或者 QDataStream 一起使用，这样会更方便。

QFile 对象对应计算机上的文件，一般在构建 QFile 对象时便指定文件名，也可以使用 setFileName 方法进行设置。无论在哪个操作系统，文件名路径中的分隔符都需要使用"/"符号。可以使用 exists 方法检查文件是否存在，使用 remove 方法删除文件。

文件可以使用 open 方法打开，使用 close 方法关闭，使用 flush 方法刷新。文件的数据读写一般通过 QDataStream 或者 QTextStream 方法来完成，也可以使用继承自 QIODevice 类的一些函数，比如 read、readLine、readAll 和 write 等，还有一次只操作一个字符的 getChar、putChar 和 ungetChar 等方法。可以使用 size 方法获取文件的大小，使用 seek 方法定位到文件中的任意位置，使用 pos 方法获取文件当前的位置。

8.3.3　文件信息类

QFileInfo 类用于读取文件的属性信息，即与系统无关的文件信息。通过该类可以对文件和目录进行访问，可以获取文件的路径、名称、大小、创建时间、修改时间等属性信息，可以使用文件路径进行初始化，也可以通过设置文件路径来访问不同的文件，识别文件的访问权限以及对象是否为目录或者符号链接等。

QFileInfo 类常用方法如表 8.4 所示。

表 8.4　QFileInfo 类常用方法

原型	功能
bool exists()	判断文件或目录是否存在
bool isFile()	判断是否为文件
bool isDir()	判断是否为目录
bool isSymLink()	判断是否为符号链接
QString symLinkTarget()	返回符号链接的文件

原型	功能
QString path()	返回文件路径，不包含文件名
QString filePath()	返回文件路径，包含文件名
QString fileName()	返回文件名称
QString suffix()	返回扩展名
QString completeSuffix()	获取复合扩展名
qint64 size()	获取文件大小
QDateTime created()	获取文件创建时间
QDateTime lastModified()	获取文件最后修改时间
QDateTime lastRead()	获取文件最近读取时间
bool isReadable()	判断是否可读
bool isWritable()	判断是否可写
bool isExecutable()	判断是否可执行
bool isHidden()	判断是否隐藏
bool isRelative()	判断是否为相对路径
bool isAbsolute()	判断是否为绝对路径
bool makeAbsolute()	将相对路径转换为绝对路径

8.3.4 临时文件类

QTemporaryFile 类是用来操作临时文件的 I/O 设备，当调用 open 方法时便会创建一个临时文件，临时文件的文件名可以保证是唯一的。销毁 QTemporaryFile 对象时，该文件会被自动删除。调用 open 方法时，默认会使用 QIODevice::ReadWrite 模式；调用 close 方法后，重新打开 QTemporaryFile 是安全的。如果 QTemporaryFile 的对象没有被销毁，那么临时文件就会一直存在，并且在 QTemporaryFile 内部保存。临时文件默认生成在系统的临时目录里，这个目录的路径可以使用 QDir::tempPath 方法来获取。

例 8-2：获取文件信息的应用。

使用向导创建带有 UI、基类为 QWidget 的应用，在 UI 中添加 QLabel、QLineEdit 和 QCheckBox 及 QPushButton 部件，并进行布局设计，界面设计效果如图 8.5 所示。

图 8.5 界面设计效果

单击"打开文件"按钮，弹出一个文件对话框，选择一个文件并打开，获取文件的相关信息，在打开文件的槽函数中编写如下代码：

```cpp
QString fileName=QFileDialog::getOpenFileName(this,"Open File Dialog",":/",
                                              "*.cpp;*.txt");

QFileInfo fileInfo(fileName);
ui->filelineEdit->setText(fileName);
ui->sizelineEdit->setText(QString::number(fileInfo.size()));
ui->createlineEdit->setText(fileInfo.created().toString());
ui->modifiedlineEdit->setText(fileInfo.lastModified().toString());
ui->readlineEdit->setText(fileInfo.lastRead().toString());
ui->dircheckBox->setCheckState(fileInfo.isDir()?Qt::Checked:Qt::Unchecked);
ui->filecheckBox->setCheckState(fileInfo.isFile()?Qt::Checked:Qt::Unchecked);
ui->syscheckBox->setCheckState(fileInfo.isSymLink()?Qt::Checked:Qt::Unchecked);
ui->hiddencheckBox->setCheckState(fileInfo.isHidden()?Qt::Checked:Qt::Unchecked);
ui->readcheckBox->setCheckState(fileInfo.isReadable()?Qt::Checked:Qt::Unchecked);
ui->writecheckBox->setCheckState(fileInfo.isWritable()?Qt::Checked:Qt::Unchecked);
ui->executecheckBox->setCheckState(fileInfo.isExecutable()?Qt::Checked:Qt::Unchecked);
```

实现效果如图 8.6 所示。

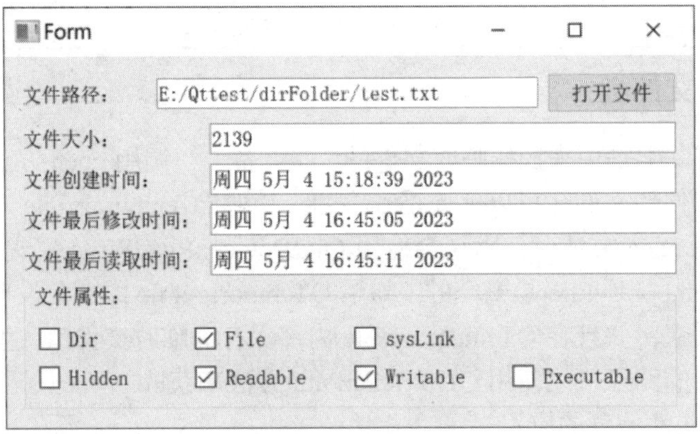

图 8.6　获取的文件信息

8.4　文件的读写操作

Qt 提供了更高级的操作：用于二进制流的 QDataStream 和用于文本流的 QTextStream。

Qt 提供了两种读写纯文本文件的方法：一种是用 QFile 类的 QIODevice 读写功能直接进行读写；另一种是将 QFile 和 QTextStream、QDataStream 结合起来，用数据流的方法进行文件读写。

Qt 封装了 QFile 类，方便对文件进行操作，按照如下步骤进行：

（1）使用 QFile 加载文件对象；

（2）使用 file.open(打开方式)打开文件；

（3）操作文件；

（4）使用 file.close()关闭文件。

本节主要讲解利用 QFile 类对文本文件和二进制文件进行读写操作。

8.4.1 二进制文件的读写操作

前文介绍了有关 QIODevice、QFile 和 QFileInfo 类的使用方法，本部分主要讲解有关 QDataStream 类的使用技巧。

QDataStream 类提供了基于 QIODevice 的二进制数据的序列化功能。数据流是一种二进制流，这种流完全不依赖底层操作系统、CPU 或字节顺序（大端或小端）。例如，在 Windows 操作系统中写入的数据流，可以不经过任何处理，直接拿到其他平台上读取。由于数据流就是二进制流，因此也可以直接读写没有编码的二进制数据，如图像、视频、音频等。

QDataStream 既能够存取 C++基本类型（如 int、char、short 等），还能存取多种 Qt 类型（如 QByteArray、QFont、QImage、QPixmap、QString 和 QVariant），以及 Qt 的容器类（如 QList<T>QMap<K,T>），甚至还能存取复杂的数据类型（如自定义的类）。对于类的存储，QDataStream 是将复杂的类分割为很多基本单元实现的。结合 QIODevice、QDataStream 可以很方便地对文件、网络套接字等进行读写操作。

在存储数据时，有些数据（如账号、密码等）用明文的形式保存可能不安全。采取二进制存储是一种新的、安全的选择。下面介绍在 Qt 环境下二进制文件的读写操作。

例 8-3：二进制文件读写操作的应用。

使用向导创建带有 UI、基类为 QWidget 的应用，在头文件中包含#include<QDataStream>和#include<QMessageBox>，在 UI 上放置一个 QTextEdit 部件，在构造函数中编写代码测试。

1．二进制文件的写入操作

（1）利用 QFile 和 QDataStream 进行写入操作：

```
QFile file("E:/Qttest/dirFolder/test.dat");
 file.open(QIODevice::WriteOnly);
   double a=125.67;
   qint32 b=895;  //int 类型
   QString str="hello bin file:";
   QDataStream out(&file);
   out <<a<<b<<str;
   file.close();
```

写入文件的测试结果如图 8.7 所示。

本地磁盘 (E:) › Qttest › dirFolder			在 dirFolder 中搜索
名称	修改日期	类型	大小
test	2023/4/28 11:44	文件夹	
dirFolder.pro	2023/5/4 13:06	Qt Project file	1 KB
dirFolder.pro.user	2023/4/28 12:43	USER 文件	19 KB
inforform.cpp	2023/5/4 13:58	C++ Source file	2 KB
inforform.h	2023/5/4 13:26	C++ Header file	1 KB
inforform.ui	2023/5/4 13:29	Qt UI file	5 KB
main.cpp	2023/4/28 11:40	C++ Source file	1 KB
test.dat	2023/5/4 13:59	DAT 文件	1 KB
tt.dat	2023/5/4 14:02	DAT 文件	1 KB
widget.cpp	2023/5/4 14:10	C++ Source file	5 KB
widget.h	2023/5/4 13:26	C++ Header file	1 KB
widget.ui	2023/5/4 12:36	Qt UI file	2 KB

图 8.7　写入文件的测试结果

QDataStream 实例化了 out 对象，类似于 std::cout 标准输出流，也重载了"<<"运算符，然后将 a、b、str 输出到数据流。由于 out 对象建立在 file 之上，因此相当于将数据流写入 file 文件。

　　需要指出的是，最好使用 Qt 定义的数据类型来进行读写，比如程序中的 qint32、quint32、qint64、uchar、ushort 等，这可保证数据在任意平台和任意编译器中一致。

　　（2）用 QFile 类的 QIODevice 写功能直接进行写操作：

```
QFile file("E:/Qttest/dirFolder/tt.dat");
file.open(QIODevice::WriteOnly);
double a=125.67;
int b=895;
QString str="hello bin file:";
file.write((char*)&a,sizeof(a));
file.write((char*)&b,sizeof(b));
file.write((char*)&str,sizeof(str));
file.close();
```

2. 二进制数据的读取操作

（1）利用 QFile 和 QDataStream 流进行读取操作：

```
QFile file("test.dat");
file.open(QIODevice::ReadOnly);
QDataStream in(&file);
QString str;
int b;
float a;
in >> str >> a>>b; //这里的顺序必须和写入顺序一致
 ui->textEdit->append(str+QString::number(a)+" "+QString::number(b));
qDebug()<<str<<" "<<b<<" "<<a;  //输出顺序可以任意
```

读取文件的测试结果如图 8.8 所示。

"hello bin file:"　　895　　125.67	hello bin file:125.67 895
(a) qDebug 方法的输出结果	(b) ui->textEdit 的输出结果

图 8.8　读取文件的测试结果

　　需要注意的是，最好按照写入的顺序将数据读取出来，即程序中数据写入的顺序必须预先定义好，否则，程序行为是不确定的，严重时会直接造成程序崩溃。在这个例子中，首先写入字符串 str，然后写入数字 a 和 b，那么首先读出来的就是字符串，然后才是数字。

　　（2）用 QFile 类的 QIODevice 读功能直接进行读操作：

```
QFile file("E:/Qttest/dirFolder/tt.dat");
file.open(QIODevice::WriteOnly);
double a ;
int b ;
QString str ;
file.read((char*)&str,sizeof(str));
file.read((char*)&a,sizeof(a));
file.read((char*)&b,sizeof(b));
ui->textEdit->append(str+QString::number(a)+" "+QString::number(b));
qDebug()<<str<<" "<<b<<" "<<a;  //输出顺序可以任意指定
file.close();
```

8.4.2 文本文件的读写操作

二进制文件较小，但不是可读的格式。文本文件是一种可读的文件，使用 QTextStream 类进行纯文本文件的读写操作。还有一些文本格式，如 XML、HTML 等，虽然可以由 QTextStream 生成，但 Qt 提供了更方便的 XML 操作类。结合 QIODevice，QTextStream 可以很方便地对文本文件进行读写操作。

例 8-4：文本文件读写操作的应用。

使用向导创建带有 UI、基类为 QWidget 的应用，在头文件中包含#include<QTextStream> 和#include<QMessageBox>，在 UI 上放置 QTextEdit、QLineEdit、QPushButton 和 QLabel 部件，并进行布局设计，然后在构造函数中编写代码测试。

（1）利用 QTextStream 进行读写操作。

操作效果如图 8.9 所示。

(a) 读操作　　　　　　　　　　　　　　(b) 写操作

图 8.9　使用 QTextStream 对文本文件进行读写操作

（2）利用 QFile 进行读写操作。

文件写入操作的槽函数代码如下：

```
QString fileName=QFileDialog::getSaveFileName(this,"Save file Dialog",":/","*.cpp;*.txt");
    ui->lineEdit->setText(fileName);
    QFile file(fileName);
    file.open(QIODevice::Append | QIODevice::Text); //设置文件的打开方式
    file.write("Hello this is just a write test.\nThanks ....!\n");   //向文件中写入内容
    file.close();
```

文件读取操作的槽函数代码如下：

```
QString fileName=QFileDialog::getOpenFileName(this,"Open file Dialog",
        ":/","*.cpp;*.txt");
  ui->lineEdit->setText(fileName);
  QFile file(fileName);
  if (!file.exists())
  {
     qDebug() << "The file is not exist!" << endl;
     return;
  }
  if (!file.open(QIODevice::ReadOnly | QIODevice::Text))
     return;
  ui->textEdit->append(file.readAll());
  file.close();
```

应用效果如图 8.10 所示。

图 8.10 使用 QFile 对文本文件进行读写操作

8.5 综合应用案例

案例 1：QDir 类的应用。实现目录的创建与删除功能。具体步骤如下。

（1）创建项目：基类选择 QWidget。

（2）编辑项目：进行 UI 设计，效果如图 8.11 所示。

图 8.11 目录操作应用案例——界面设计效果

（3）编辑相关的信号与槽函数实现功能。

（4）编译与运行项目，运行效果如图 8.12 所示。

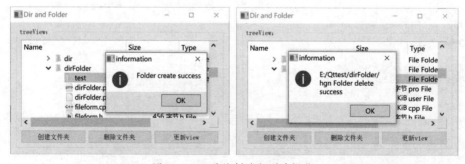

图 8.12 目录的创建与删除操作

案例 2：文件读写操作的应用。通过文本框和按键实现对二进制文件和文本文件的读写操作。具体步骤如下。

（1）创建项目：基类选择 QWidget。

（2）编辑项目：进行 UI 设计，效果如图 8.13 所示。

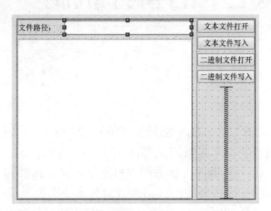

图 8.13　文件操作应用案例——界面设计效果

（3）编辑相关的信号与槽函数实现功能。

（4）编译与运行项目，运行效果如图 8.14 所示。

图 8.14　对二进制文件和文本文件进行读写操作

8.6　作业

1. 简述 Qt 中 QDir 对文件目录进行复制、创建、删除的操作命令。

2. 简述在 Qt 中如何使用流的方式对二进制文件和文本文件进行读写操作。

第9章 Qt 中的事件机制

在 Qt 图形用户界面开发中，为了有效实现人机交互的功能和提高效率，Qt 提供了信号与槽机制、事件机制等。如果是自定义部件，关心的则是事件，因为可以通过事件来改变部件的默认操作。因此，Qt 事件机制是用户自定义新窗口部件和类时用以应对各种操作的机制。事件机制更倾向于操作系统层，是通过封装系统消息形成的。Qt 将所有事件封装成一个个对象，继承自抽象事件类 QEvent，通过对具体的事件类对象进行重载操作，实现自定义功能。本章主要介绍事件的概念、分类，以及常用事件等内容。

9.1 事件概念

Qt 除了能够通过信号与槽机制实现一些动作（Action）之外，还可以对对象所带的事件或者用户自定义事件的一些行为进行处理。事件（Event）是由窗口系统或 Qt 自身在回应各种事件时产生的。当用户单击鼠标、按键，或是窗口需要重新绘制的时候，都会发出相应的事件。这些事件有的在对用户操作做出响应的时候发出，如键盘事件；有的则由系统自动发出，如计时器事件。

Qt 的事件和 Qt 中的信号不一样，后者通常用来"使用"部件，而前者用来"实现"部件。比如一个按钮，用户使用这个按钮的时候，只关心它的 clicked 信号，至于这个按钮如何接收事件再发送信号，用户是不用关心的。但是如果要重载按钮，就要面对事件了。

因此，如果使用部件，关心的是信号与槽；如果使用自定义部件，关心的则是事件。

1．信号与事件的区别

（1）事件由具体的 QWidget 子类对象进行处理，信号则由具体的 QWidget 子类对象生成。

（2）改写事件处理函数可能会导致程序行为发生改变，而信号是否存在对应的槽函数不会改变程序的行为。

（3）通常，信号在具体的事件处理函数中产生。

在 Qt 中，事件被封装成一个个对象，QEvent 类的继承关系如图 9.1 所示。

2．事件的来源

（1）通过操作系统产生。

操作系统获取的事件包括鼠标单击、键盘输入等，这是由程序外部产生的事件。操系统会将这些事件放到系统消息队列中，Qt 事件循环的时候读取消息队列中的消息，将其转化为 QEvent 并分发到相应的 QWidget 对象，相应 QWidget 中的 event(QEvent*)方法会根据事件类型调用不同的事件处理函数，在事件处理函数中发送 Qt 预定义的信号，最终调用信号关联的槽函数。

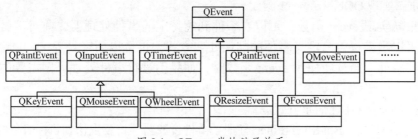

图 9.1　QEvent 类的继承关系

（2）通过 Qt 应用程序自身产生。

应用程序产生事件的方式有两种：一种是调用 QApplication::postEvent 方法，如 QWidget::update，当重新绘制屏幕时，程序调用 update 方法，会创建一个 paintEvent 事件，然后调用 QApplication::postEvent 方法，将其放入 Qt 的消息队列，等待下一次事件循环再对其依次进行处理；另一种是调用 QApplication::sendEvent 方法，该方法不需要将事件放入事件队列，而是直接进行处理，QWidget::repaint 方法就使用这种方式。可以理解为前者是异步方式，后者是同步方式。

3．Qt 中的事件处理

事件处理的核心包括事件的产生、分发、接收和处理 3 个部分。

（1）事件的产生。

谁来产生事件？最容易想到的便是输入设备，比如键盘产生的 keyPressEvent 和 keyReleaseEvent 事件、鼠标产生的 mousePressEvent 和 mouseReleaseEvent 事件等，它们分别被封装在 QKeyEvent 和 QMouseEvent 类中。这些事件来自底层操作系统，它们以异步的形式通知 Qt 事件处理系统。还有 Qt 应用程序自身也会产生事件，比如 QObject::startTimer 会触发 QTimerEvent 事件等。

（2）事件的分发。

图形用户界面的 Qt 程序，由 QApplication 负责；而命令行用户界面的 Qt 程序，则由 QCoreApplication 负责将事件分发给 QObject 的子类 Receiver。

（3）事件的接收和处理。

QObject 类是整个 Qt 对象模型的心脏，事件处理机制是 QObject 类三大职责（内存管理、内省与事件处理机制）之一。Qt 的所有事件都继承自 QEvent 类，任何想要接收并处理事件的对象均须继承自 QObject 类。

当事件发生时，Qt 将创建一个事件对象。创建完毕后，Qt 将这个事件对象传递给 QObject 类的 event 函数。

4．处理和过滤事件

事件过滤机制是 Qt 中独特的事件处理机制，功能强大而且使用起来灵活、方便。通过事件过滤器，可以让一个对象侦听、拦截另一个对象的事件。Qt 提供了 5 种方法来处理和过滤事件。

（1）重新实现特定的事件处理器。

重新实现像 mousePressEvent、keyPressEvent 和 paintEvent 这样的事件，使用事件处理器是目前处理事件最普通的方式。

（2）重新实现 QObject::event 函数。

通过重新实现 event 函数，可以在事件到达特定的事件处理器之前对其做出处理。这种方法可以用来覆盖已定义事件的默认处理方式，也可以用来处理 Qt 中尚未定义事件处理器的事件。当重新使用 event 函数时，如果不进行事件处理，则需要调用基类的 event 事件。

（3）在 QObject 中注册事件过滤器。

一个对象一旦用 installEventFilter 注册了事件过滤器，将要发送到目标对象的所有事件都会先发送到监测对象的 eventFilter 函数中。

如果同一个 QObject 中安装了多个事件过滤器，事件过滤器会依次被激活，激活顺序是从最近安装的开始，直到回到第一个。

（4）在 QApplication 中注册事件过滤器。

一个事件过滤器一旦被注册到 QApplication 对象中，应用程序所有对象里的每个事件都会在它们被送到其他事件过滤器前，抵达这个事件过滤器。这个方法可以用来处理一些经常被 QApplication 忽略的事件，如发送给失效窗口的鼠标事件等。

这个方法对 debugging 非常有用，也可以用来处理发送到禁用的部件上的事件，QApplication 通常会丢弃它们。

（5）子类化 QApplication 并重新实现 notify 函数。

Qt 调用 QApplication::notify 函数来发出事件，在任何事件过滤器得到事件之前，重新实现这个函数是得到所有事件的唯一方法。事件过滤器通常更有用，因为可以有任意数目且同时存在的事件过滤器，但是只有一个 notify 函数。

9.2 事件分类

1．事件分类

在 Qt 中，事件是 QEvent 子类的实例。Qt 处理的事件类型有一百多种，按照事件如何产生与分发，可以分为如下 3 类。

（1）Spontaneous 事件。

Spontaneous 事件通常是操作系统把从系统得到的消息，如鼠标单击、键盘输入等，放入系统的消息队列。在 Qt 事件循环的时候读取这些事件，将之转换为 QEvent，再依次逐个处理，属于异步事件。

（2）Posted 事件。

Posted 事件由 Qt 或应用程序产生，被 Qt 组成队列，再通过事件循环处理，属于异步事件。通过调用 QApplication::postEvent 函数可以产生一个 Posted 事件。

（3）Sent 事件。

Sent 事件由 Qt 或应用程序产生，不会被放入队列，直接发送到目标对象，属于同步事件。通过调用 QApplication::sendEvent 函数可以产生 Sent 事件。

2．事件处理流程

Qt 中事件的派发是从 QApplication::notify 函数开始的，因为 QApplication 也继承自 QObject 类，所以先检查 QApplication 对象，如果有事件过滤器，则先调用这些事件过滤器。过滤或合并一些事件之后，事件被送到接收者的 event 处理。同样，在接收者的 event 中，先检查有无事件过滤器。若有，则调用，然后根据 QEvent 的类型，调用相应的特定事件处理函数。一些常见的事件都有特定事件处理函数，比如 mousePressEvent、focusOutEvent、resizeEvent、paintEvent 等。在实际应用中，经常需要重载这些特定事件处理函数来处理事件。但对于那些不常见的事件，是没有对应的特定事件处理函数的。如果要处理这些事件，就需要使用别的办法，比如重载 event 函数、安装事件过滤器等。

事件处理流程如图 9.2 所示。

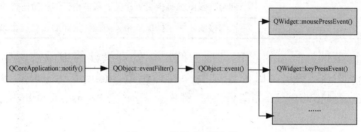

图 9.2　事件处理流程

9.3 常用事件

Qt 常用的事件包括鼠标事件、键盘事件、定时器事件和绘图事件等。下面介绍部分事件和事件过滤器。

9.3.1　鼠标事件

使用鼠标的目的是获取窗口的位置，在 Qt 中，通过鼠标事件可以获取窗口的坐标。鼠标事件主要包括鼠标单击事件、鼠标移动事件、鼠标释放事件和鼠标双击事件等。Qt 的鼠标事件有两类坐标系统：一类是窗口坐标（全局坐标 MouseEvent::globalPos），即桌面屏幕坐标（screen coordinate）；另一类是显示器坐标（局部坐标 MouseEvent:: pos），即相对当前活动窗口的坐标。

QMouseEvent 是 QInput 类的直接子类，QInput 是 QEvent 类的子直接子类，QMouseEvent 对象表示鼠标事件。在窗口部件中单击鼠标或者移动鼠标指针，都会产生鼠标事件。利用 QMouseEvent 类的成员函数可以获知鼠标的哪个键被单击了，以及鼠标指针当前位置等信息。

QMouseEvent 类除了构造函数外的常用方法如表 9.1 所示。

Button 用于返回触发该事件的鼠标的按键状态，有鼠标左键 Qt::LeftButton、鼠标右键 Qt::RightButton、鼠标中键 Qt::MidButton。

表 9.1 QMouseEvent 类的常用方法

原型	功能
Qt::MouseButton button() const	返回触发该事件的鼠标的状态
Qt::MouseButtons buttons() const	返回触发该事件的鼠标的状态
Qt::MouseEventFlags flags() const	返回鼠标事件标志
QPoint globalPos() const	判断是否为符号链接
int globalX() const	返回鼠标指针所在的全局位置的 x 坐标
int globalY() const	返回鼠标指针所在的全局位置的 y 坐标
const QPointF &localPos() const	返回鼠标指针的局部位置
QPoint pos() const	返回鼠标指针在鼠标事件接收部件中的相对位置
const QPointF &screenPos() const	返回鼠标指针在鼠标事件接收屏幕中的相对位置
Qt::MouseEventSource source() const	返回鼠标事件源的信息
const QPointF &windowPos() const	返回鼠标指针在鼠标事件接收窗口中的相对位置
int x() const	返回与接收鼠标事件窗口相关的鼠标指针的相对位置的 x 坐标
int y() const	返回与接收鼠标事件窗口相关的鼠标指针的相对位置的 y 坐标

要实现鼠标事件，只需要重定义部件的鼠标处理事件的虚函数，有鼠标单击事件处理函数 mousePressEvent、鼠标释放事件处理函数 mouseReleaseEvent、鼠标移动事件处理函数 mouseMoveEvent、鼠标双击事件处理函数 mouseDoubleClickEvent，函数原型如下：

```
void mousePressEvent(QMouseEvent *event);
void mouseReleaseEvent(QMouseEvent * event);
void mouseMoveEvent(QMouseEvent * event);
void mouseDoubleClickEvent(QMouseEvent * event);
```

例 9-1：鼠标事件的重载应用。

使用向导创建带有 UI、基类为 QWidget 的应用，自定义类 eventWidget.h 头文件中包含#include<QMouseEvent>，在 UI 上放置一个 QLabel 部件，并设置其显示风格，最后，编写代码进行测试。

（1）在 eventWidget.h 中声明鼠标事件函数：

```
protected:
void mousePressEvent(QMouseEvent * event);     // 鼠标单击
void mouseReleaseEvent(QMouseEvent * event);  // 鼠标释放
void mouseMoveEvent(QMouseEvent * event);      // 鼠标移动
```

（2）在 eventWidget.cpp 中实现鼠标事件函数的重载：

```
void eventWidget::mousePressEvent(QMouseEvent * event)
{
QString str="("+QString::number(event -> x())+","+QString::number(event ->y())+")";
  if(event ->button()==Qt::LeftButton)
    ui->label->setText(tr("鼠标左键单击:")+str);
  else if(event ->button()==Qt::RightButton)
   ui->label->setText(tr("鼠标右键单击:")+str);

}
```

```
void eventWidget::mouseMoveEvent(QMouseEvent * event)
{
    QString str="("+QString::number(event -> x())+","+QString::number(event ->y())+")";
//  这里必须使用buttons方法
    if(event ->buttons() & Qt::LeftButton) //进行按位与操作
      ui->label->setText(tr("鼠标左键移动:")+str);
    else if(event ->buttons() & Qt::RightButton)
      ui->label->setText(tr("鼠标右键移动:")+str);
}
void eventWidget::mouseReleaseEvent(QMouseEvent * event)
{
  QString str="("+QString::number(event ->x())+","+QString::number(event ->y())+")";
  if(event ->button()==Qt::LeftButton)
   ui->label->setText(tr("鼠标左键释放:")+str);
   else if(event ->button()==Qt::RightButton)
   ui->label->setText(tr("鼠标右键释放:")+str);
}
```

运行效果如图 9.3 所示。

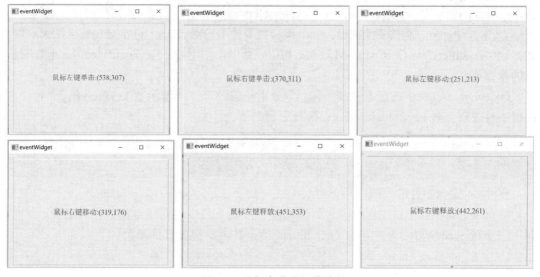

图 9.3　鼠标事件的重载效果

需要注意，Qt 中的 QMouseEvent 一般只涉及鼠标左键和右键的单击、释放等操作，而对鼠标中键的响应则通过 QWheelEvent 来处理。除此之外，鼠标事件可以结合绘图事件实现鼠标绘图等功能。

9.3.2　键盘事件

QKeyEvent 类继承自 QInputEvent 类，用来描述键盘事件，通过这个事件对象可以得到事件的属性信息。当按键或释放按键时，键盘事件便会被发送给拥有键盘输入焦点的部件。

QKeyEvent 的相关属性用于存储键盘事件的信息，常用属性如表 9.2 所示。

表 9.2　QKeyEvent 类的常用属性

属性	类型	含义
accepted	bool	存储是否被接受
count	const int	存储键盘事件的数量
isAutoRepeat	const bool	判断是否来自自动重复键
key	const int	保存按键或释放按键的键值
modifiers	const int	保存键盘的修饰键值
nativeScanCode	const quint32	保存所按键的本地扫描码
text	const QString	存储按键所生成的字符序列

QKeyEvent 类除了构造方法及属性的获取方法外，还定义了获取事件类型的方法 type，以及判断按键编码值和参数 key 所给出的标准按键值是否匹配的方法 matches，如果匹配则返回 true，否则返回 false。它们的原型如下：

```
QEvent::Type type() const ;
bool matches(QKeySequence::StandardKey key) const;
```

键盘的键值有两类，一类是普通键值，一类是修饰键值，其中，普通键值可以通过 QKeyEvent 的 key 方法获取，如 event->key()= =Qt::Key_Escape，需要说明的是 Enter 键的枚举值是 Qt::Key_Return。修饰键有 Ctrl、Shift 等，需要使用 QKeyEvent 的 modifiers 方法来获取，如 event->modifiers()= =Qt::ControlModifier，可以在帮助中使用 Qt::KeyboardModifier 来查看所有的修饰键。

QKeyEvent 有两个键盘事件成员函数，分别是按键事件处理函数 keyPressEvent 和释放按键事件处理函数 keyReleaseEvent，函数原型如下：

```
void keyPressEvent(QKeyEvent *event);   //按键事件
void keyReleaseEvent(QKeyEvent *event); //释放按键事件
```

例 9-2：键盘事件的重载应用。

在例 9-1 的项目中添加键盘事件处理功能，按照下列步骤完成键盘事件的重载。

（1）在 eventWidget.h 中包含 QKeyEvent 类，并声明键盘事件函数：

```
#include<QKeyEvent>
protected:
void keyPressEvent(QKeyEvent *event); //按键事件
```

（2）在 eventWidget.cpp 中进行键盘事件的重载：

```
void eventWidget::keyPressEvent(QKeyEvent *e) {
// 普通键
   if(event ->key()==Qt::Key_Escape)
     ui->label->setText("Esc");
   if( event ->key()==Qt::Key_Return)
     ui->label->setText("Enter");
   if(event ->key()==Qt::Key_S)
     ui->label->setText(event->text());
// 两键组合 Ctrl + A 的实现
```

```
    if(event ->modifiers() == Qt::ControlModifier) { // 如果按了 Ctrl 键
        if(event ->key() == Qt::Key_S)
            ui->label->setText("Ctrl + S");
    // 组合键 Shift + Ctrl + A 的实现
    if (event ->modifiers()==(Qt::ShiftModifier|Qt::ControlModifier)&&event->key()==
Qt::Key_A)
        ui->label->setText( "Ctrl + Shift + A");
    …
    }
```

实现效果如图 9.4 所示。

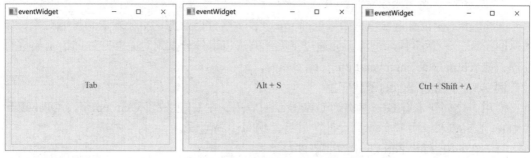

图 9.4　键盘事件的重载应用效果

键盘事件可以结合绘图事件、图像等实现各类小游戏的应用开发。

9.3.3　事件过滤器

Qt 中事件的处理，最常用的是事件处理器（event handler）和事件过滤器（event filter）。

事件处理链中事件的处理流程是先判断发生事件，判断控件本身是否对事件进行处理，若没有处理再将事件传递给父对象。还有另外一种处理方法，就是使用事件过滤器。可以让事件产生的时候先在父控件中对事件进行处理，然后选择是否传递给子对象，这也是 Qt 事件模型的一个强大功能，即一个对象能够监视发送给其他对象的事件，并在事件到达之前对其进行处理。

事件过滤器不仅能过滤事件，还可以对事件进行捕捉，并进行相应的处理操作。

对象 A 只有安装了对象 B 的事件过滤器，才会通过对象 B 的 eventFilter 方法监控对象 A 的所有事件。

事件过滤器可以对部件接收到的事件进行过滤和监控，任意 QObject 对象都可以作为事件过滤器使用。事件过滤器的实现需要重写 eventFilter 方法，部件要想被监控需要通过 installEventFilter 方法安装事件过滤器。

安装事件过滤器需要以下两个步骤。

（1）安装一个事件过滤器，即在构造函数中调用目标对象的 installEventFilter 方法，注册监控对象。函数原型如下：

```
void QObject::installEventFilter(QObject *filterObj)
void QObject::removeEventFilter(QObject *obj)
```

例如，给对象 objA 安装 objB 的事件过滤器，这样 objB 对象就可以通过 eventFilter 方法接收到 objA 对象的所有事件了。如果 objA 对象不想 objB 对象监听自己的事件，就使用 removeEventFilter 方法移除 objB 对象对事件的监听。具体实现如下：

```
QObject* objA = new MyQObjectA;        //定义并初始化对象 objA
QObject* objB = new MyQObjectB;        //定义并初始化对象 objB
objA->installEventFilter(objB);        //安装事件过滤器
objA->removeEventFilter(objB);         //移除事件过滤器
```

（2）重写 eventFilter 函数，即在监控对象的 eventFilter 函数中处理目标对象的事件。在头文件中声明，在源文件中实现。函数原型如下：

```
bool eventFilter(QObject *obj, QEvent *event);
```

eventFilter 函数有返回值，如果返回 true，表示事件已过滤，不会发送到目标对象；如果返回 false，表示事件未过滤，会通过 event 方法将事件分发到对象，并返回给基类进行处理，如 return QObject::eventFilter(obj, event)。

例 9-3：事件过滤器的重载应用。

使用向导创建带有 UI、基类为 QWidget 的应用，在 UI 上放置 QGroupBox、QLineEdit 和 QTextEdit 部件，并进行布局设计，最后，编写代码测试。

（1）在 eventFilterForm.h 中声明事件过滤器：

```
bool eventFilter(QObject *obj, QEvent *event);
```

（2）在 eventFilterForm.cpp 中实现事件过滤器的安装、监听及重载：

```
//构造函数
eventFilterForm::eventFilterForm(QWidget *parent) :
  QWidget(parent),
  ui(new Ui::eventFilterForm)
{
  ui->setupUi(this);
  ui->lineEdit->installEventFilter(this); //在 lineEdit 中安装事件过滤器
  // ui->lineEdit->setEchoMode(QLineEdit::Password); //设置密码显示形式
}
//重载事件过滤器函数
bool eventFilterForm::eventFilter(QObject *obj, QEvent *event)
{
  if(obj==ui->lineEdit)   { //判断目标是否为 lineEdit
    if(event->type()==QEvent::KeyPress) { //判断事件类型是否为按键事件
      QKeyEvent *keyEvent=static_cast<QKeyEvent*>(event);
      QString str=QChar(keyEvent->key());
      ui->lineEdit->setText(str);
      ui->textEdit->append(str);
      return true;     }
    return false;  }
  return QObject::eventFilter(obj,event);
}
```

效果如图 9.5 所示。

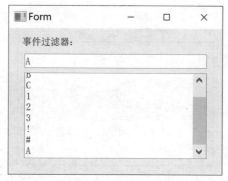

图 9.5　事件过滤器的重载应用效果

9.4 定时器事件

键盘事件和鼠标事件都是由用户的某种活动引发的,而定时器事件则使程序按照一定的时间间隔自动执行特定的任务。

一般情况下,使用一个明确的定时器对象开启定时任务,定时器对象使用专用信号来触发定时任务,不会导致冲突。但是这需要每个不同的定时任务对应打开一个 QTimer。有些对象有内部轮询的任务,用 QTimer 就有点麻烦,这时就可以使用 QObject 提供的定时器功能,这种方式比 QTimer 的执行效率更高。

QObject 类提供了保护访问的定时器事件处理虚函数 timerEvent,均继承自 QObject 类。调用 QObject 类的 startTimer 方法,设置时间间隔并返回唯一的整数 timeId 作为定时器的标识,再重载 timerEvent 函数就可以处理自己的定时任务了。多个定时任务用 timeId 区分,结束后调用 killTimer 方法关闭定时任务。timerEvent、startTimer、killTimer 方法的原型如下:

```
virtual void timerEvent(QTimerEvent *event);
int startTimer(int interval, Qt::TimerType timerType = Qt::CoarseTimer);
int startTimer(std::chrono::milliseconds time, Qt::TimerType timerType = Qt::CoarseTimer);
void killTimer(int id);
```

当定时器被触发时,应用程序会发送一个 QTimerEvent,在事件循环中,处理器按照事件队列的顺序来处理定时器事件。

例 9-4:定时器事件的重载应用。

使用向导创建带有 UI、基类为 QWidget 的应用,在 UI 上放置 QLabel 和 QTextEdit 部件,并进行布局设计,最后编写代码进行测试。

(1)在 eventWidget.h 中进行定时器事件的声明:

```
#include<QTimerEvent>
private:
    int timerId1,timerId2;  //定时器的编号
protected:
void timerEvent(QTimerEvent *event); // 定时器事件
```

(2)在 eventWidget.cpp 中进行相应功能的实现。

首先,在构造函数中启动定时器,代码如下:

```
timerId1= startTimer(1000);    // 开启一个 1s 定时器, 并返回其 id
timerId2= startTimer(2000);    // 开启一个 2s 定时器, 并返回其 id
```

其次，重载定时器事件，代码如下：

```
void eventWidget::timerEvent(QTimerEvent *event)
{
  ui->label->setText("Timer1 and Timer2");
  if (event->timerId() == timerId1)    // 1s 时间到, 定时器 1 溢出
     ui->textEdit->append("timer1");
  if(event->timerId() == timerId2)    //2s 时间到, 定时器 2 溢出
    ui->textEdit->append("timer2");
    }
```

效果如图 9.6 所示。

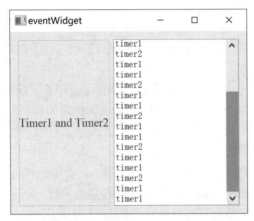

图 9.6　定时器事件的重载应用效果

例 9-5：定时器事件与定时器的应用。

基于例 9-4 的项目，在 UI 上放置两个 **QPushButton** 部件，并进行布局设计。利用定时器与定时器事件共同定时，包括定时器实现单定时、循环定时和定时器事件实现定时这 3 种方式。

（1）在 eventWidget.h 中进行声明：

```
#include<QTimer>
    private:
    int t; //设置循环定时次数
    QTimer *timer; //定义一个定时器
    private slots:
    void timeOneOut();   //单次定时器超时的槽函数
    void timeOut();     //循环定时器超时的槽函数
```

（2）在 eventWidget.cpp 中实现相应的功能。

首先，在构造函数中创建定时器、设置定时器事件、定义定时器信号与槽的关联函数，代码如下：

```
// 单次定时
QTimer::singleShot(1000,this,SLOT(timeOneOut()));  //1s 的单次定时
//单次定时也可以使用下面的方法
QTimer *timer1 = new QTimer(this);  //创建一个定时器
```

```
connect(timer1, SIGNAL(timeout()), this, SLOT(timeOneOut())); //信号与槽关联函数
  timer1->setsetSingleShot(true);   //设置单次定时触发时为真
timer1->start(1000);  //启动定时器
// 循环定时
timer = new QTimer(this);//初始化定时器
timer->setInterval(2000);    // 设置定时器 2s 超时触发
connect(timer, SIGNAL(timeout()), this, SLOT(timeOut())); //将定时器的超时信号与槽函
数关联
  timer->start();  //启动定时器
t=0;  //次数初始值为 0
```

其次，实现定时器的槽函数，代码如下：

```
void eventWidget::timerOneOut()
{
  ui->textEdit->append("1 秒的一次定时");
}
void eventWidget::timerOut()
{
  ui->textEdit->append("每 2 秒的循环定时"+QString::number(++t));
}
```

定时器和定时器事件的应用效果如图 9.7 所示。

图 9.7 定时器与定时器事件的应用效果

其中，启动和暂停定时器的槽函数实现如下：

```
void eventWidget::on_BtnPause_clicked()
{
  killTimer(timerId1);  //结束 id 为 timerId1 的定时器
  killTimer(timerId2);  //结束 id 为 timerId2 的定时器
  timer->stop();    //停止 timer 定时器
}
void eventWidget::on_BtnStart_clicked()
{
  timerId1=startTimer(3000);  //启动定时器 id 赋给 timerId1
  timerId2=startTimer(5000); // 启动定时器 id 赋给 timerId2
  timer->start();   //启动 timer 定时器
}
```

9.5 绘图事件

9.5.1 基本概念

Qt 提供了强大的二维绘图系统，可以使用相同的 API 在屏幕和绘图设备上进行绘制，它主要基于 QPainter、QPaintDevice 和 QPaintEngine 这 3 个类。

绘图类 QPainter 在小部件和其他绘制设备上执行低级绘制，提供的 API 函数可以在 GUI 或 QImage、QOpenGLPaintDevice、QWidget 和 QPaintDevice 上绘制图形，可以绘制简单的线条，也可以绘制复杂的形状，还可以绘制对齐的文本和像素画。QPainter 也支持变换（如旋转、缩放）和混合模式（如 Alpha 混合、覆盖）。

绘图设备类 QPaintDevice 不直接绘制物理显示界面，而是利用逻辑界面的中间媒介。例如，绘制矩形时，为了将对象绘制到 QWidget、QGLPixelBuffer、QImage、QPixmap、QPicture 等界面中间，必须使用 QpaintDevice 类。

QPaintEngine 提供了一些接口，可用于 QPainter 在不同的设备上进行绘制。

它们 3 个之间的层次关系如图 9.8 所示。

图 9.8 3 个绘图类的层次关系

其中，QPainter 用于执行绘图的操作，可以理解为画家；QPaintDevice 是对二维空间的抽象，允许 QPainter 在其上进行绘制，可以理解成画布或画板；QPaintEngine 类提供 QPainter 使用画笔（QPen）或画刷（QBrush）在不同的设备上进行绘制的统一接口，让不同的绘图设备都能使用同一种画笔或画刷，对开发人员透明。

Qt 的绘图系统实际就是使用 QPainter 在 QPaintDevice 上进行绘制，它们之间使用 QPaintEngine 进行通信。

1．绘图原理

Qt 的绘图系统由 QPainter 完成具体的绘制操作，当调用 QPainter 的绘图函数（如 drawRect、drawText）时，实际上就是向命令队列添加绘图命令。这个命令队列会在稍后被处理，并将结果绘制到目标设备 QPixmap 或 QWidget 等。绘图命令被压入命令队列后，不会立即绘制到屏幕，而是在事件循环的下一次迭代中被处理。这意味着可以在一个函数中多次调用绘图命令，而不必担心每次调用都会导致屏幕刷新。

要想正确地进行绘图，需要明确以下问题。

（1）在哪里绘图？ QPainter 绘图时，通常在 QWidget、QPixmap、QPicture、QPrinter 等控件上进行。

（2）如何绘制图形？ 在哪个控件上绘图，就需要使用它的 paintEvent 函数绘图，即绘图时需要其重载 paintEvent 函数。paintEvent 函数是绘制事件的函数，可以在派生类中被重新实现从而接收绘制事件，使用时要在类中声明 paintEvent 函数，然后在函数定义中实现图像的绘制，注意参数要写 QPaintEvent *event。

（3）什么时候绘制图形？如果类中重写了 paintEvent 事件处理函数，对象就会调用该函数，即定义对象时会调用该绘制事件。

（4）如何重绘或刷新图形？分别调用 repaint 或 update 函数重绘或刷新，这两个都是 QWidget 类的成员函数，派生类可以直接调用它们进行窗口的擦除和绘制，即通过 repaint 或 update 调用 paintEvent 事件处理函数进行重绘或刷新。

特别要注意一点，绘制时，Qt 在 paintEvent 事件中已经自动实现了双缓冲机制。所谓的双缓冲机制，是指在绘制控件时，首先将要绘制的内容绘制到图形中，然后将图形一次性地显示在控件上。

2．坐标系

数学中使用的是笛卡儿坐标系，x 轴正向向右、y 轴正向向上。QPainter 也有自己的坐标系，和笛卡儿坐标系不一样，QPainter 的坐标原点(0,0)在窗口的左上角，单位为像素（点），x 轴正向向右、y 轴正向向下。每个控件都有自己独立的坐标系即窗口布局，在 5.1.2 小节中已经描述过，在此不赘述。

9.5.2　绘图元素

使用 QPainter 类对象进行绘图，需要重写绘图事件处理方法 paintEvent，在 paintEvent 的实现代码中添加绘图命令。首先创建 QPainter 类对象，然后设置绘图工具画笔 QPen 对象或画刷 QBrush 对象，接着调用绘图方法进行绘制。绘制时可指定绘图参数，还可以指定显示所用的字体 QFont 类对象，使用完后须销毁 QPainter 对象。

1．QPainter 类

QPainter 类的构造函数原型如下：

```
QPainter(QPaintDevice *device);
```

其中 QPaintDevice 类型参数 device 代表绘制用的画布，所有继承自 QPaintDevice 类的对象都可用作 device，构造绘图对象。QPainDevice 的子类有 QWidget、QImage、QPixmap、QPicture、QPrinter、QSvgGenerator、QGLPixelBuffer 和 QGLFrameBufferObject 等。

QPainter 的主要功能是绘图，控制这些绘图元素特性，核心是设置与使用 QPen、QBrush 和 QFont 等类对象设置绘图信息。

QPainter 类的绘图函数如表 9.3 所示。

表 9.3　QPainter 类的绘图函数

分类	原型	功能
常用的绘图函数	drawPoint()	绘制点
	drawLine()	绘制线
	drawRect()	绘制矩形
	drawRoundRect()	绘制圆角矩形
	drawEllipse()	绘制椭圆
	drawArc()	绘制弧
	drawPath()	绘制路径
	drawPie()	绘制扇形

分类	原型	功能
常用的绘图函数	drawCubicBezier()	绘制贝塞尔曲线
	drawPoints()	绘制多个点
	drawLines()	绘制多条线
	drawRects()	绘制多个矩形
	drawPolygon	绘制多边形
	drawPolyline()	绘制折线
	drawChord()	绘制弦
	drawConvexPolygon()	绘制凸多边形
	drawLineSegments()	绘制折线
	drawText()	绘制文字
绘制图像的函数	drawImage()	绘制 QImage 表示的图像
	drawPicture()	绘制 QPicture 表示的图像
	drawPixmap()	绘制 QPixmap 表示的图像
	drawTiledPixmap()	绘制 QPixmap 表示的平铺图像
变换函数	scale()	坐标缩放
	translate()	坐标平移
	rotate()	坐标旋转
	shear()	坐标扭曲变换

这些函数都使用整数坐标，它们没有浮点数的版本，在世界坐标系 worldMatrix 方法上操作。

部分绘制函数的绘图效果如图 9.9 所示。

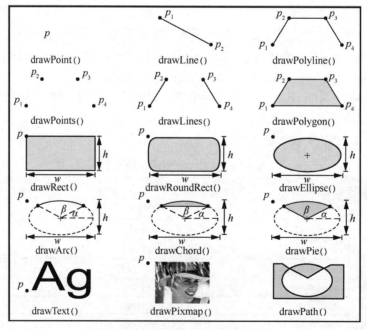

图 9.9　部分绘制函数的绘图效果

translate(qreal dx, qreal dy)是平移函数，沿着 x 轴移动 dx、沿 y 轴移动 dy。scale(qreal sx, qreal sy)是缩放函数，通过水平方向的 sx 和垂直方向的 sy 缩放坐标系。rotate(qreal angle, Qt::Axis axis = Qt::ZAxis)是旋转函数，对指定的轴用给定的角度顺时针旋转。shear(qreal sh, qreal sv)是扭曲函数，通过水平方向的 sh 和垂直方向的 sv 扭曲坐标系。

2．画笔和画刷

QPen 类对象可以指定 QPainter 绘制的图形的轮廓样式，用于控制线条的颜色、宽度、线型等。QBrush 类对象可以指定 QPainter 绘制的图形的填充样式，如设置填充颜色、填充样式、填充材质的材质图片等。QFont 类对象用于绘制文本时指定文字的样式。

（1）QPen 类常用的成员函数。

QPen 类常用的成员函数如表 9.4 所示。

表 9.4　Qpen 类常用的成员函数

原型	功能
void setColor(const QColor &color)	设置画笔颜色（线条颜色）
void setWidth(int width)	设置线条宽度
void setStyle(Qt::PenStyle style)	设置线条样式，参数为 Qt::PenStyle 枚举类型
void setCapStyle(Qt::PenCapStyle style)	设置线条端点样式
void setJoinStyle(Qt::PenJoinStyle style)	设置连接样式
void setStyle(Qt::PenStyle style)	设置画笔样式

setStyle 函数的 Qt::PenStyle 枚举类型参数 style 用于指定画笔的线条样式，可取值有实线 Qt::SolidLine、虚线 Qt::DashLine、点线 Qt::DotLine、虚点线 Qt::DashDotLine、虚点点线 Qt::DashDotDotLine、自定义虚线 Qt::CustomDashLine，样式效果如图 9.10 所示。

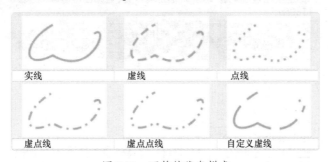

图 9.10　画笔的线条样式

setCapStyle 函数中的 Qt::PenCapStyle 枚举型参数 style 用于指定线条端点的形状，可取值有方形头部 Qt::SquareCap（不包含最后一个点）、方形顶端 Qt::FlatCap（包含最后一个点）、半圆形顶端 Qt::RoundCap，效果如图 9.11 所示。

图 9.11　画笔线条两端的形状

斜面连接　　　尖角连接　　　圆形连接

图 9.12　拐点的样式

setJoinStyle 函数中的 Qt::PenJoinStyle 枚举类型参数 style 用于指定两条线的交点形状，也就是拐点的样式，可取值有斜面连接 Qt::BevelJoin、尖角连接 Qt::MiterJoin、圆形连接 Qt::RoundJoin，样式效果如图 9.12 所示。

（2）QBrush 类常用成员函数。

画刷的常用函数是设置画刷的颜色 setColor、设置画刷的样式 setStyle、设置图像纹理函数 setTexture 与 setTextureImage，原型分别如下：

```
setColor(QColor &color)  //设置画刷颜色，实体填充即填充色
setStyle(Qt::BrushStyle style) //设置画刷样式
//设置一张 QPixmap 类型的图片作为画刷的图片，画刷样式自动设置为 Qt::TexturePattern
setTexture(QPixmap &pixmap)
//设置一张 QImage 类型的图片作为画刷图片，画刷样式自动设置为 Qt::TexturePattern
setTextureImage(QImage &image)
```

setStyle 函数中的 Qt::BrushStyle 枚举参数 style 可取值有单色填充 Qt::SolidPattern、水平线填充 Qt::HorPattern、垂直线填充 Qt::VerPattern、材质填充 Qt::TexturePattern、线性渐变填充 Qt::QLinearGradient、辐射渐变填充 Qt::QRadialGradient、圆锥渐变 Qt::QConicalGradient 等，部分填充效果如图 9.13 所示。

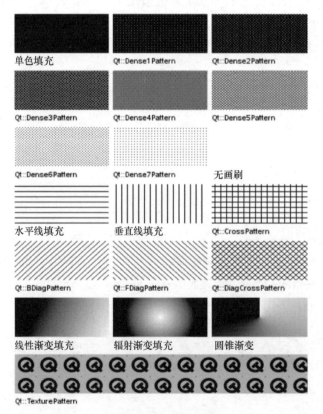

图 9.13　部分填充效果

9.5.3 绘图操作

只有对 paintEvent 函数进行重载，才能实现图形的绘制。具体绘制步骤：首先，利用绘图事件，重写绘图事件函数 paintEvent；其次，创建一个画家对象 QPainter，并指定画布，使用画家对象的各种函数绘制图形；最后，根据需要设置画家对象的相关参数，以及画笔和画刷的调用方式，修饰所画图形。

1．绘制基本图形

基本图形主要包括平面几何图形，如直线、椭圆、矩形等。

例 9-6：绘图事件的重载应用。

使用向导创建带有 UI、基类为 QWidget 的应用，在 drawWidget.h 头文件中包含 #include<QPaintEvent>和#include<QPainter>，按照下面的步骤编写代码测试。

（1）在 drawWidget.h 中进行包含并声明：

```
#include<QPaintEvent>
#include <Qpainter>
protected:
  void paintEvent(QPaintEvent*);
```

（2）在 drawWidget.cpp 中重写绘图事件：

```
void drawWidget:: paintEvent(QPaintEvent*)
{
    //实例化一个画家对象
    QPainter painter(this);    //指定绘图设备
}
```

（3）绘制基本图形：

```
painter.drawLine(100,100,100,200); //绘制直线方法一
painter.drawLine(QPoint(100,200),QPoint(300,200)); //方法二
QLineF line(300, 200,300,400);
painter.drawLine(line);   //方法三
painter.drawEllipse(QPoint(400,200),100,50);   //绘制椭圆
painter.drawEllipse(QPoint(600,200),150,150); //绘制圆
painter.drawRect(450,200,150,50);   //绘制矩形方法一
painter.drawRect(QRect(350,200,60,100)); //这个参数被 QRect 包裹住了，方法二
painter.drawText(QRect(600,50,150,60),"文字显示");   //绘制文字，方法一
//drawText(&painter); //自定义函数绘制文字，方法二
```

基本图形绘制效果如图 9.14 所示。

对图 9.14 中的图形进行高级设置，具体设置过程如下。

（1）画笔设置（颜色、宽度、风格）：

```
QPen pen (QColor(255,0,0));   //画笔颜色设置，QColor(255,0,0)可以替换为标准颜色值
// QPen pen (Qt::red);
 pen.setWidth(3); //设置画笔宽度
 pen.setStyle(Qt::DashDotDotLine);   //设置画笔风格
 painter.setPen(pen1);   //将画笔添加给画家对象
```

（2）设置画刷：

```
QBrush brush (Qt::cyan); //设置画刷,包括颜色
brush.setStyle(Qt::CrossPattern); //设置画刷风格
painter.setBrush(brush);     //将画刷添加给画家对象
```

（3）设置字体：

```
QFont font(QFont("Times New Roman",15, QFont::Bold));
font.setUnderline(true);
font.setItalic(true);
painter->setFont(font);
```

（4）设置抗锯齿、保存和恢复：

```
//加抗锯齿效果
painter.setRenderHint(QPainter::HighQualityAntialiasing);
painter.save();//保存画笔当前的数据
painter.restore();//恢复画笔当前的数据
```

drawText 方法具体实现如下：

```
void drawWidget::drawText(QPainter *painter)
{
  painter->save();
  painter->setPen(Qt::blue);
  QFont font(QFont("Times New Roman",15, QFont::Bold));
  font.setUnderline(true);
  font.setItalic(true);
  painter->setFont(font);
  painter->drawText(QRect(300,50,350,60), Qt::AlignCenter, "Hello Qt!!!");
  painter->restore();
}
```

图形外观设置效果如图 9.15 所示。

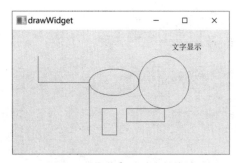

图 9.14　基本图形绘制效果

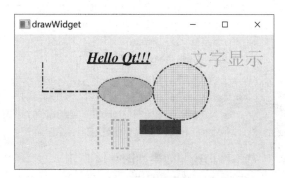

图 9.15　图形外观设置效果

2．渐变填充图形

画刷可以使用标注颜色填充，也可以使用渐变填充。QGradient 类就是用来和 QBrush 一起指定渐变填充的。Qt 现在支持 3 种类型的渐变填充，包括线性渐变、辐射渐变和锥形渐变。

这 3 种渐变分别由 QGradient 的 3 个子类来表示，QLinearGradient 表示线性渐变、QRadialGradient 表示辐射渐变、QConicalGradient 表示锥形渐变。

（1）线性渐变方法原型。

```
QLinearGradient ( const QPointF & start, const QPointF & finalStop );
```

线性渐变需要指定开始点 start 和结束点 finalStop，然后将开始点和结束点之间的区域进行等分。如果开始点的位置设置为(0,0)，结束点的位置设置为(1,0)，它们之间的区域需要按照距离比例进行划分。

然后使用 setColorAt 函数在指定的位置 position 插入指定的颜色 color，position 的值要为 0~1。函数原型如下：

```
QGradient::setColorAt (qreal position, const QColorj &color);
```

还可以使用 setSpread 函数来设置填充的扩散方式，即指明在指定区域以外的区域怎样进行填充。扩散方式由 QGradient::Spread 枚举变量定义，共有 3 个值：QGradient::PadSpread，使用最接近的颜色进行填充，这是默认值；QGradient:: ReflectSpread，在渐变区域以外的区域反射渐变；QGradient:: RepeatSpread，在渐变区域以外的区域重复渐变。要使用渐变填充，可以直接在 setBrush 方法中使用，这时画刷风格会自动设置为对应的渐变填充方式。

（2）辐射渐变方法原型：

```
QRadialGradient ( const QPointF & center, qreal radius, const QPointF & focalPoint);
```

辐射渐变需要指定圆心 center 和半径 radius，这样就确定了一个圆，然后指定一个焦点 focalPoint。焦点的位置为 0，圆的位置为 1，然后在焦点和圆间插入颜色。

（3）锥形渐变方法原型：

```
QConicalGradient ( const QPointF & center, qreal angle );
```

锥形渐变需要指定中心点 center 和角度 angle（其值在 0 到 360 之间），然后沿逆时针方向从给定的角度开始环绕中心点插入颜色。这里给定的角度开始位置为 0，旋转一圈后为 1。

例 9-7：渐变填充图形的应用。

使用向导创建带有 UI、基类为 QWidget 的应用，自定义类头文件中包含#include <QPaintEvent>和#include<QPainter>，在绘图事件重载函数中编写代码进行测试：

```
void drawWidget::paintEvent(QPaintEvent *)
{
  QPainter painter(this);
  QLinearGradient Linear(QPointF(100,100), QPointF(100,250));    //线性垂直渐变
  Linear.setColorAt(0,Qt::green);
  Linear.setColorAt(1,Qt::black);
  painter.setBrush(Linear);
   painter.setPen(Qt::transparent);
   painter.drawRect(100,100,200,200);
  QLinearGradient LinearH(QPointF(400,100), QPointF(600,100));  //线性水平渐变
  LinearH.setColorAt(0,Qt::green);
  LinearH.setColorAt(1,Qt::red);
   painter.setBrush(LinearH);
  painter.setPen(Qt::transparent);
```

```
    painter.drawRect(400,100,200,200);
    QRadialGradient radialGradient(QPointF(100,500),200,QPointF(100,500));    //辐射渐变
     radialGradient.setColorAt(0.1,Qt::green);
     radialGradient.setColorAt(0.6,Qt::yellow);
     radialGradient.setColorAt(1.0,Qt::blue);
     painter.setPen(Qt::transparent);
     painter.setBrush(radialGradient);
     painter.drawEllipse(100,400,200,150);
    QConicalGradient conicalGradient(500,475,60);    //锥形渐变
     conicalGradient.setColorAt(0.2, Qt::blue);
     conicalGradient.setColorAt(0.6, Qt::green);
     conicalGradient.setColorAt(0.8, Qt::red);
     painter.setBrush(QBrush(conicalGradient));
      painter.setPen(QPen(QBrush(conicalGradient),15));
     painter.drawEllipse(400,400, 200, 150);
}
```

不同填充效果的图形如图 9.16 所示。

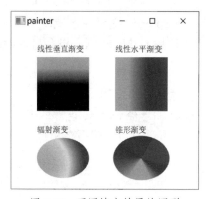

图 9.16　不同填充效果的图形

9.5.4　图像加载与存储

1．Qt 图像相关概念

Qt 提供了 QImage、QPixmap、QBitmap 和 QPicture 这 4 种图像操作类，这些类都继承自 QPiantDevice 类。利用这些类可以实现图像的显示，并且利用类中的方法可以完成图像的缩放、旋转等基本操作。

参考 Qt 的帮助文档，Qt 可以直接读取并显示的图像格式类型有 BMP、GIF、JPG、JPEG、PNG、TIFF、PBM、PGM、PPM、XBM、XPM。

4 种图像操作类特点如下。

QImage 类提供了一个独立于硬件的图像表示，该图像可以逐像素地被访问和用于绘图设备。QImage 类还提供了一组函数，可用于获取图像的各种信息，实现图像的转换。QImage 类主要用于 I/O 和直接逐像素访问、操作。QImage 使用 Qt 自身的绘图引擎，可在不同平台上实现相同的显示效果。

QPixmap 类主要用于在屏幕中显示图像，针对图像显示最佳化而设计，它依赖所在平台的绘图引擎，不同的平台可能会有不同的显示效果。QPixmap 使用底层平台的绘制系统

进行绘制，无法提供像素级别的操作。

QBitmap 类继承自 QPixmap 类中提供 1 位深度二值图像的类，提供单色图像，它只有黑白两色的图像数据，只占用很少的存储空间，所以适合做光标文件和笔刷。

QPicture 类是一个可以记录和重现 QPainter 命令的绘图设备。它将 QPainter 的命令序列化到 I/O 设备，保存为平台独立的文件格式。pictures 文件没有内容上的限制，只要是能够被 QPainter 绘制的元素，无论是字体、pixmap 还是变换，都可以保存进 pictures 中。如果要记录 QPainter 的命令，首先使用 begin 方法将 QPicture 实例作为参数传递进去，告诉系统开始记录，记录完毕后使用 end 方法终止、使用 save 方法保存 pictures 文件、使用 load 方法载入绘图，最后在指定的绘图设备上绘制 QPicture。

2．Qt 的图像加载、存储与绘制操作

Qt 对图像操作的 4 个类中，每个类都有其自身的特点和功能。不同类对图像的读取、写入方式有不同的特点。可以在不同图像格式之间进行转换，也可以获取关于图像的位置、颜色和底层等相关信息，还可以对图像进行变换。在对图像进行操作时，须合理配合使用这几个类。

最常见的加载图像的方式是通过图像类的构造函数调用图像类的 load 方法，存储图像的方式是通过调用图像类的 save 方法等，而绘制图像则通过 QPainter 的绘制方法在绘制事件中实现。

（1）图像加载。

通过使用图像类的构造函数或 load 方法可以直接传递图像文件的路径，或者将图片以资源文件的形式添加到项目中，实现图像文件的加载。例如：

```
QPixmap pixmap("c:/path/to/image.png"); // 使用构造函数通过文件路径的方式加载图像
QPixmap pixmap(":/images/ image.png");// 使用构造函数以资源文件的形式加载图像
// 或者
QPixmap pixmap;
pixmap.load("c:/path/to/image.png"); // 使用 load 方法通过文件路径的方式加载图像
pixmap.load(":/images/ image.png "); // 使用 load 方法以资源文件的形式加载图像
```

QBitmap 和 QImage 图像加载方法与 QPixmap 类似：

```
QBitmap bitmap(":/images/rabbit.png");//用构造函数以资源文件的形式加载图像
QImage image (":/images/ rabbit.png");//用构造函数以资源文件的形式加载图像
```

（2）图像存储。

图像存储时，使用指定的图像文件格式将像素图保存到具有给定文件名的文件夹中。例如：

```
pixmap.save("c:/path/from/image.png"); // 保存为 PNG 格式
pixmap.save("c:/path/from/image.jpg"); // 保存为 JPEG 格式
```

QBitmap 和 QImage 图像存储方法与 QPixmap 类似：

```
bitmap.save("c:/path/from/image.jpg"); // 保存为 JPEG 格式
image.save("c:/path/from/rabbit.png");// 保存为 PNG 格式
```

例 9-8：Qt 图像的加载与存储应用。

使用向导创建带有 UI、基类为 QWidget 的应用程序，自定义类为 paintWidget，通过简单的实例演示如何使用 QPixmap 加载图像并将其保存为不同格式的文件。代码如下：

```
#include <QPixmap>
#include <QDebug>
int main() {
    // 加载图像
    QPixmap pixmap("c:/path/to/image.png");
    // 检查图像是否成功加载
    if (pixmap.isNull()) {
        qDebug() << "Failed to load image.";
        return 1;
    }
    // 保存图像文件为不同格式
    if (pixmap.save("c:/path/from/output1.png")) {
        qDebug() << "Image saved as PNG.";
    }
else {
        qDebug() << "Failed to save image as PNG.";
    }

    if (pixmap.save("c:/path/from/output2.jpg", "JPEG")) {
        qDebug() << "Image saved as JPEG.";
    } else {
        qDebug() << "Failed to save image as JPEG.";
    }

    if (pixmap.save("c:/path/from/output3.bmp", "BMP")) {
        qDebug() << "Image saved as BMP.";
    } else {
        qDebug() << "Failed to save image as BMP.";
    }
    return 0;
}
```

在这个例子中，首先加载了一个图像文件，路径为 c:/path/to/image.png，然后将其保存为不同格式的文件 output*.*（路径为 c:/path/from）。

（3）图像绘制。

可以使用 QPainter 类将 QPixmap 等对象绘制到窗口、部件等界面上。QPainter 类提供了丰富的绘制函数，可用于绘制图像。例如，在窗口上绘制，代码如下：

```
QPainter painter(this); // 在窗口上绘制
 QPixmap pixmap(":/images/cat.png");
painter.drawPixmap(50, 50, pixmap); // 在坐标(50,50)处绘制图像
```

在部件上绘制，代码如下：

```
QLabel *label=new QLabel(this);
label->resize(303,303);//设置大小
QPixmap pixmap(":/images/cat.png");
pixmap.scaled(label->width(),label->height());
label->setPixmap(pixmap);
```

例 9-9：Qt 图像的加载与绘制应用。

在例 9-8 项目的基础上，在头文件中包含#include<QPaintEvent>和#include<QPainter>，并添加重绘事件处理函数的声明：

```
protected:
    void paintEvent(QPaintEvent *);
```

然后在绘图事件重载函数 paintEvent 中编写代码测试。

（1）QPixmap 与 QBitmap 图像的加载与绘制：

```
void drawWidget::paintEvent(QPaintEvent *)
{
    QPainter painter(this);
QPixmap pixmap1(":/images/rabbit.png"); //以资源文件的形式加载图像
QBitmap bitmap(":/images/rabbit.png");//使用构造函数加载图像
painter.drawPixmap(10,10,512,512,pixmap);
painter.drawPixmap(550,10,512,512,bitmap);
painter.drawPixmap(10,550,512,512,QPixmap(":/images/flower.jpg"));
painter.drawPixmap(550,550,512,512,QBitmap(":/images/flower.jpg"));
}
```

效果如图 9.17 所示。

（2）QImage 图像的加载与绘制：

```
void drawWidget::paintEvent(QPaintEvent *)
{
  QPainter painter(this);
QRect target1(20, 120, 512, 512); //建立目标矩形，该区域是显示图像的目标区域
QRect target2(20, 630, 512, 212);
QRect target3(540, 120, 212, 512);
QImage image1(":/images/cat.png");//建立 QImage 类对象
painter.drawImage(20,0,image);
painter.drawImage(target1, image);
painter.drawImage(target2, image1);
painter.drawImage(target3, image1);
}
```

效果如图 9.18 所示。

图 9.17　QPixmap 与 QBitmap 图像的加载与绘制效果

图 9.18　QImage 图像的加载与绘制效果

（3）QPicture 图像的加载与绘制。

QPicture 是记录和重现 QPainter 命令的绘图设备。

首先，在构造函数中进行绘图记录操作，主要是通过 QPitcure::save 函数保存绘图信息。具体实现代码如下：

```cpp
drawWidget::drawWidget(QWidget *parent) : QWidget(parent), ui(new Ui::drawWidget)
{
  ui->setupUi(this);
  QPicture picture; //创建picture
  QPainter painter; //创建painter
  painter.begin(&picture); //开始记录
  //设置画笔的颜色和宽度
  QPen pen(Qt::red);
  pen.setWidth(5);
  painter.setPen(pen);
  painter.drawRect(200,200,100,100);   //绘制矩形
  painter.drawEllipse(100,100,100,100);   //绘制圆形
  painter.end();   //结束记录
  picture.save("E:\\Qttest\\Event\\picture.pic");     //保存picture到指定路径下
}
```

其次，在 paintEvent 函数中进行重现，使用 QPicture::load 函数加载之前绘制的信息。具体实现代码如下：

```cpp
void drawWidget::paintEvent(QPaintEvent *)
{
  QPicture picture; //重新创建一个对象
  picture.load("E:\\Qttest\\Event\\picture.pic");   //加载之前绘制的信息
  QPainter painter;        //利用画家对象重现绘图步骤
  painter.begin(this);
  painter.drawPicture(0,0,picture); //绘制加载对象
  painter.end();
}
```

效果如图 9.19 所示。

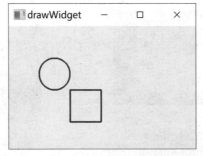

图 9.19　QPicture 图像的加载与绘制效果

9.5.5　变换函数

坐标系变换是利用变换矩阵来进行的，可以利用 QTransform 类来设置变换矩阵。下面

对坐标系的平移、缩放、旋转、扭曲等应用进行介绍。

例 **9-10**：Qt 图形变换函数的应用。

使用向导创建带有 UI、基类为 QWidget 的应用，自定义类头文件中包含#include <QPaintEvent>和#include<QPainter>，在绘图事件重载函数中编写代码测试。

（1）使用 translate 函数进行平移变换：

```
void QPainter::translate(qreal dx, qreal dy);
```

translate 函数的功能是将坐标原点平移到(dx,dy)位置。

```
void drawWidget::paintEvent(QPaintEvent *)
{
  QPainter painter(this);
  painter.setBrush(Qt::yellow);      //设置画刷颜色为黄色
//绘制填充颜色为黄色的矩形,矩形左上角的点的坐标为(0,0),长、宽均为200
  painter.drawRect(0,0,200,200);
  painter.translate(100,100);   //将坐标从原点(0,0)平移到(100,100)
  painter.setBrush(Qt::red);         //设置画刷颜色为红色
//绘制填充颜色为红色的矩形, 矩形左上角的点的坐标为(100,100), 长、宽均为200
  painter.drawRect(0,0,200,200);
//将坐标点从(100,100)平移到(-100,-100)
painter.translate(-200,-200);
  painter.setBrush(Qt::blue);    //设置画刷颜色为蓝色
//绘制填充颜色为蓝色的矩形, 矩形左上角的点的坐标为(-100,-100), 长、宽均为200
  painter.drawRect(0,0,200,200);
}
```

矩形左上角的点将由坐标原点(0,0)平移至(100,100)，绘制的图形位置效果如图 9.20（a）所示；然后由(100, 100)平移至(-100,-100)，绘制的图形位置效果如图 9.20（b）所示。

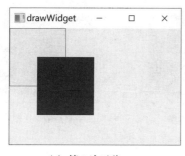
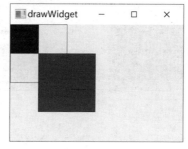

(a) 第 1 次平移　　　　　　　　(b) 第 2 次平移

图 9.20　Qt 图形的坐标平移变换效果

（2）使用 scale 函数进行比例变换：

```
void QPainter::scale(qreal sx, qreal sy);
```

scale 函数的功能是缩放。其中，sx 为沿 x 轴方向缩放的倍数、sy 为沿 y 轴方向缩放的倍数，sx 或者 sy 的值大于 1 表示放大，小于 1 表示缩小，等于 1 表示大小不变，比如值为

1.2 表示放大至 1.2 倍、值为 0.5 表示缩小为原来的一半。

```
void drawWidget::paintEvent(QPaintEvent *)
{
    QPainter painter(this);
    painter.setBrush(Qt::yellow);        //设置画刷颜色为黄色
//绘制填充颜色为黄色的矩形，矩形左上角的点的坐标为(0,0)，长、宽均为200
    painter.drawRect(0,0,200,200);
    painter.scale(2,2);        //表示沿 x 轴和 y 轴方向均放大至 2 倍
    painter.setBrush(Qt::blue);        //设置画刷颜色为蓝色
//绘制填充颜色为蓝色的矩形，矩形左上角的点的坐标为(200,200)，长、宽均为400
    painter.drawRect(100,100,200,200);
    painter.scale(0.5,0.5);        //表示沿 x 轴和 y 轴方向缩小为原来的一半
    painter.setBrush(Qt::red);        //设置画刷颜色为红色
//绘制填充颜色为红色的矩形，矩形左上角的点的坐标为(50,50)，长、宽均为100
    painter.drawRect(100,100,200,200);
    painter.scale(1,0.5);        //表示沿 x 轴方向不变，沿 y 轴方向缩小为原来的一半
    painter.setBrush(Qt::green);        //设置画刷颜色为绿色
//绘制填充颜色为绿色的矩形，矩形左上角的点的坐标为(50,50)，长为200、宽为100
    painter.drawRect(50,100,200,200);
}
```

函数对图形进行了 3 次缩放：第 1 次沿着 x 和 y 轴方向均放大至 2 倍，绘制的图形位置效果如图 9.21（a）所示；第 2 次沿着 x 和 y 轴方向均缩小为原来的一半，绘制的图形位置效果如图 9.21（b）所示；第 3 次沿着 x 轴方向不变，沿 y 轴方向缩小为原来的一半，绘制的图形位置效果如图 9.21（c）所示。

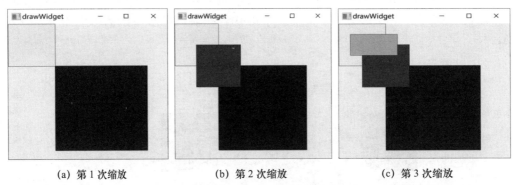

(a) 第 1 次缩放   (b) 第 2 次缩放   (c) 第 3 次缩放

图 9.21　Qt 图形的坐标缩放变换效果

（3）使用 shear 函数进行扭曲变换：

```
void QPainter::shear(qreal sh, qreal sv);
```

shear 函数的功能是将图形进行扭曲变换，其中，sh 为水平方向的变形量、sv 为垂直方向的变形量。例如，将一个平行四边形变为矩形，如图 9.22 所示，实线为平行四边形，虚线为变换后的矩形，sh=sv/tan(θ)，sh 可以取正数或负数，正数表示沿 x 轴正方向形变，负数表示沿着 x 轴负方向形变。

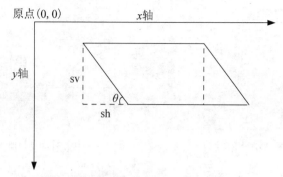

图 9.22 shear(sh,sv)函数的坐标变换关系

```
void drawWidget::paintEvent(QPaintEvent *)
{//图 9.23（a）
   QPainter painter(this);
   painter.setBrush(Qt::yellow);        //设置画刷颜色为黄色
//绘制填充颜色为黄色矩形，矩形左上角的点的坐标为(0,0)，长、宽均为 200
   painter.drawRect(0, 0,200,200);
   painter.shear(1,0);   //沿 x 轴进行扭曲，绘制图 9.23（c）使用 painter.shear(0,1) 即可
   painter.setPen(Qt::blue);
   painter.setBrush(Qt::Dense7Pattern);//最高密度的点状填充
   painter.drawRect(0, 0,200,200); //沿 x 轴扭曲变形为 1 的平行四边形
}
void drawWidget::paintEvent(QPaintEvent *)
{//图 9.23（b）
   QPainter painter(this);
   painter.setBrush(Qt::yellow);        //设置画刷颜色为黄色
   painter.drawRect(0,0,200,200);
   painter.shear(0.5,0); //沿 x 轴进行扭曲，绘制图 9.23（d）使用 painter.shear(0,0.5) 即可
   painter.setPen(Qt::blue);
   painter.setBrush(Qt::Dense7Pattern);
painter.drawRect(0, 0,200,200); //沿 x 轴扭曲变形为 0.5 的平行四边形
 }
void drawWidget::paintEvent(QPaintEvent *)
{//图 9.23（e）
   QPainter painter(this);
   painter.setBrush(Qt::yellow);        //设置画刷颜色为黄色
   painter.drawRect(100,100,200,200);
   painter.shear(2, 0);   //沿当前坐标系的 x 轴进行扭曲
   painter.setPen(Qt::blue);
   painter.setBrush(Qt::Dense7Pattern);
  painter.drawRect(100, 100,200,200); //沿 x 轴扭曲变形为 2 的平行四边形
  }
void drawWidget::paintEvent(QPaintEvent *)
{//图 9.23（f）
    QPainter painter(this);
 painter.setBrush(Qt::yellow);        //设置画刷颜色为黄色
   painter.drawRect(100,100,200,200);
   painter.shear(2, 2);   //沿当前坐标系的 x、y 轴同时进行扭曲
   painter.setPen(Qt::blue);
   painter.setBrush(Qt::Dense7Pattern);
  painter.drawRect(100, 100,100,100); //沿 x、y 轴扭曲为 2 的平行四边形
  }
```

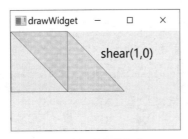

(a) 沿 x 轴扭曲变形 1

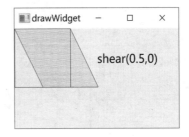

(b) 沿 x 轴扭曲变形 2

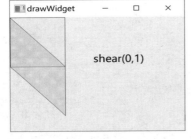

(c) 沿 y 轴扭曲变形 1

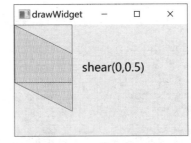

(d) 沿 y 轴扭曲变形 2

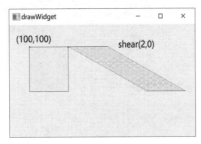

(e) 坐标点和 x 轴扭曲变形

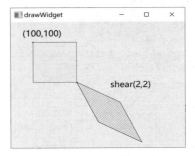

(f) 坐标点和 x、y 轴扭曲变形

图 9.23　Qt 图像的坐标扭曲变换效果

（4）使用 rotate 函数进行旋转变换：

```
void QPainter::rotate(qreal angle);
```

rotate 函数的功能是以原点为旋转中心，顺时针旋转坐标系统。其中，给定的 angle 角度参数以°为单位。

```
void drawWidget::paintEvent(QPaintEvent *)
{//图 9.24（a）
    QPainter painter(this);
    QPen pen(Qt::blue);
    pen.setWidth(4);
    painter.setPen(pen);  //设置画笔
    painter.drawLine(0,0,300,0);  //绘制一条蓝色水平线
    painter.rotate(30);    //坐标系旋转 30°
    pen.setColor(Qt::red);
    painter.setPen(pen);
    painter.drawLine(0,0,300,0); //在该位置绘制一条红色线
    painter.rotate(30);  //坐标系再旋转 30°
    pen.setColor(Qt::green);
```

```
    painter.setPen(pen);
    painter.drawLine(0,0,300,0);   //在该位置绘制一条绿色线
    painter.rotate(30);   //坐标系再旋转30°
    pen.setColor(Qt::yellow);
    painter.setPen(pen);
painter.drawLine(0,0,300,0);   //在该位置绘制一条黄色线
}
void drawWidget::paintEvent(QPaintEvent *)
{//图9.24（b）
QPainter painter(this);
QPen pen(Qt::blue);
 pen.setWidth(4);
painter.setPen(pen);   //设置画笔
painter.translate(100,100);   //平移坐标系到(100,100)处
painter.drawLine(0,0,300,0);   //绘制一条蓝色水平线
    …
}
void drawWidget::paintEvent(QPaintEvent *)
{//图9.24（c）
   QPainter painter(this);
   QPen pen(Qt::blue);
   pen.setWidth(4);
painter.setPen(pen);
painter.translate(400,400);   //平移坐标系到(400,400)处
   for(int i=0;i<360/30;i=i+1) {   //循环画线的次数
     painter.drawLine(0,0,300,0);
     painter.rotate(30);   //旋转30°
     pen.setColor(QColor(rand()%360,rand()%256,rand()%200));   //设置画笔颜色
     painter.setPen(pen);
   }
}
```

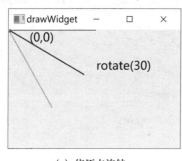

(a) 绕原点旋转

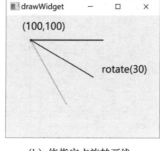

(b) 绕指定点旋转画线

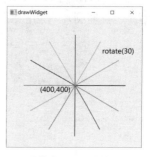

(c) 绕指定点循环旋转画线

图 9.24   Qt 图形的坐标旋转变换效果

9.6 综合应用案例

通过鼠标事件和绘图事件设计一个简单绘图软件。在 QDockWidget 控件中放置画笔和画刷类型、宽度、颜色，以及基本图形，在中心区域通过鼠标单击事件和移动事件进行图形绘制。具体步骤如下。

（1）创建项目：基类选择 QWidget。

（2）编辑项目：进行 UI 设计，通过 QDockWidget 控件设计绘图道具，布局如图 9.25 所示。

（3）重载鼠标事件和绘图事件，通过鼠标单击事件获取绘图的起始点，通过鼠标移动事件获取绘图事件的动点，通过鼠标释放事件确定绘图的结束点。在绘图事件中根据选择的绘图道具以及绘图类型进行图形的绘制。

（4）编译与运行项目：运行效果如图 9.25 所示。

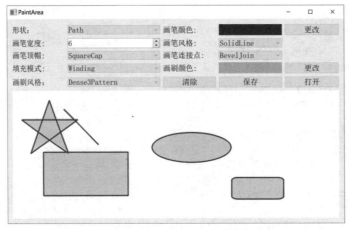

图 9.25　绘图综合应用效果

9.7　作业

1. 利用 QImage 类实现图像的加载、变换等功能。

2. 设计一个图片浏览器，具有打开图片、显示目录信息、显示图片、旋转图片、缩放图片、拉伸图片等功能模块。

第二篇 进阶篇

第10章 Qt 的网络编程技术

在使用 Qt 框架进行应用程序开发的过程中，很多时候需要进行客户端与服务器的网络通信，这就需要用到 Qt 的网络编程模块。Qt 的网络编程模块是一个很大的体系，内容非常多，而网络通信中常用的协议有 TCP、UDP 和 HTTP 等，Qt 对这些协议进行了封装，使用起来非常方便。本章介绍如何使用 Qt 提供的 TCP、UDP 和 HTTP 这 3 种封装的网络协议，实现基于 Qt 的网络编程的应用开发。

10.1 计算机网络概述

计算机网络是指将地理位置不同、具有独立功能的多台计算机及其外部设备，通过通信线路连接起来，在网络操作系统、网络管理软件及网络通信协议的管理和协调下，实现资源共享和信息传递的计算机系统。

计算机网络的标准就是网络协议，协议是一组控制数据通信的规则，是计算机网络实现其功能的最基本的机制，即各种硬件和软件必须遵循的共同守则。网络协议并不是一套单独的软件，它可以嵌入其他开发软件或者硬件系统。协议的 3 个要素包括语法（数据的结构和形式）、语义（每个部分的含义）和同步（数据何时发送及数据的发送频率），定义了网络节点间要传送什么，如何通信以及何时进行通信。

在建立网络标准以确保通信和网络设备有统一的标准方面，许多组织发挥了重要作用，这些组织包括国际标准化组织（International Organization for Standardization，ISO）、美国国家标准研究所（American National Standards Institute，ANSI）、国际电信联盟（International Telecommunications Union，ITU）和电气电子工程师学会（Institute of Electrical and Electronics Engineers，IEEE）等。

为了降低网络设计的复杂性，大多数网络采用分层设计的方法。所谓分层设计，就是按照信息的流动过程将网络的整体功能分解为一个个功能层，不同平台的同等功能层之间采用相同的协议，同一平台的相邻功能层之间通过接口进行信息传递，各层的协议和接口统称为协议栈。

描述计算机网络各协议层的一般方法是采用 ISO 提出的计算机通信开放系统互连（Open System Interconnection，OSI）模型，简称 ISO/OSI 网络协议模型，OSI 参考模型如图 10.1 所示。

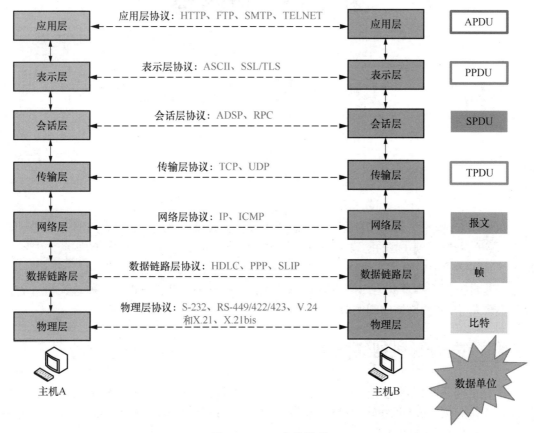

图 10.1　OSI 参考模型

　　网络编程最主要的工作是在发送端把信息通过规定好的协议进行包组装，在接收端按照规定好的协议把包解析，从而提取出对应的信息，达到通信的目的。比较重要的就是数据包的组装、数据包的过滤、数据包的捕获，以及数据包的分析，最后再做一些处理，如代码、开发工具、数据库、服务器架构和网页设计等方面的工作。

　　Qt 网络编程主要包括 TCP 编程、UDP 编程、HTTP 和 FTP 编程。Qt 提供了 QtNetwork 模块来进行网络编程，提供了 QFtp 等类来实现特定的应用层协议，提供了 QTcpSocket、QTcpServer 和 QUdpSocket 等类来表示底层的网络概念，提供了 QNetworkRequest、QNetworkReply 和 QNetworkAccessManager 等类来使用相同的协议以执行网络操作，提供了 QNetworkConfiguration、QNetworkConfigurationManager 和 QNetworkSession 等类来实现负载管理。

10.2　TCP 网络编程

10.2.1　TCP 概念

TCP（Transmission Control Protocol，传输控制协议）是一个用于数据传输的底层网络协议。HTTP、FTP 都基于 TCP，TCP 是面向数据流、连接的可靠传输层协议。QTcpSocket 类为 TCP 提供了一个接口，可以用 QTcpSocket 实现 POP3、SMTP、NNTP 等标准网络协议，也可以自定义协议。

Qt 中的 QtNetwork 模块用来编写基于 TCP/IP 的网络应用程序。该模块提供了 QTcpSocket 类和 QTcpServer 类，其中 QTcpSocket 传输的是连续的数据流，适合连续传输数据，如图 10.2 所示。

TCP客户端　　　　　　　　　　TCP服务器

图 10.2　TCP 数据传输

TCP 基于客户端/服务器（Client/Server，C/S）模型，在数据传输之前需要在客户端和服务器之间建立 TCP 连接。Qt 中实现 TCP 通信主要用到了 QTcpServer、QTcpSocket 和 QHostAddress 类。在 Qt 中的网络编程和在 Windows 操作系统中的网络编程的基本步骤是一样的，服务器有两个套接字：QTcpServer，负责监听；QTcpSocket，负责通信。客户端只有一个套接字 QTcpSocket 负责通信，QHostAddress 以独立于平台和协议的方式保存 IPv4 或 IPv6 地址。

10.2.2　TCP 编程模型

先启动服务器，一段时间后启动客户端，客户端与此服务器 3 次握手后建立连接。此后的一段时间内，客户端向服务器发送一个请求，服务器处理这个请求，并为客户端发回一个响应。这个过程一直持续下去，直到客户端为服务器发送一个文件结束符，并关闭客户端连接，接着服务器也关闭连接结束运行或等待新的客户端连接，如图 10.3 所示。

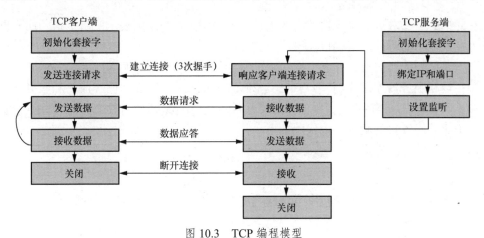

图 10.3　TCP 编程模型

10.2.3　TCP 通信逻辑

Qt 中通过 QTcpSocket 类和 QTcpServer 类实现 TCP 编程，QTcpSocket 实现客户端，QTcpServer 实现服务器。在使用 QTcpServer 时，需要实现它的槽函数来处理客户端连接、数据读取、客户端断开等事件。QTcpServer 提供了 newConnection、disconnected 和 readyRead

等信号，用于通知事件的发生。通过连接这些信号来实现服务器的各种功能，如接收客户端连接请求、读取客户端数据、向客户端发送数据等。

1．使用 QTcpServer 类在服务器上建立 TCP 连接

连接逻辑如下。

（1）调用 QTcpServer::listen 方法启动服务器并监听。

（2）接收到客户端的请求，发送 QTcpServer::newConnection 信号。

（3）在槽函数中，调用 QTcpServer::nextPendingConnection 接收请求，返回 QTcpSocket 对象和客户端进行通信，然后将 QTcpSocket 对象保存到链表中。

（4）当有客户端发来消息时，就会触发 readyRead 信号。

（5）在槽函数中调用 readAll 函数接收消息，并处理消息。

2．使用 QTcpSocket 类在客户端建立 TCP 连接

连接逻辑如下。

（1）调用 QTcpSocket::connectToHost 连接到服务器。

（2）使用 write 函数发送数据。

（3）服务器接收到数据时触发 readyRead 信号。

（4）在槽函数中使用 readAll 函数接收服务器发来的消息，并处理消息。

3．服务器和客户端通信的基本步骤

（1）QTcpServer 对象负责监听是否有客户端连接此服务器。它是通过这样一个函数监听的：

```
tcpserver->listen(QHostAddress::Any, 8888);
```

它的第一个参数表示服务器监听的地址，如果后面是 Any 则表示监听本机的所有网口；第二个参数表示监听的网络端口。

（2）如果服务器监听到有客户端和它进行连接，服务器就会触发 newConnection 信号。客户端一旦和服务器连接成功，客户端会触发 connected 信号，表示已经成功和服务器连接。

（3）两者建立好连接之后，服务器需要返回一个 QTcpSocket 对象来和客户端进行通信，返回一个建立好连接的套接字。代码如下：

```
tcpsocket = tcpserver->nextPendingConnection();
```

（4）通过两端的通信套接字来完成通信。当一端发送成功后，接收方会触发 readyRead 信号，这样我们就能够读取套接字当中的内容了。

（5）断开连接。代码如下：

```
tcpsocket->disconnectFromHost();
```

10.2.4　TCP 编程案例

实现基于 TCP 的网络聊天室，包括客户端和服务器。服务器一直监听端口，一旦有客户端连接请求到达，便建立连接，连接建立好后向客户端发送一个字符串，客户端收到该字符串并显示出来。具体实现如下。

（1）在 Qt Creator 中创建一个基类为 QWidget 的项目服务器端应用程序，在该工程的工程文件内添加 network 模块。代码如下：

```
QT  += network
QT  += core gui  network
```

（2）添加头文件：

```
#include <QTcpServer>
```

（3）UI 设计。

在 UI 中添加两个 QGroupBox 部件，然后在 QGroupBox 中添加各个部件，并进行布局设计。服务器界面设计效果如图 10.4 所示。

图 10.4　服务器界面设计效果

（4）在.h 文件中添加变量及函数声明：

```
private:
    //转发消息给所有的客户端
    void sendMessage(const QByteArray&);
private:
    QTcpServer  *tcpServer;//服务器对象
    int  port;//服务器端口
    //保存所有和客户端通信的套接字
    QList <QTcpSocket*> tcpClientList;
```

（5）在.h 文件中添加槽函数：

```
private slots:
    void on_connectBtn_clicked(); //创建连接按钮
    void on_clearBtn_clicked(); //清除按钮
    //当客户端和服务器建立连接时，发送信号的槽函数 onNewConnection
    void onNewConnection();
    void slotDataReceived(); //连接 readyRead 信号的槽函数
```

（6）在.cpp文件中定义各个功能函数。

在构造函数中，初始化服务器对象以及建立连接发送的信号与槽函数：

```
tcpServer=new QTcpServer;
connect(tcpServer,SIGNAL(newConnection()),this,SLOT(onNewConnection()));
```

通过UI的"连接服务器"按钮的槽函数on_connectBtn_clicked，创建TCP服务。代码如下：

```
port=ui->portEdit->text().toShort();
 //开启服务器
 if(tcpServer->listen(QHostAddress::Any,port)){
    qDebug("TCP服务器创建成功");    }
 else  qDebug("TCP服务器创建失败");
  //禁用创建按钮和端口输入
   ui->connectBtn->setEnabled(false);
   ui->portEdit->setEnabled(false);
```

定义onNewConnection槽函数：

```
//获取和客户端通信的套接字
 QTcpSocket* tcpClientSocket =tcpServer->nextPendingConnection();
  //保存套接字到容器
 tcpClientList.append(tcpClientSocket);
   //收到数据时，发送readRead信号
connect(tcpClientSocket,SIGNAL(readyRead()),this,SLOT(slotDataReceived()));
```

定义slotDataReceived槽函数：

```
   //遍历所有客户端
for(int i=0;i<tcpClientList.count();i++)
{
    if(tcpClientList.at(i)->bytesAvailable())
{//检查当前客户端是否有数据到来
QByteArray readbuf =tcpClientList.at(i)->readAll();  //接收客户端发来的消息
 ui->textEdit->append(readbuf);  //在服务器界面中显示
 sendMessage(readbuf); //转发消息给所有客户端
    }
 }
```

定义sendMessage函数：

```
for(int i=0;i<tcpClientList.count();i++)
    tcpClientList.at(i)->write(msg);
```

定义"清除"按钮的槽函数on_clearBtn_clicked：

```
ui->textEdit->clear();
```

同理，创建基类为QWidget的客户端应用程序，在.pro文件中添加network模块。添加头文件：

```
#include <QHostAddress>
#include <QTcpSocket>
#include <QMessageBox>
```

客户端界面设计效果如图 10.5 所示。

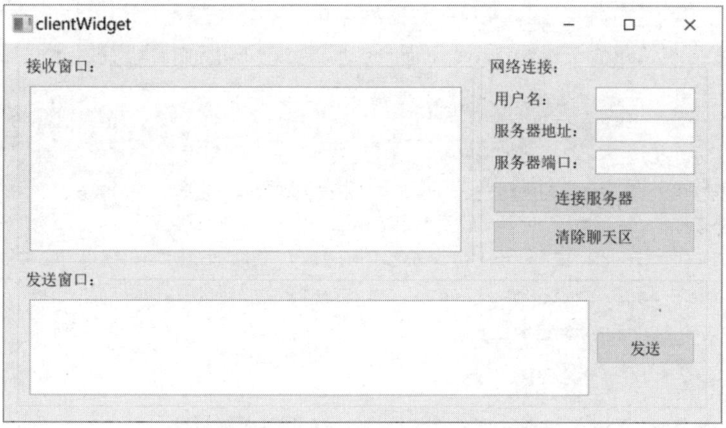

图 10.5　客户端界面设计效果

在头文件中添加变量和函数的声明：

```
private:
    bool status;//标记客户端的连接状态，true 表示在线、false 表示离线
    QTcpSocket *tcpSocket;//和服务器通信的套接字
    int port;//服务器通信的端口
    QHostAddress serverIP;//服务器通信的 IP 地址
    QString userName;//聊天室的昵称
private slots:
    void onConnected(void);  //和服务器连接时调用的槽函数
    void onDisconnected(void);  //和服务器断开连接时调用的槽函数
    void slotDataReceived(void); //接收聊天消息的槽函数
    void slotSockError(QAbstractSocket::SocketError);    //处理网络异常的槽函数
```

各个功能函数的实现如下。

（1）在构造函数中初始化各个参数并进行信号与槽的关联：

```
tcpSocket=new QTcpSocket;
 status = false;//初始化连接状态
   //和服务器连接时发送 connected 信号
   connect(tcpSocket,SIGNAL(connected()),this,SLOT(onConnected()));
     //断开连接时发送 disconnected 信号
    connect(tcpSocket,SIGNAL(disconnected()),this,SLOT(onDisconnected()));
     //当服务器发送数据过来时发送 readyRead 信号
     connect(tcpSocket,SIGNAL(readyRead()),this,SLOT(slotDataReceived()));
     //网络异常，发送 error
    connect(tcpSocket,SIGNAL(error(QAbstractSocket::SocketError)),
        this,SLOT(slotSockError(QAbstractSocket::SocketError)));
```

（2）界面中"连接服务器"按钮的槽函数实现：

```
if(status == false){//当前没有连接，建立连接
   QString ip = ui->serverIpEdit->text(); //获取 IP 地址
   if(serverIP.setAddress(ip) == false){
```

```
                QMessageBox::information(this,"错误","请输入正确的 IP 地址");
            return;      }
    if(ui->userEdit->text() == ""){  //获取用户名并判断是否为空
            QMessageBox::information(this,"错误","请输入聊天室昵称");
            return;      }
    userName = ui->userEdit->text(); //获取用户名
    if(ui->portEdit->text() == "") {  //获取 port 并判断是否为空
        QMessageBox::information(this,"错误","请输入正确的端口");
        return;  }
    port = ui->portEdit->text().toShort(); //获取 port
    tcpSocket->connectToHost(serverIP,port);  //连接服务器
    status = true; //标记为在线状态
    }
  else{
    QString msg = userName+":离开聊天室";  //发送下线消息
     tcpSocket->write(msg.toLocal8Bit());
    tcpSocket->disconnectFromHost();//关闭和服务器的连接
    status = false;//标记为离线状态
    }
```

（3）与服务器连接时调用的槽函数：

```
 ui->senderBtn->setEnabled(true); //使能发送消息按钮
ui->connectBtn->setText(tr("离开服务器"));  //将连接服务器按钮文本改为"离开服务器"
ui->serverIpEdit->setEnabled(false);  //禁用 ip port 和 user 输入
ui->portEdit->setEnabled(false);
ui->userEdit->setEnabled(false);
QString msg = userName+":进入聊天室";  //向服务器发送一条消息
tcpSocket->write(msg.toUtf8(),(msg.toUtf8().length()+1)); //往 msg 缓存中写入数据并发送
```

（4）与服务器断开连接调用的槽函数：

```
 ui->senderBtn->setEnabled(true); //禁用发送消息按钮
 ui->serverIpEdit->setEnabled(true);    //使能 ip port 和 user 输入
 ui->portEdit->setEnabled(true);
 ui->userEdit->setEnabled(true);
 ui->connectBtn->setText("连接服务器");
```

（5）接收聊天消息的槽函数：

```
 if(tcpSocket->bytesAvailable()) {
 QByteArray buf;
 buf.resize(tcpSocket->bytesAvailable());
 tcpSocket->read(buf.data(),buf.size());
 QString msg = buf.data();
 ui->textBrowser->append(msg);    //在界面中显示消息
}
```

（6）网络异常处理的槽函数：

```
QMessageBox::critical(this,"网络异常",tcpSocket->errorString());
```

（7）界面中"发送"按钮的槽函数实现：

```
 if(ui->textEdit->toPlainText()== ""){ //获取用户输入的消息是否为空
```

```
        return;     }
QString msg = userName + ":" + ui->textEdit->toPlainText();
tcpSocket->write(msg.toLocal8Bit());//发送消息到服务器
ui->textEdit->clear();   //清空消息
```

测试一台服务器和 3 个客户端的通信，效果如图 10.6 所示。

(a) 服务器　　　　　　　　　　　　　　　(b) 客户端 1

(c) 客户端 2　　　　　　　　　　　　　　(d) 客户端 3

图 10.6　Qt 中 TCP 聊天室设计效果

10.3　UDP 网络编程

10.3.1　UDP 概念

UDP（User Datagram Protocol，用户数据报协议）是一个简单的面向消息的传输层协议，提供标头和有效负载的完整性验证，但不保证向上层协议提供消息传递，并且 UDP 层在发送后不会保留 UDP 消息的状态。因此，UDP 有时被称为不可靠的数据报协议。UDP 是一个轻量级的、不可靠的、面向数据报的、无连接的协议。当可靠性不重要时，可以使用它。

UDP 适合应用的几种情况：网络数据大多为短消息；拥有大量客户端；对数据安全性无特殊要求；网络负担非常重，但对响应速度要求高。

在 Qt 中，使用 QUdpSocket 类实现 UDP 通信，它继承自 QAbstractSocket 类，因而与

QTcpSocket 类共享大部分接口函数。二者的主要区别是 QUdpSocket 类以数据报传输数据，而非连续的数据流，如图 10.7 所示。

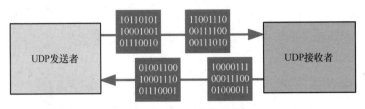

图 10.7　UDP 数据传输

发送数据报使用函数 QUdpSocket::writeDatagram，数据报的长度一般不少于 512 字节，每个数据报包含发送者和接收者的 IP 地址和端口等信息。进行 UDP 数据接收，要先用 QUdpSocket::bind 函数绑定一个端口，用于接收传入的数据报。当有数据报传入时会发送 readyRead 信号，使用 readDatagram 函数来读取接收的数据报。

UDP 通信根据消息传送模式可以分为单播（Unicast）、广播（Broadcast）、组播（Multicast），如图 10.8 所示。

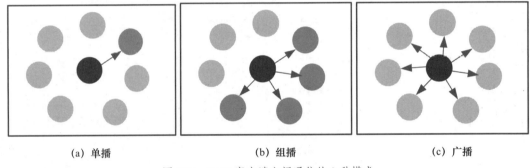

(a)　单播　　　　　　　　　(b)　组播　　　　　　　　　(c)　广播

图 10.8　UDP 客户端之间通信的 3 种模式

单播：一个 UDP 客户端发出的数据报只发送到另一个指定地址和端口的 UDP 客户端，是一对一的数据传输。

广播：一个 UDP 客户端发出的数据报，同一网络范围内的所有 UDP 客户端都可以收到。QUdpSocket 支持 IPv4 广播，需要在数据报中指定接收端地址为 QHostAddress::Broadcast，广播地址一般是 255.255.255.255，这个 IP 地址代表同一子网内所有的 IP 地址。

组播：也称多播，UDP 客户端加入另一个组播 IP 地址指定的多播组，成员向组播地址发送的数据报，组内其他成员都可以接收到，类似于 QQ 群功能。组播 IP 地址就是 D 类 IP 地址，即 224.0.0.0 至 239.255.255.255 之间的 IP 地址。但 239.0.0.0～239.255.255.255 为本地管理组播地址，仅在特定的本地范围内有效。所以，若是在家庭或办公室局域网内测试 UDP 组播功能，可以使用这些 IP 地址。可通过 QUdpSocket::joinMulticastGroup 函数实现加入多播组的功能。

10.3.2　UDP 通信原理

UDP 通信是对等服务器间的信息传递，在单播、广播和多播模式下，UDP 程序都是对等的，不像 TCP 那样分为客户端程序和服务器程序。单播和广播的实现方式基本相同，只是数据报的目标 IP 地址设置不同，而组播模式需要加入多播组，实现方式有较大差异。UDP 通信虽然不能保证数据传输的准确性，但是具有灵活性，一般即时通信软件都是基于 UDP 通信的。

1. QUdpSocket 类的端口

（1）绑定端口：

```
bool bind(quint16 port = 0)  //为UDP通信绑定一个端口
```

（2）发送数据报。

向目标地址和端口的 UDP 客户端发送数据报，返回成功发送的字节数，数据报的长度一般不超过 512 字节。发送的数据报是 QByteArray 类型的字节数组，可以是文本，也可以是二进制数据。代码如下：

```
qint64 writeDatagram(QByteArray& datagram, QHostAddress& host, quint16 port)
```

（3）获取数据报的状态和大小：

```
bool hasPendingDatagrams()  //当至少有一个数据报需要读取时，返回true
qint64 pendingDatagramSize()  //返回第一个准备读取的数据报的大小
```

（4）读取数据报：

```
qint64 readDatagram(char* data, qint64 maxSize) //读取一个数据报，返回读取的字节数
```

读取一个数据报，且发送方的主机地址和端口分别存储在*address 和*port 中。代码如下：

```
qint64 readDatagram(char* data, qint64 maxSize, QHostAddress* address, quint16* port)
```

（5）加入和离开组播：

```
bool joinMulticastGroup(QHostAddress& groupAddress) //加入一个多播组
bool leaveMulticastGroup(QHostAddress& groupAddress) //离开一个多播组
```

2. UDP 数据传输过程

初始化套接字：udpSender = new QUdpSocket()。
配置发送端口：int sendPort = 1234。
配置接收端口：int recvPort = 4321。
绑定接收端口：udpSender->bind(recvPort)。
发送数据：udpSender->writeDatagram()。
等待接收数据：通过 SIGNAL(readyRead())方法触发接收槽函数，通过 readDatagram 函数读取数据。UDP 数据传输客户端操作如图 10.9 所示。

UDP 通信是无连接的，与 TCP 通信相比，少了一步建立连接的过程，只要经过绑定，就可以直接进行数据的发送和接收。与 TCP 相同的是，发送者向接收者发送数据时，会触发接收者的 readyRead 信号。

图 10.9　UDP 数据传输
客户端操作

10.3.3 UDP 编程案例

采用单播、广播和组播的方式，实现基于 UDP 的网络聊天室。具体步骤如下。

（1）在 Qt Creator 中创建一个基类为 QWidget 的项目服务器端应用程序，在该工程的工程文件内添加 network 模块，同 TCP 案例。

（2）添加头文件：

```
#include <QUdpSocket>
```

（3）UI 设计。

在 UI 中添加相应控件，并进行布局设计，界面设计效果如图 10.10 所示。

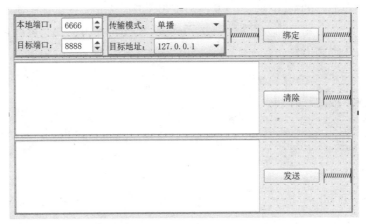

图 10.10　UDP 案例界面设计效果

（4）在头文件中添加变量及函数声明：

```
 private:
    QUdpSocket *m_udpSocket;//UDP 套接字对象
int mType;//记录 UDP 消息传送模式，0 为单播 Unicast、1 为广播 Broadcast、2 为组播 Multicast
initUDP(); //UDP 初始化
 private slots:
void on_readyRead(); //从接收的数据报中读取数据
void on_bindBtn_clicked(); //绑定按钮槽函数
void on_sendBtn_clicked(); //发送按钮槽函数
void on_clearBtn_clicked(); //清除按钮槽函数
```

（5）各个功能函数的实现。

在构造函数中，初始化服务器对象，以及进行信号与槽的关联，代码如下：

```
mType=ui->comboBox->currentIndex();
initUDP();
```

实现 UDP 初始化函数 initUDP，代码如下：

```
QString hostName = QHostInfo::localHostName();    //本地主机名
QHostInfo hostInfo = QHostInfo::fromName(hostName);    //本机 IP 地址
m_udpSocket = new QUdpSocket(this);
connect(m_udpSocket,SIGNAL(readyRead()),this,SLOT(on_readyRead()));
```

实现 UI 中的绑定按钮的槽函数 on_bindBtn_clicked，代码如下：

```
if("绑定" == ui->bindBtn->text()){//绑定并获取端口值
localPort = ui->localPortspinBox->value();
dstIp = ui->desIPAddrComBox->currentText();
QHostAddress dstAddr(dstIp);
if(mType==1|mType==0) {  //判断 UDP 的类型
  if(m_udpSocket->bind(localPort)){ //判断端口
    ui->textBrowser->append("***已成功绑定***");
    ui->textBrowser->append("***本地端口: "+QString::number(m_udpSocket->localPort()));
    ui->bindBtn->setText("取消绑定"); }
      }
  else if(mType==2) {//判断组播端口
if(m_udpSocket->bind(QHostAddress::AnyIPv4, localPort, QUdpSocket::ShareAddress
| QUdpSocket::ReuseAddressHint)){
    m_udpSocket->joinMulticastGroup(dstAddr);  //加入多播组
    ui->textBrowser->append("***加入组播成功***");
    ui->textBrowser->append("***组播地址 IP: " + dstIp);
    ui->textBrowser->append("***绑定端口: " + QString::number(localPort)); }
  ui->bindBtn->setText("取消绑定");
  }
else{ //未绑定成功则在浏览框中提示，然后返回
    ui->textBrowser->append("***绑定端口失败，请确认 IP 地址或端口号是否正确! ");
    return 0;   }
  }
else if("取消绑定"==ui->bindBtn->text()) {   //解除绑定
  dstIp = ui->desIPAddrComBox->currentText();
  QHostAddress dstAddr(dstIp);
  m_udpSocket->leaveMulticastGroup(dstAddr);  //退出组播
  m_udpSocket->abort();
    ui->bindBtn->setText("绑定");
    ui->textBrowser->append("***已解除绑定***");
  }
```

定义槽函数 on_sendBtn_clicked，代码如下：

```
if(mType==0) {//单播
    QString dstIp = ui->desIPAddrComBox->currentText();  //目标 IP
    QHostAddress dstAddr(dstIp);
  quint16 dstPort = ui->desPortspinBox->value();  //目标端口
  QByteArray msg = ui->textEdit->toPlainText().toUtf8(); //需要发送的数据
  m_udpSocket->writeDatagram(msg.data(),dstAddr,dstPort); //发出数据报
  ui->textBrowser->append("[out-Unicast]"+msg); //在本地显示发送的数据报
 }
  else if(mType==1) {//广播
  quint16 dstPort = ui->desPortspinBox->value();
  QByteArray msg = ui->textEdit->toPlainText().toUtf8();
  m_udpSocket->writeDatagram(msg.data(),QHostAddress::Broadcast,dstPort); //发出数据报
  ui->textBrowser->append("[Broadcast] "+msg);
 }
else if(mType==2) {//组播
  quint16 dstPort = ui->desPortspinBox->value();
  QByteArray msg = ui->textEdit->toPlainText().toUtf8();
  m_udpSocket->writeDatagram(msg.data(),QHostAddress::Broadcast,dstPort); //发出数据报
```

```
ui->textBrowser->append("[Broadcast] "+msg);
}
```

定义 on_readyRead 槽函数，代码如下：

```
while(m_udpSocket->hasPendingDatagrams())
{ //是否还有待读取的传入数据报
    data.resize(m_udpSocket->pendingDatagramSize());//返回待读取数据报的字节数
    QHostAddress peerAddr;
    quint16 peerPort;
    //读取数据报的内容
    m_udpSocket->readDatagram(data.data(),data.size(),&peerAddr,&peerPort);
    QString str = data.data();
    quint32  addr_origin = peerAddr.toIPv4Address();
    QHostAddress addr_host = QHostAddress(addr_origin);
    QString  addr_str = addr_host.toString();
    QString peer = "[From "+addr_str+":"+QString::number(peerPort)+"] ";
    ui->textBrowser->append(peer+str);
}
```

定义 on_clearBtn_clicked，代码如下：

```
ui->textBrowser->clear();
```

3 种模式的应用效果如图 10.11 所示。

(a) 单播模式

(b) 广播模式

(c) 组播模式

图 10.11　UDP 通信 3 种模式的应用效果

10.4　HTTP 编程

Qt 除了支持 TCP、UDP 等通信协议外，还支持 HTTP。

10.4.1　HTTP 概念

HTTP（HyperText Transfer Protocol，超文本传送协议）是客户端和服务器之间进行请求和响应的标准，主要用于服务器本地的数据传输。它是用于从万维网（World Wide Web，WWW）服务器传输超文本到本地浏览器的协议，是基于 TCP/IP 通信的，也是基于 C/S 模型运作的，是一个应用层协议。可以用它来传输服务器的各种资源，如文本、图像、音频等。

1．HTTP 的请求响应模型

一般由客户端发起请求，服务器产生响应，一次请求对应一次响应。请求之间相互独立，图 10.12 是请求与响应模型。

HTTP 是基于 TCP/IP 的通信协议，属于应用层协议。HTTP 是无连接的，即限制每次连接只能处理一个请求。HTTP 是媒体独立的，只要客户端和服

图 10.12　HTTP 请求与响应模型

务器知道如何处理数据内容，任何类型的数据都可以通过 HTTP 发送。

2．HTTP 工作原理

HTTP 工作于客户端-服务器架构。HTTP 客户端（浏览器）通过 URL 向 HTTP 服务器（Web 服务器）发送所有请求。HTTP 默认端口号为 80，但是也可以改为 8080 或者其他端口。

3．HTTP 的 C/S 交互过程

通常由 HTTP 客户端发起请求，建立一个到服务器指定端口（默认是 80 端口）的 TCP 连接。

HTTP 服务器在指定端口监听客户端发过来的请求，一旦收到请求，服务器就会向客户端发回响应。

10.4.2　HTTP 通信

Qt 网络模块提供了通过 QNetworkRequest、QNetworkAccessManager 和 QNetworkReply 类实现基于 HTTP 和 FTP 的应用程序，以及 OSI 参考模型中高层的网络协议——应用层协议。

（1）QNetworkRequest 类：通过网络请求时使用，可以包含请求头信息。QNetworkRequest 可以通过 URL 上传和下载 HTTP、FTP 的本地文件。

（2）QNetworkAccessManager 类：用于协调网络操作。可以在网络上管理请求和响应的设置，也可以使用代理和缓存，处理网络请求和响应过程中触发的信号。

QNetworkRequest 发起一个网络请求后，QNetworkAccessManager 负责发送网络请求，创建网络响应。

（3）QNetworkReply 类：用于在网络请求时处理响应。QNetworkReply 提供 finished、readyRead 和 downloadProgress 等方法，可以监测网络响应的执行情况，并执行相应的操作。QNetworkReply 是 QIODevice 类的子类，所以 QNetworkReply 支持数据流读写功能，也支持异步或同步工作，网络请求的发送和网络响应的接收都是通过 QNetworkAccessManager 类调用相关的方法来实现的。它们之间的关系如图 10.13 所示。

图 10.13　HTTP 请求与响应间的关系

Qt 中使用 HTTP 与服务器通信的方法主要有 GET 和 POST 两种。GET 是从指定的资源中请求数据，将参数直接与网址整合为一个整体；而 POST 是向指定的资源提交要被处理的数据，将其拆为两个部分，一部分是网址，另一部分才是参数，并且必须为其设置报文头，否则服务器是无法找到参数的。

10.4.3　URL 与资源简介

可以把整个互联网看作一个巨大的图书馆，里面的资源应有尽有，并且是开放的；想要找一本书，需要知道它存放在哪里。那么怎样才能找到想要的资源呢？URI（Uniform Resource Identifier，统一资源标识符）被设计出来，用于统一管理资源。URI 是一个通用的概念，由两个子集组成，分别是 URL 和 URN。URL（Uniform Resource Locator，统一资源定位符）通过资源的位置来标识资源；而 URN（Uniform Resource Name，统一资源名称）更高级一点，通过资源名称即可识别资源，与所处的位置无关，但目前未推广 URN。

URL 是专门用于标识 Internet 资源位置的一种方法，是互联网上用来标识资源的绝对地址，使用它必然能找到资源，除非资源已经被转移。浏览某个网站时输入的地址就是 URL。

URL 由多个不同的部件组成，URL 通用的标准格式：protocol://hostname[:port]/path/[?query]#fragment，各参数含义如表 10.1 所示。

表 10.1　URL 参数

参数名	含义	描述
protocol	协议	指定使用的传输协议（http://、https://、files://）
hostname	主机名	存放资源的服务器的域名系统的主机名或者 IP 地址
port	端口号	指定端口号（默认为 80）
path	路径	服务器上的目录或者文件地址
query	查询	用户定位资源时传入的参数
fragment	信息片段	用户定位资源中的某个内容片段

例如 https://www.ryjiaoyu.com 就是一个 URL，这是较简单的 URL 格式，通过其可以访问相应的资源。

10.4.4　HTTP 编程案例

实现基于 HTTP 网页浏览和网页下载。具体步骤如下。

（1）在 Qt Creator 中创建一个基类为 QWidget 的应用程序，在该工程项目的工程文件内添加 network 模块，方法同 TCP 和 UDP 编程案例。

（2）界面设计。

在 UI 添加相应部件，并进行布局设计，界面设计效果如图 10.14 所示。

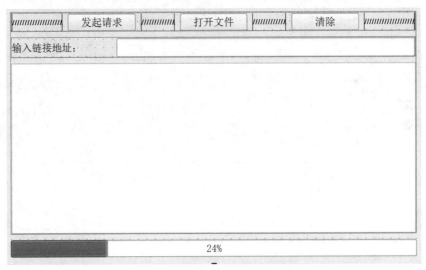

图 10.14　HTTP 案例界面设计效果

（3）在头文件中包含相关文件。代码如下：

```
#include <QtNetwork>    //QtNetwork 是网络总的头文件
```

或者

```
#include <QNetworkAccessManager>
#include <QNetworkReply>
#include <QNetworkRequest>
#include <QUrl>
```

（4）在头文件声明相关对象及函数。

声明一个 QNetworkAccessManager 对象和一个 QNetworkReply 对象，作为主窗口的私有成员对象，代码如下：

```
private:
QNetworkAccessManager *manager;
QNetworkReply *reply;
QNetworkRequest req;
QUrl url;
public:
void startRequest(const QUrl &requestedUrl);//发起 URL 请求
private slots:
void replyFinished(); //响应 HTTP 请求的槽函数
void updateDataReadProgress(qint64, qint64); //进度条槽函数
void on_reqBtn_clicked(); // "发起请求" 按钮槽函数
void on_openBtn_clicked();// "打开文件" 按钮槽函数
void on_clrBtn_clicked();// "清除" 按钮槽函数
```

（5）函数的实现。

实现 "发起请求" 按钮槽函数 on_reqBtn_clicked，代码如下：

```
url=ui->lineEdit->text(); //获取 URL 地址
startRequest(url); //调用发起 URL 请求函数
ui->progressBar->show();
```

实现发起 URL 请求函数 startRequest(const QUrl &requestedUrl)，代码如下：

```
url = requestedUrl;
manager = new QNetworkAccessManager(this);
req.setUrl(url);
req.setAttribute(QNetworkRequest::FollowRedirectsAttribute, true);
            req.setRawHeader("Accept", "text/html,application/xhtml+xml,
            application/xml;q=0.9, image/avif,image/webp,image/apng,*/*;q=
            0.8,application/signed-exchange;v=b3;q=0.9");
            req.setRawHeader("User-Agent","Mozilla/5.0 (Windows NT 10.0)
            AppleWebKit/537.36
 (KHTML, like Gecko) Chrome/86.0.4240.198 Safari/537.36");
reply = manager->get(req);
connect(reply, SIGNAL(downloadProgress(qint64,qint64)), this,
SLOT(updateDataReadProgress(qint64, int64))); //关联进度条
connect(reply,SIGNAL(finished()),this,SLOT(replyFinished())); //关联 HTTP 请求与响应
```

实现 HTTP 请求响应函数 replyFinished，代码如下：

```
// 判断请求有没有错误
if (reply->error()){
   ui->textBrowser->append(reply->errorString());
   reply->deleteLater();
   return;     }
// 检测状态码
 int statusCode = reply->attribute(QNetworkRequest::HttpStatusCodeAttribute).toInt();
```

```
ui->textBrowser->append("statusCode:"+QString::number(statusCode));
// 判断是否需要重定向
if (statusCode >= 200 && statusCode <300){ // ok
 //读取数据
  QTextCodec *codec = QTextCodec::codecForName("utf8");
  QString all = codec->toUnicode(reply->readAll());
  // 保存 HTTP 响应内容
   // 组装保存的文件名（文件名格式: 路径/年_月_日 小时_分_秒 file.html）
  QDateTime current_date_time =QDateTime::currentDateTime();
  QString current_date =current_date_time.toString("yyyy_MM_dd hh_mm_ss");
  QString filePath = "E:/Qttest/http/doc";
 QString fileName = filePath + '/' + current_date + " file" + ".html";
QFile file(fileName); //加载文件名
file.open(QIODevice::ReadWrite | QIODevice::Text) ;//获取 I/O 属性
QTextStream out(&file);//定义文件流
out.setCodec("UTF-8");//设置输出文件的编码格式
out<<all << endl; //写文件
file.close(); //关闭文件
// 数据读取完成之后, 清除 reply
    reply->deleteLater();
    reply = nullptr; }
else if (statusCode >=300 && statusCode <400){ // 状态码有误, 获取重定向信息
const QVariant redirectionTarget = reply-
                    >attribute(QNetworkRequest::RedirectionTargetAttribute);
// 检测是否需要重定向, 如果不需要则读数据
if (!redirectionTarget.isNull()) {
const QUrl redirectedUrl = url.resolved(redirectionTarget.toUrl());
reply->deleteLater();
reply = nullptr;
startRequest(redirectedUrl);
ui->textBrowser->append("http redirect to "+redirectedUrl.toString());
return;
 }
```

实现进度条槽函数 updateDataReadProgress, 代码如下:

```
ui->progressBar->setMaximum(bytesTotal);
ui->progressBar->setValue(bytesRead);
```

实现"打开文件"按钮槽函数 on_openBtn_clicked, 代码如下:

```
QString fileName=QFileDialog::getOpenFileName(this,"Open File Dialog",":/","*.html");
 QFile file(fileName);
 file.open(QIODevice::Read | QIODevice::Text));
 QTextStream in(&file);
 while(!in.atEnd()) {
   ui->textBrowser->append(file.readAll());   }
 file.close();
```

应用效果如图 10.15 所示。

(a) 测试网址 1

(b) 测试网址 2

图 10.15　HTTP 案例应用效果

第 **11** 章 Qt 的数据库技术

数据库几乎是每个较大的软件所必须应用的。在嵌入式设备中，由于可使用的资源有限，这就要求使用的数据库安装后占用的文件系统的空间要尽可能小，因此对所使用的资源有很大限制。

Qt 本身并不具备数据库，需要配合市面上的数据库产品使用。为了规范不同厂商数据库的操作方式，Qt 为它们指定了一套统一的、与平台和所用数据库均无关的操作接口，实现了数据库和 Qt 应用程序的无缝集成。开发者只需掌握基本的 SQL 语句，就能进行简单的数据库应用程序开发。SQLite 是 Qt 提供的一种进程内数据库，小巧灵活，无须额外安装配置且支持大部分 ANSI SQL92 标准，是一个轻量级的数据库。本章主要介绍 SQLite 数据库，以及 Qt 使用 SQLite 设计数据库应用系统的方法。

11.1 数据库基本概念

11.1.1 数据库技术发展史

数据，被誉为信息社会的"石油"。数据是事实或观察的结果，是对客观事物的逻辑归纳，是用于表示客观事物的未经加工的原始素材。数据可以是连续的值，比如声音、图像，称为模拟数据；也可以是离散的值，如符号、文字，称为数字数据。在计算机系统中，数据以二进制信息单元 0 或 1 的形式表示，被存储在磁盘或者内存中。

数据管理是数据库的核心任务，包括对数据的分类、组织、编码、储存、检索和维护。随着计算机硬件和软件的发展，数据库技术也在不断地发展。从数据管理角度看，数据库技术经历了 3 个发展阶段：人工管理阶段、文件系统阶段和数据库系统阶段。

1．人工管理阶段

20 世纪 50 年代后期之前属于人工管理阶段。该阶段计算机主要用于科学计算，没有存取信息的存储设备，也没有操作系统和管理数据的软件，数据处理方式是批处理。

这个时期数据管理的特点是数据不保存；没有对数据进行管理的软件系统，程序中存取数据的子程序会随着存储方式的改变而改变，数据与程序不具有一致性；没有文件的概念，数据的组织方式必须由程序员自行设计；数据面向应用，一组数据对应一个程序，即使两个程序用到相同的数据，也必须各自定义、各自组织；数据无法共享，导致程序和程序之间存在大量冗余数据。

2．文件系统阶段

20 世纪 50 年代后期到 20 世纪 60 年代中期属于文件系统阶段。该阶段计算机不仅用于科学计算，还大量用于数据管理。在硬件方面，出现了磁盘、磁鼓等直接存取的存储设备；在软件方面，有了专门用于管理数据的软件，称为文件系统。

这个时期数据管理的特点是数据可以长期保存在外存上，便于反复利用；程序之间有了一定的独立性，操作系统提供了文件管理功能，程序通过文件名存取数据，数据有了物理结构和逻辑结构的区别，但此时程序和数据之间的独立性尚未完善；文件的形式多样化，由于已经有了直接存取的存储设备，支持的文件形式不仅有顺序文件，还有索引文件、链表文件等，因此，对文件的访问可以是顺序访问，也可以是直接访问；数据的存取基本以记录为单位。

但利用文件存取数据时，开发人员需要熟悉操作磁盘文件的方法，必须编写复杂的搜索算法才能高效地把数据从文件中检索出来，当数据格式发生变化时，需要编写复杂的文件格式升级程序，很难控制并发修改。

3．数据库系统阶段

数据库系统阶段从 20 世纪 60 年代后期开始。在这一阶段，计算机管理的数据对象规模越来越大、应用范围越来越广，数据量急剧增加，对数据处理的速度和共享性的要求也越来越高。与此同时，磁盘等存储设备技术也取得了重大发展，为数据库技术的发展提供了物质条件。

数据库系统阶段的特点是采用复杂的结构化数据模型，数据库系统不仅要描述数据本身，还要描述数据之间的联系；具有较高的数据独立性，数据库系统提供了二级映像功能，从而使数据既具有物理独立性又具有逻辑独立性；数据共享性好，冗余度低，数据库系统从整体角度看待和描述数据，数据不是面向某个应用而是面向整个系统，既可以大大减少数据冗余，节约存储空间，又能避免数据之间不相容与不一致；数据由 DBMS（Database Management System，数据库管理系统）统一管理和控制，数据库系统能保证数据的安全性，防止数据丢失和被非法使用；数据具有完整性，以保护数据的正确性、有效性和相容性；能对数据进行并发控制，避免并发程序之间的相互干扰；具有数据恢复功能，在数据库被破坏或数据不可靠时，系统有能力把数据库恢复到最近某个时刻的状态。

11.1.2　相关概念

1．数据

数据是数据库中存储的基本对象，是描述事物的符号记录，分为数字、文字、图形、图像、音频、视频、学生的档案记录等类别。数据的含义称为数据的语义，数据与其语义是不可分的。

例如，62 是一个数据，我们可以将之理解为学生某门课的成绩、某人的体重等。

2．数据库

数据库（Database，DB）是长期储存在计算机内的、有组织的、可共享的大量数据的集合。数据按一定的数据模型组织、描述和储存，具有被各种用户共享、冗余度较低、独立性较强、易扩展等特点。

3．数据库管理系统

数据库管理系统是对数据库进行管理的软件，是数据库系统的核心。数据库管理系统是用户与操作系统之间的一种数据管理软件，为用户或应用程序提供访问数据库的方法，包括数据库的建立、更新、查询、统计、显示、输出及各种数据控制。数据库管理系统能够科学地组织和存储数据、高效地获取和维护数据，主要包括数据定义、提供数据定义语言（Data Definition Language，DDL）、定义数据库中的数据对象、组织数据、存储和管理数据、分类组织、存储和管理各种数据、确定组织数据的文件结构和存取方式、实现数据之间的联系等功能。

4．数据库管理员

数据库管理员（Database Administrator，DBA）是对数据库进行规划、设计、协调、维护和管理的工作人员，主要职责是决定数据库的结构和信息内容、决定数据库的存储结构和存取策略，定义数据库的安全性要求和完整性约束条件，以及监控数据库的使用与运行。

5．数据库应用程序

数据库应用程序是使用数据库语言开发的、能够满足数据处理需求的应用程序。

6．数据库系统

数据库系统由数据库、数据库管理系统、数据库管理员、数据库应用程序，以及用户5 个部分组成。

11.1.3　常用的数据库管理系统概述

现有的数据库管理系统很多，大型商用数据库有 Oracle、MySQL、SQLServer、Sybase、DB2 等，中小型数据库常用的有 PostgreSQL、mSQL、Berkeley DB 和 SQLite 等。本小节主要介绍 Qt 开发中常用的一些数据库。

1．Oracle

Oracle 是甲骨文公司开发的一款关系数据库管理系统，在数据库领域一直处于领先地位。Oracle 数据库管理系统是目前世界上最流行的关系数据库管理系统，可移植性好、使用方便、功能强，适用于各类计算机环境，它是一种高效率、可靠性好、能适应高吞吐量的数据库解决方案。

Oracle 数据库管理系统可以在 Windows、UNIX 等主流操作系统平台上运行，并且支持所有工业标准。

2．MySQL

MySQL 是一个关系数据库管理系统，由瑞典 MySQL AB 公司开发，目前属于 Oracle 旗下。MySQL 是目前流行的关系数据库管理系统之一，大量小型 Web 应用都采用该数据库管理系统。

　　MySQL 是一种关联数据库管理系统，关联数据库将数据保存在不同的表中，而不是放在一个大仓库内，提高了操作速度和灵活性。

　　MySQL 所使用的 SQL 是用于访问数据库的最常用的标准化语言。MySQL 采用了双授权政策，分为社区版和商业版，由于其体积小、执行速度快、总体拥有成本低、源码开放，一般中小型网站的开发都选择其作为网站数据库。

3. SQL Server

　　SQL Server 是微软公司的数据库产品，其分布式体系结构把应用程序对数据库的访问和数据库引擎分离开来。SQL Server 的核心数据库服务器运行在基于 Windows 操作系统的服务器之上。基于 Windows 操作系统的服务器一般通过以太局域网与多个客户机系统连接。这些客户机系统一般是运行 SQL Server 客户机软件的 PC。这些 PC 既可以是单独的桌面系统，也可以是其他网络服务的平台，如 IIS Web 服务器。

　　SQL Server 与流行的开发工具和桌面应用程序紧密集成，例如，可以从 Visual Basic、Visual C++、Power Builder、Visual Foxpro 等开发环境下开发的客户应用程序中访问 SQL Server 数据库。SQL Server 与流行开发工具所使用的几种数据访问接口兼容，例如，可以通过 Microsoft JET Engine 和 Data Access Objects（DAO）、Remote Data Objects（RDO）、Activex Data Objects（ADO）、OLEDB、Open Database Connectivity（ODBC）、SQL Server 内置 Db-library 以及第三方开发工具来访问 SQL Server 数据库。SQL Server 使用 OLEDB 提供者和 ODBC 驱动程序，这些驱动程序允许从任何与 ODBC 或 OLEDB 兼容的桌面应用程序中访问 SQL Server 数据库。

　　OLEDB 和 ODBC 可以从数百个简化设计的桌面应用程序中为特定的数据查询、数据分析、自定义报表打开 SQL Server 数据库。桌面集成减少了自定义的编程工作。SQL Server 对 ODBC 的支持允许其他平台如 Macintosh 或各种类 UNIX 系统访问 SQL Server 数据库。

　　SQL Server 的 4 个基本服务器部件包括 Open Data Services、MS SQL Server、SQL Server Agent 和 MSDTC。

4. Sybase

　　Sybase 系列数据库管理系统可以运行于 Windows 与类 UNIX 平台，Sybase Warehouse Studio 在客户分析、市场划分和财务规划方面提供了专门的分析解决方案。

5. DB2

　　DB2 是重要的数据库管理系统，它是 IBM 公司研发的产品，可以灵活满足大、中、小型公司的需求，"《财富》500 强"企业中的大多数企业都使用了 IBM 的 DB2 数据库产品。其主要优势在于基于 DB2 的应用非常成熟丰富。

6. PostgreSQL

　　PostgreSQL 是早期的开源和免费数据库之一，它具有庞大的社区支持，并在社区和行业中得到广泛使用。

PostgreSQL 是一款优秀的、功能强大的对象关系数据库管理系统，其源码开放，由社区共同维护，不受任何公司和个人控制，可以免费使用。PostgreSQL 支持丰富的数据类型，除了数值、字符串、时间日期等基本类型，还支持 JOSN、XML 等文档类型，几何类型以及自定义类型，并且提供了很多可编程的接口，支持 C/C++、Python、Java、Ruby、Perl 等。PostgreSQL 扩展了很多附加功能，比如 PostGIS、Citus 等，开发插件非常方便。PostgreSQL 目前支持大多数主流操作系统，如 Linux、Windows、macOS、Solaris 等。

7. mSQL

mSQL（mini SQL）是一个单用户数据库管理系统，个人使用免费，商业使用收费。由于具有短小精悍的特点，使用它开发的应用系统特别受用户青睐。mSQL 较简单，在运行简单的 SQL 语句时速度比 MySQL 快，而 MySQL 在线程和索引上下了功夫，运行复杂的 SQL 语句时比 mSQL、PostgreSQL 等都要快一些。mSQL 的性能不是太好，对 SQL 的支持也不够完全，但在一些网络数据库的应用中已足够。

8. Berkeley DB

Berkeley DB（BDB）是一个高性能的嵌入式数据库编程库，可以用来保存任意类型的键/值对（Key/Value Pair），而且可以为一个键保存多个数据。Berkeley DB 支持数千个并发线程同时操作数据库，支持 256TB 容量的数据。

BDB 提供 C 语言、C++、Java、Perl、Python 和 Tcl 等多种编程语言的 API，并且广泛支持大多数类 UNIX 操作系统和 Windows 操作系统，以及实时操作系统（如 VxWorks）。但由于 BDB 介于关系数据库与内存数据库，其使用方式与内存数据库类似，它提供的是一系列直接访问数据库的函数，早期不支持 SQL（目前已经支持 SQL），也不提供数据库常见的高级功能，如存储过程、触发器等，不像关系数据库那样需要网络通信、SQL 解析等步骤。

9. SQLite

SQLite 是使用较广泛的关系数据库，由 C 语言开发，其设计目标是嵌入式，具有小型、快速、高可靠性、功能齐全等特点，目前已经在很多嵌入式产品中使用。它占用资源非常少，在嵌入式设备中，可能只需要几百 KB 的内存就够了。SQLite 内置于所有手机和大多数计算机，并捆绑在人们每天使用的许多应用程序中。

它支持 Windows、Linux、UNIX 等主流操作系统，同时能够跟很多程序语言相结合，比如 Tcl、C#、C++、PHP、Java 等，还具有 ODBC 接口，比 MySQL、PostgreSQL 这两款开源的数据库管理系统的处理速度快。SQLite 第一个 Alpha 版本诞生于 2000 年 5 月，目前新版本 SQLite 3 已经发布。

在嵌入式设备中，由于可使用的资源有限，这就要求使用的数据库安装后占用的文件系统空间少。一般基于 Linux 平台进行嵌入式开发时，可以选择 PostgreSQL、MySQL、mSQL、Berkeley DB 或 SQLite 等数据库。嵌入式数据库在智能手机、PDA、导航定位系统、通信设备等方面均有应用。

在系统开发时，可以根据使用的操作系统、开发语言、项目需求等，选用合适的数据库。

11.2 SQLite 数据库基础

11.2.1 SQLite 的特点

SQLite 是嵌入式开发时常用的数据库。SQLite 非常小，属于轻量级数据库，完全配置时其占用空间小于 400KB，省略可选功能配置时小于 250KB。SQLite 是一个进程内的库，实现了自给自足的、无服务器的、零配置的、事务性的 SQL 数据库引擎。使用 SQLite 时不需要在系统中配置，可以按应用程序需求进行静态或动态连接，也可以直接访问其存储文件。其主要特点如下。

（1）独立性：SQLite 基于标准 C 语言实现，只需要非常少的系统或外部库支撑，这使得它非常易于移植，以及能应用于更广泛的、不同配置的软件环境。SQLite 使用虚拟文件系统（Virtual File Systems，VFS）完成和磁盘的交互。

（2）非服务式：多数 SQL 数据库是以服务的形式实现的，这要求客户程序必须通过某种中间接口来连接数据库。与此相反，SQLite 直接访问数据库文件本身，没有任何中间媒介。

（3）零配置：由于访问 SQLite 数据库没有中间媒介，因此不用安装、配置和管理那些服务程序。

（4）元处理：SQLite 的数据操作具有原子性、孤立性，程序或系统崩溃不会引发数据错误。

（5）开放性：任何人可自由获得和使用 SQLite，包括它的源码。

（6）体积小：整个系统拥有少于 3 万行的代码，占用少于 250KB 的内存。

相对其他数据库来说，SQLite 还有以下一些特点：支持多种硬件平台，如 ARM+Linux、SPARC+Solaris 等；支持大部分 SQL92；同一个数据库文件可以在不同平台上使用；数据库最大支持到 2TB；大部分应用的执行速度比目前常见的基于 C/S 模型的数据库快；源码开放，95%的代码有较好的注释；拥有简单、易用的 API。

鉴于以上特性，有越来越多的网站和软件等使用或嵌入了 SQLite 数据库引擎，比如 Google、QQ、Mozilla Firefox、macOS、PHP、Skype、SymbianOS、AOL、Solaris 10 installations、McAfee、iPhone 等。

11.2.2 SQLite 的安装

SQLite 官方网站提供了 SQLite 的源程序和已编译版本，其中已编译版本可用于 Windows 和 Linux 操作系统。

1．在 Windows 平台安装 SQLite

（1）进入官网，下载 sqlite-tools-win32-×××.zip 和 sqlite-dll-win32-×××.zip 压缩文件，如图 11.1 所示。

（2）在 C 盘根目录创建文件夹 sqlite，并将下载好的两个压缩文件解压到该文件夹，得到 sqllite3.def、sqlite3.dll 和 sqlite3 等文件，如图 11.2 所示。

（3）添加 C:\sqlite 到 Path 环境变量，最后在命令行窗口下使用 sqlite 3 命令，显示图 11.3

所示结果即表示添加成功。

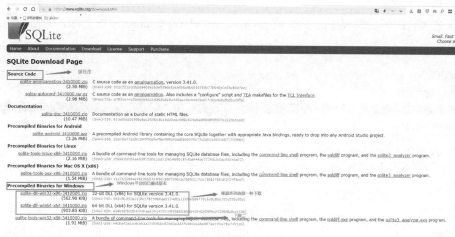

SQLite
Home About Documentation Download License Support Purchase
SQLite Download Page
Source Code
Documentation
Precompiled Binaries for Android
Precompiled Binaries for Linux
Precompiled Binaries for Mac OS X (x86)
Precompiled Binaries for Windows

图 11.1　SQLite 官网

名称 修改日期 类型 大小
sqldiff 2023/2/22 3:39 应用程序 574 KB
sqlite3.def 2023/2/22 3:02 DEF 文件 8 KB
sqlite3.dll 2023/2/22 3:02 应用程序扩展 2,135 KB
sqlite3 2023/2/22 3:39 应用程序 1,106 KB
sqlite3_analyzer 2023/2/22 3:39 应用程序 2,053 KB

图 11.2　解压后的文件列表

C:\Windows\system32\cmd.exe - sqlite3
Microsoft Windows [版本 6.1.7601]
版权所有 (c) 2009 Microsoft Corporation。保留所有权利。
C:\Users\Thinkpad>sqlite3
输入sqlite3，回车
SQLite version 3.41.0 2023-02-21 18:09:37
Enter ".help" for usage hints.
Connected to a transient in-memory database.
Use ".open FILENAME" to reopen on a persistent database.
sqlite>

图 11.3　使用 sqlite 3 命令

2．在 Linux 平台安装 SQLite

目前，几乎所有版本的 Linux 操作系统都附带了 SQLite，可使用下面的命令来检查是否已经安装了 SQLite，如图 11.4 所示。

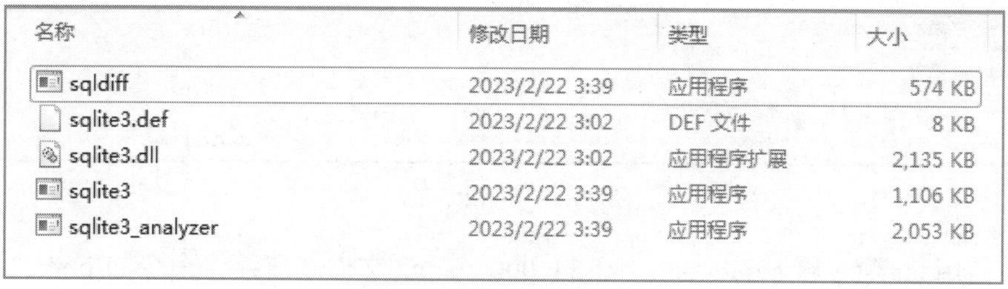

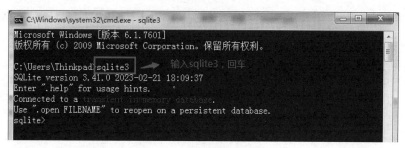

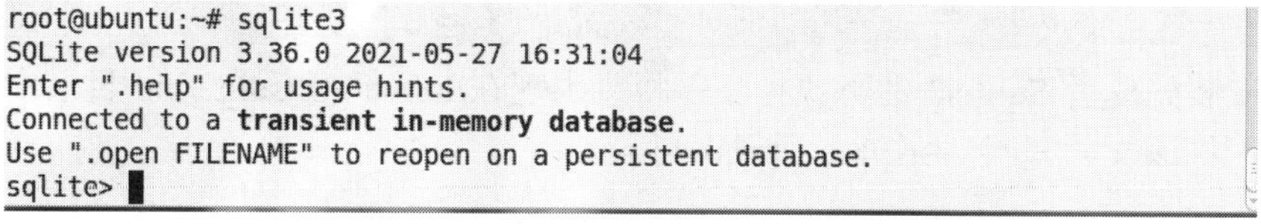

root@ubuntu:~# sqlite3
SQLite version 3.36.0 2021-05-27 16:31:04
Enter ".help" for usage hints.
Connected to a transient in-memory database.
Use ".open FILENAME" to reopen on a persistent database.
sqlite>

图 11.4　检查是否已安装 SQLite

如果没有看到上面的结果，就意味着 Linux 操作系统中没有安装 SQLite。

SQLite 可以使用 apt 命令安装，也可以在官网下载安装包解压安装，这里仅介绍第二种方法，具体步骤如下。

（1）进入官网，在源程序区下载 sqlite-autoconf-3410000.tar.gz 压缩文件，如图 11.5 所示。

图 11.5　SQLite 官网

（2）使用 tar 命令将 sqlite-autoconf-3410000.tar.gz 文件解压缩，命令如下：

```
linux@ubuntu:/home/gec$ tar zxvf sqlite-autoconf-3410000.tar.gz
```

（3）进入解压缩目录 sqlite-autoconf-341000，使用 ./configure 命令进行配置，生成 Makefile 文件，如图 11.6 所示。

```
linux@ubuntu:/home/gec$ cd sqlite-autoconf-3410000/
linux@ubuntu:/home/gec/sqlite-autoconf-3410000$ ls
aclocal.m4     configure      install-sh        Makefile.in       Replace.cs    sqlite3ext.h    sqlite3rc.h
compile        configure.ac   ltmain.sh         Makefile.msc      shell.c       sqlite3.h       tea
config.guess   depcomp        Makefile.am       missing           sqlite3.1     sqlite3.pc.in
config.sub     INSTALL        Makefile.fallback README.txt        sqlite3.c     sqlite3.rc
linux@ubuntu:/home/gec/sqlite-autoconf-3410000$ ./configure   --prefix=/home/gec/sqlite
```

图 11.6　使用 ./configure 命令进行配置

（4）使用 make 命令进行编译，命令如下：

```
linux@ubuntu:/home/gec/sqlite-autoconf-3410000$ make
```

（5）使用 make install 命令进行安装，命令如下：

```
linux@ubuntu:/home/gec/sqlite-autoconf-3410000$ make install
```

（6）安装完成后 Sqlite 3 的可执行文件将会出现在 /home/gec/sqlite/bin 目录中，如果要直接使用，将该文件复制到 /usr/bin 目录即可。

11.2.3 SQLite 的常用命令

数据库命令分为两种：系统命令和 SQL 语句。系统命令以"."开头，SQL 语句以";"结尾。

1．启动数据库或创建数据库

要启动 SQLite 3 程序，执行 sqlite3 命令即可。创建数据库使用如下语法格式：sqlite3 xxx.db。如果数据库文件不存在，就会直接创建；如果数据库文件已经存在，就会打开已有的数据库文件。出现 sqlite > 提示符表明数据库管理系统启动，如图 11.7 所示。

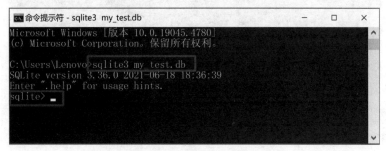

图 11.7　创建数据库界面

2．系统命令

SQLite 命令有很多，常用的系统命令及其含义如表 11.1 所示。

表 11.1　常用的系统命令及其含义

命令	含义
.help	显示帮助信息（所有命令）
.quit	退出 sqlite3 提示符
.exit	退出 sqlite3 提示符
.database	显示当前打开的数据库文件
.tables	显示数据库中的所有表格
.schema	显示表结构（以 create 语句的形式显示）

在命令行窗口下，使用 sqlite 命令进行测试，如图 11.8 所示。

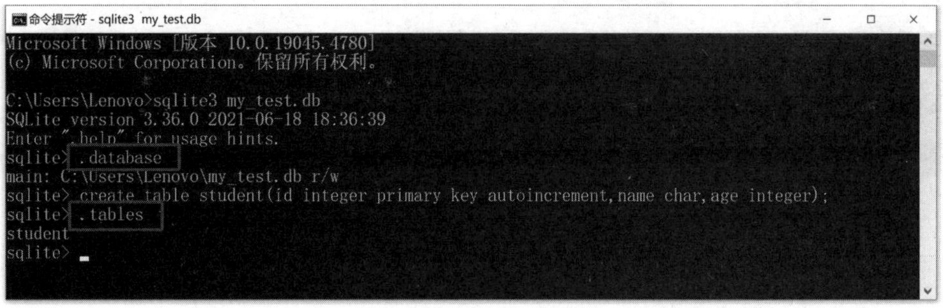

图 11.8　使用 sqlite 命令进行测试

3. SQL 语句

（1）表格的新增、删除，以及表名的修改，如图 11.9 所示。

新增表格：create table 表格名称 (字段名 字段类型,字段名 字段类型,...);。

删除表格：drop table 表格名称;。

表格名称修改：alter table 旧的表格名称 rename to 新的表格名称;。

```
sqlite> .table
student
sqlite> create table teacher(id integer,name char,sex char);
sqlite> .table
student   teacher
sqlite> drop table teacher;
sqlite> .table
student
sqlite> alter table student rename to stu;
sqlite> .table
stu
sqlite>
```

图 11.9　表格的新增、删除，以及表名的修改

（2）表格字段的新增、修改、删除，分别如图 11.10、图 11.11 和图 11.12 所示。

新增表格字段：alter table 表格名称 add column 字段名称 字段类型;。

```
sqlite> alter table stu add column address char;
sqlite> .schema
CREATE TABLE IF NOT EXISTS "stu"(id integer primary key autoincrement,name char,age integer, address char);
CREATE TABLE sqlite_sequence(name,seq);
```

```
sqlite> alter table stu add column num integer;
sqlite> .schema stu
CREATE TABLE IF NOT EXISTS "stu"(id integer primary key autoincrement,name char,age integer, address char, num integer);
sqlite>
```

图 11.10　新增表格字段

修改表格字段：alter table 表名 rename column 旧字段名 to 新字段名;。

```
sqlite> alter table stu rename column num to phone_num;
sqlite> .schema
CREATE TABLE IF NOT EXISTS "stu"(id integer primary key autoincrement,name char,age integer, address char, phone_num integer);
CREATE TABLE sqlite_sequence(name,seq);
sqlite>
```

图 11.11　修改表格字段

删除表格字段：alter table 表名 drop column 字段名;。

```
sqlite> alter table stu rename column num to phone_num;
sqlite> .schema
CREATE TABLE IF NOT EXISTS "stu"(id integer primary key autoincrement,name char,age integer, address char, phone_num integer);
CREATE TABLE sqlite_sequence(name,seq);
sqlite> alter table stu drop column phone_num;
sqlite> .schema
CREATE TABLE IF NOT EXISTS "stu"(id integer primary key autoincrement,name char,age integer, address char);
CREATE TABLE sqlite_sequence(name,seq);
sqlite>
```

图 11.12　删除表格字段

4. 表格记录的相关操作

（1）新增记录。

insert into 表名(列 field1, field2, ...) values(值 val1, val2, ...);。其中，valx 为需要存入

字段的值。

```
sqlite> insert into stu values(1,'zhang san',35,'wen lin jia yuan');

sqlite> insert into stu values(2,'li si',30,'wen lin jia yuan');
```

（2）查询数据库表记录。

select * from 表名;。

```
sqlite> select * from stu;
1|zhang san|35|wen lin jia yuan
2|li si|30|wen lin jia yuan
```

（3）更新记录。

update 表名 set 列 = '新值'【where 条件语句】;。update 语句用来更新表中某个列的值，如果不设定条件，则这一列的所有记录都将被更新；如果设定了条件，则这一列符合条件的记录被更新。

```
sqlite> select * from stu;
1|zhang san|35|wen lin jia yuan
2|li si|30|wen lin jia yuan
sqlite> update stu set address='ri yue gong guan' where id=1;
sqlite> select * from stu;
1|zhang san|35|ri yue gong guan
2|li si|30|wen lin jia yuan
```

（4）删除记录。

delete from 表名【where 条件语句】;。如果设定了 where 条件语句，则删除符合条件的数据记录；如果没有设定，则删除所有记录。

```
sqlite> delete from stu where id=1;
sqlite> select * from stu
   ...>;
2|li si|30|wen lin jia yuan
```

11.2.4　SQLite 3 的数据类型

1．SQLite 3 的存储类别与数据类型

大部分 SQL 数据库引擎使用静态数据类型，数据类型取决于存储单元（即所在列）的类型。但 SQLite 3 采用动态的数据类型，存储值的数据类型和数值本身相关，而不是由字段的类型决定。SQLite 3 的动态数据类型能够向后兼容其他数据库普遍使用的静态数据类型，也就是说，在使用静态数据类型的数据库上使用的数据表，在 SQLite 3 上也能够被使用。

SQLite 3 具有 5 种存储类别（在这里，存储类别和数据类型有所区别），如表 11.2 所示。

表 11.2　SQLite 3 的存储类别

名称	介绍
NULL	空值
INTEGER	带符号整数，根据存入的数值大小占据 1、2、3、4、6 或 8 个字节
REAL	浮点数，采用 8 字节（即双精度）的 IEEE 格式表示
TEXT	字符串文本，采用数据库的编码 UTF-8、UTF-16BE 或 UTF-16LE
BLOB	无类型，可用于保存二进制文件

存储类别可能比数据类型更加普遍，比如 INTEGER 存储类别，它包含 6 种长度不同的整型数，在磁盘上的存储方式有一点差别，但当它们被读入内存进行处理的时候，将会转换为更加普遍的数据类型（8 字节的有符号数）。所以，大多数时候，存储类别和数据类型之间存在着一些不易觉察的差别，但它们仍然能够被交换使用。

SQLite 3 数据库中的任何列字段，除了被声明为主键的 INTEGER 类型外，均可用于存储任何存储类别的值。SQL 语句中的值，不管它们是嵌入 SQL 文本还是作为参数绑定到一个预编译的 SQL 语句中，其存储类型都是未定的，在以下两种情况下执行 SQL 语句时，数据库引擎可能会在 NUMERIC 存储类别（INTEGER 和 REAL）和 TEXT 存储类别间进行数值的转换。

（1）布尔值。

SQLite 3 没有独立的布尔存储类别，作为替代，布尔值将被存储为 INTEGER 类别 1（true）或 0（false）。

（2）日期、时间数据类型。

SQLite 没有单独设立存储类别来存储日期、时间或者日期时间，作为替代，内置的 Date And Time Functions 将以 TEXT、REAL 或者 INTEGER 类别存储，其中，各部分解释如下。

TEXT：格式为"YYYY-MM-DD HH:MMSS:SSS"。

REAL：按照公历，从格林尼治时间公元前 4174 年 11 月 24 日中午起，到现在的天数。

INTEGER：按照 UNIX 系统时间，从协调世界时 1970-01-01 00:00:00 起，到现在的秒数。

应用程序可以选择以上 3 种类别中的任意一种来存储时间或日期，并能使用内置的时间和日期函数在这几种格式之间进行转换。

2．类型亲和性

为了在 SQLite 和其他数据库引擎之间实现兼容性最大化，SQLite 在列上支持"类型亲和性"。列上的类型亲和性是指"为存储在该列的数值推荐的类型"，注意，是推荐而非必须。任何列字段仍然能够存储任意类别的数据，只有当没有明确指定类别（即有选择的情况）时，相比其他的存储类型，优先使用的存储类别即列的类型亲和性。列的类型亲和性决定了存储数据时的转换动作。

SQLite 3 数据库中的每列值都被指定了以下 5 种类型亲和性中的一种：TEXT、NUMERIC、INTEGER、REAL、NONE。

（1）具有 TEXT 亲和性的列使用 NULL、TEXT 或 BLOB 存储类别来存储数据，如果数值数据被插入具有 TEXT 亲和性的列，其在存储前会被转换成文本类型。

（2）具有 NUMERIC 亲和性的列，可以使用上述 5 种存储类别中的一种，当插入的文本数据能够进行无损且可逆的转换时（如果文本中的前 15 个有效十进制数字能够被保护，转换就被认为是无损且可逆的），文本的存储类别会被转换为 INTEGER 或 REAL；如果无法进行无损且可逆的转换，将会采用 TEXT 存储类别。

（3）对于一个类似于浮点数的十进制指数表示法的字符串，如果能够用整数表示，NUMERIC 亲和性将会把它转换为整数，因此，字符串"7.0e+5"在具有 NUMRIC 亲和性的列中会被存储为整数 700000，而不是浮点数 700000.0。

（4）具有 INTEGER 亲和性的列的表现和具有 NUMERIC 亲和性的列一致，但在进行表达式计算的时候会有差别。

（5）具有 REAL 亲和力的列与具有 NUMRIC 亲和力的列类似，但是它强制将整数以浮点数的形式表示。

（6）具有 NONE 亲和性的列不会优先选择一种存储类别，也不会强制转换存储类别。

列的亲和性由这列被声明的类型决定，它遵从的顺序规则是，如果声明的类型中含有字符串 "INT"，它将具有 INTEGER 亲和性；如果列的类型声明中含有 "CHAR"、"CLOB" 和 "TEXT" 中的任意一个，这列将具有 TEXT 亲和性，比如 VARCHAR 类型含有字符串 "CHAR"，因此被指定为 TEXT 亲和性；如果列的类型声明中含有字符串 "BLOB" 或者没有声明类型，它将具有 NULL 亲和性；如果列的类型声明中含有 "REAL"、"FLOA" 和 "DOUB" 中的任意一个，它将具有 REAL 亲和性；其他情况将具有 NUMERIC 亲和性。

由以上规则可以看出，SQLite 数据的存储类别由存储的数据自身决定，与列字段声明的存储类别无关。事实上，完全可以不声明列的类型：

```
Create table student(id,name,age);
```

但是为了代码的可读性以及兼容其他数据库引擎，不建议默认列的类型声明：

```
Create table student(id int, name varchar(256), age int);
```

因为列字段声明的类型不决定存储在其中的数据类型，它主要用于兼容其他的数据库引擎以及决定列的类型亲和性，以便于阅读程序。

11.3 Qt 数据库操作

11.3.1 QtSQL 模块简介

Qt 通过 QtSQL 模块来提供基于 SQL 的数据库操作。QtSQL 模块提供了一套与平台和具体所用数据库均无关的调用接口，具有平台独立性。Qt 的数据库操作可以与 Model/View 框架结合，方便对数据库表进行操作。该模块提供了 3 个不同层次的 API 供开发者使用，分别是驱动层、SQL API 层和用户接口层，如表 11.3 所示。

表 11.3　QtSQL 模块的层次结构

层次	介绍
驱动层	实现特定数据库与 SQL 接口的底层桥接，包括的支持类有 QSqlDriver、QSqlDriverCreator、QSqlDriverPlugin、QSqlResult 和 QSqlDriverCreatorBase
SQL API 层	提供数据库访问类。QSqlDataBase 类提供数据库访问接口、数据库连接操作；QSqlQuery 类提供与数据库交互的操作，其他支持类还包括 QSqlError、QSqlField、QSqlTableModel 和 QSqlRecord 等
用户接口层	提供从数据库数据到用于数据表示的窗体的映射，包括的支持类有 QSqlQueryModel、QSqlTableModel 和 QSqlRelationalTableModel 等，这些类均依据 Qt 的 Model/View 框架设计

使用该模块需要以下两个步骤。

（1）在工程项目文件中添加以下语句：

```
QT+=sql
```

（2）在使用该模块的头文件中添加如下语句：

```
#include<QtSql>
```

11.3.2　数据库的连接

在进行数据库操作之前，必须建立与数据库的连接。数据库通信通常由连接名称区分，而不是数据库名称。我们可以针对同一个数据库建立多个连接。Qt 使用 QSqlDatabase 类表示数据库连接。在底层，Qt 使用驱动程序与不同的数据库 API 进行交互。Qt 桌面版本提供的驱动程序如表 11.4 所示。

表 11.4　Qt 桌面版本提供的驱动程序

驱动程序	介绍
QDB2	IBM DB2（7.1 或更新版本）
QIBASE	Borland InterBase
QMySQL	MySQL
QOCI	Oracle Call Interface Driver
QODBC	Open Database Connectivity (ODBC) – Microsoft SQL Server 及其他兼容 ODBC 的数据库
QPSQL	PostgreSQL（7.3 或更新版本）
QSQLITE2	SQLite 2
QSQLITE	SQLite 3
QSYMSQL	针对 Symbian 平台的 SQLite 3
QTDS	Sybase Adaptive Server（自 Qt 4.7 起废除）

⚠ **注意**：由于受到协议的限制，Qt 开源版本仅提供源码形式，没有提供上述驱动程序的二进制版本，因此使用时可以把这些驱动程序作为 Qt 的一部分进行编译或编译成插件。通常，Qt 默认搭载 QSqlite 驱动程序（同时包括 Sqlite 数据库）。

在使用时，可以通过以下语句找到系统中可用的数据库驱动程序的名字列表。只能使用出现在列表中的驱动程序。使用如下语句可以获取驱动程序的名字列表：

```
QSqlDatabase::drivers();
```

Qt 5.12.12 支持的驱动程序列表如下：

```
("QSQLITE","QODBC", "QODBC3", "QPSQL", "QPSQL7")
```

SQLite 是一个进程内数据库，使用时不需要数据库服务器。SQLite 在单个文件上运行，在打开连接时必须将其设置为数据库名称。如果该文件不存在，SQLite 将尝试创建它。

QSqlDatabase 类用于处理数据库的连接、打开等操作。

首先通过 contains 方法查看给定的连接名称是否在连接列表中，使用 addDatabase 方法添加数据库连接，然后使用 database 方法获取数据库连接。addDatabase 方法原型如下：

```
QSqlDatabase addDatabase(const QString &type, const QString &connectionName
= QLatin1String(defaultConnection))
```

使用该函数创建一个 QSqlDatabase 的实例，其中，第一个参数对应驱动程序名，第二个参数为连接名称，这个参数是可选的，如果不指定，系统会给出一个默认的名字 defaultConnection，此时，Qt 会创建一个默认的连接。注意，数据库连接使用自己的名字（第二个参数）进行区分，而不是数据库的名字。如果给出的名字已存在，则新的连接会替换已有的连接。通过这种设计，我们可以为一个数据库建立多个连接。例如，要使用 SQLite，指定数据库名字即可，语句如下：

```
QSqlDatabase    db=QSqlDatabase::addDatabase("QSQLITE");
```

如果是数据库服务器，比如 MySQL，还需要指定主机名、端口号、用户名和密码。

然后使用 QSqlDatabase::setDatabaseName 方法指定要连接的数据库名称，方法原型如下：

```
void setDatabaseName(const QString &name);
```

比如，指定的数据库名称为当前项目目录下的 sql_test.db，语句如下：

```
db.setDatabaseName("sql_test.db");
```

最后使用 QSqlDatabase::open 函数打开数据库连接。通过检查函数的返回值，判断数据库是否正确打开，语句如下：

```
if (db.open())
    qDebug()<<"Open success!"<<endl;
else
    qDebug()<<"Open failed!"<<endl;
```

11.3.3　数据库的使用

Qt 使用 3 种类库访问 SQLite 数据库，分别为 QSqlQuery、QSqlQueryModel、QSqlTableModel。其中，QSqlQuery 类提供了一个执行 SQL 语句的接口，可以遍历执行返回的结果集；而 QSqlQueryModel、QSqlTableModel 属于较高层次的访问数据库的类，不需要使用 SQL 语句就能够进行数据库操作，并且很容易就能将结果显示在表格中。这 3 种类库的封装程度依次递增。以下将对这 3 个类如何使用数据库进行详细讲解。

1．QSqlQuery 类

QSqlQuery 类提供了一种执行和操作 SQL 语句的方法，它封装了在 QSqlDatabase 上执行的 SQL 查询中创建、导航和检索数据所涉及的功能。通过 **exec** 成员函数来执行数据操纵语言（Data Manipulation Language，DML）语句，如 SELECT、INSERT、UPDATE、DELETE、DDL，以及 CREATE TABLE 等，QSqlQuery 类的常用方法如表 11.5 所示。

表 11.5　QSqlQuery 类的常用方法

原型	功能
exec(const QString &query)	运行数据库命令，输入字符串
value(int)	获取当前索引下记录中某个字段的值，输入参数表示第几个字段（从 0 开始）
int size()	获取当前连接下，正在查询的表格的记录数（行数）。并不是所有数据库都支持，SQLite 就不支持
last()	将当前连接正在查询的表格定位到最后一条记录，当用其他函数取值时取的就是最后一条记录的值
at()	返回当前跟踪的表格索引值 index。字段里的 id 与此不一样，字段的值是输入产生的。字段名也可以不叫 id
seek(int)	跟踪定位到指定位置

（1）创建表使用如下语句：

```
QString sqlCr=QString("create table stu(id integer,num integer primary key,name
varchar(20),sex varchar(2))");
QSqlQuery query ;
query.exec(sqlCr);
```

（2）插入表使用如下语句：

```
QString sqlIn=QString("insert into stu(id ,num ,name,sex)\values(1,101,'li
        hong','fe')");
query.exec(sqlIn);
```

（3）查询表使用如下语句：

```
QString sqlSe=QString("select * from stu");
query.exec(sqlSe);
```

（4）获取查询结果使用如下语句：

```
while(query.next())
{
qDebug()<<query.value(0).toInt()<<"   "<<query.value(1).toInt()<<"
  "<<query.value(2).toString()<<"   "<<query.value(3).toString()<<endl;
}
```

显示结果如下：

```
1    101    "li hong"    "fe"
```

2．QSqlQueryModel 类

QSqlQueryModel 类是 QSqlTableModel 的父类。QSqlQueryModel 类中封装了从数据库中查询数据的功能，但是 QSqlQueryModel 只能作为只读数据源使用，不可以编辑数据。QSqlQuery 是能执行任意 SQL 语句（如 SELECT、INSERT、UPDATE、DELETE 等）的类，能和 QSqlQueryModel 联合使用。QSqlQueryModel 类的常用方法如表 11.6 所示。

表 11.6　QSqlQueryModel 类的常用方法

原型	功能
void clear()	清除数据模型，释放所有获得的数据
QSqlQuery query()	返回当前关联的 QSqlQuery 对象
void setQuery()	设置一个 QSqlQuery 对象，获取数据
QSqlRecord record()	返回一个空记录，包含当前查询的字段信息
QSqlRecord record(int row)	返回行号为 row 的记录

使用 QSqlQueryModel 类查询表的内容，语句如下：

```
QSqlQueryModel *model=new QSqlQueryModel;
model->setQuery("select * from stu");
```

需要设置表中属性的名字时，可以使用如下语句。其中第一个参数是显示属性的序号，从 0 开始；第二个参数选择设置行或列属性（设置行属性使用 Qt::Vertical，设置列属性使用 Qt::Horizontal）；第三个参数是设置的字段名称。比如设置 4 列表头显示的信息：

```
model->setHeaderData(0,Qt::Horizontal,"序号");
```

```
model->setHeaderData(1, Qt::Horizontal,"学号");
model->setHeaderData(2,Qt::Horizontal, "姓名");
model->setHeaderData(3,Qt::Horizontal, "性别");
```

查询的结果可以通过 QTableView 输出为一个二维表格，代码如下：

```
QTableView *view=new QTableView;
view->setModel(model);
view->show();
```

QSqlQueryModel 类为 SQL 的结果集提供了一个只读的数据模型。这个模型默认是只读的，所以我们并不能对表格中的内容进行修改。但是可以创建自己的模型，然后按照我们自己的意愿来显示和修改数据。要想使其可读写，需要自己的类继承自 QSqlQueryModel，并且重写 setData 和 flags 两个函数。如果要改变数据的显示方式，就要重写 data 函数。

3. QSqlTableModel 类

QSqlTableModel 类为单个数据库表提供可编辑的数据模型，继承自 QSqlQueryModel 类，与 QSqlQueryModel 功能相似。但它不能使用 SQL 语句，只对单个数据表进行操作，可用于为 QTableView 等视图类提供数据的展示，以及数据编辑操作。

QSqlTableModel 类比 QSqlQuery、QSqlQueryModel 这两个类封装得更完整，用户即使不懂 SQL 也能实现 SQLite 的操作。并且这个类也可以通过视图来显示和修改数据库内容，通用于其他任何模块，在生成对象时传入 SQLite 的数据库名及要操作的表名即可。

创建 QSqlTableModel 后，使用 setTable 函数为其指定数据库表，使用 select 函数进行查询，等价于执行"select * from student;" SQL 语句：

```
QSqlTableModel *model=new QSqlTableModel(this);
model->setTable("stu");
model->setEditStrategy(QSqlTableModel::OnManualSubmit);
model->select();
```

这里还可以使用 setFilter 函数来指定查询时的条件，后文会使用到这个函数。在使用该模型前，一般还要设置其编辑策略，它由 QSqlTableModel::EditStrategy 枚举变量定义，一共有 3 个值，如表 11.7 所示。

表 11.7　编辑策略

常量	描述
QSqlTableModel::OnFieldChange	对模型的所有改变都会立即应用到数据库
QSqlTableModel::OnRowChange	对一条记录的改变会在用户选择另一条记录时被应用
QSqlTableModel::OnManualSubmit	所有的改变都会在模型中进行缓存，直到调用 submitAll 或 revertAll 函数

如果需要查询满足条件的记录，可以使用 setFilter 函数进行关键字筛选，这个函数对整个结果集进行查询。

```
QString name=ui->lineEdit->text();
model->setFilter(QString("name='%1' ").arg(name));
model->select();
```

当需要提交对记录的修改时，使用如下语句：

```
model->revertAll();
```

插入记录时，首先获得数据模型的记录数，然后在末尾插入一条空记录，使用如下语句：

```
int rowNum=model->rowCount();
model->insertRow(rowNum);
QModelIndex index=model->index(rowNum,0);
model->setData(index,0);
model->submitAll();
```

在表格最后添加一行记录，因为在 stu 表中我们设置了 id 为主键，所以这里必须使用 setData 函数给新加的行添加 id 属性，不然添加行就不会成功。这里可以直接调用 submitAll 函数进行提交，也可以利用"提交修改"按钮进行提交。

这个模型可以将所有修改先保存到 model 中，只有执行提交操作后，才会真正写入数据库。当然这也是因为我们在最开始设置了它的保存策略：

```
model->setEditStrategy(QSqlTableModel::OnManualSubmit);
```

这里的 OnManualSubmit 表明我们要提交修改才能使其生效。

删除一条记录时，需要判断是否选择了要删除的记录，然后使用 removeRow 删除选中行，代码如下：

```
QModelIndex index=ui->tableView->currentIndex();
if(!index.isValid())
{
QMessageBox::information(this,QString("提示: "),QString("请选择待删除的记录! "));
return;
}
model->removeRow(index.row());
```

如果显示数据需要升序或降序排列，可以使用 setSort 函数，它有两个参数：第一个参数表示按第几个属性排序，表头从左向右，最左边是第 0 个属性，这里是 id 属性；第二个参数是排序方法，有升序（AscendingOrder）和降序（DescendingOrder）两种。以下为按升序排列的代码：

```
model->setSort(0,Qt::AscendingOrder);
model->select();
```

Qt 有自己的机制来避免使用 SQL 语句，它提供了更简单的数据库操作和数据显示模型，分别是只读的 QSqlQueryModel、操作表单的 QSqlTableModel 以及可以支持外键的 QSqlRelationalTableModel。新建一个 QSqlQueryModel 类对象 model，并用 setQuery 函数执行 SQL 语句 select * from student; 用来查询整个 student 表，可以看到，该类并没有完全避免使用 SQL 语句。然后设置了表中属性显示时的名字。最后建立了一个视图 view，并将这个 model 模型与视图关联，这样数据库中的数据就能在窗口的表中显示出来了。

11.4 SQLite 的应用案例

创建图 11.13 所示的主界面，然后将界面中的按钮定义为相应功能，具体功能如下。

（1）"显示全表"按钮：查询显示数据库表的全部内容。

（2）"提交修改"按钮：将修改后的信息更新到数据库中。

（3）"撤销修改"按钮：撤销修改操作（注意，如果数据已经保存到数据库中，此时再单击"撤销修改"按钮将无法修改）。

（4）"添加记录"按钮：添加一条新记录。

（5）"删除选中行"按钮：删除选中的行记录。

（6）"按 id 升序排列"按钮：将记录根据 id 从小到大排序。

（7）"按 id 降序排列"按钮：将记录根据 id 从大到小排序。

（8）"查询"按钮：根据输入的姓名信息查询并显示。

具体步骤如下。

（1）创建项目：基类选择 QMainWindow。

（2）编辑项目：设计 Form，定义信号与槽。

（3）编译与运行项目：运行效果如图 11.13 所示。

图 11.13　SQLite 的应用案例运行效果

第12章 Qt 的多线程技术

Qt 提供了跨平台的线程类、线程安全以及跨线程的信号与槽连接的线程支持，这使得开发可移植多线程 Qt 应用程序和利用多处理器变得很容易。多线程编程可以在不冻结应用程序界面的情况下执行耗时的操作。

12.1 线程基础

操作系统可以同时执行多个任务，执行任务的就是进程。而进程又可以同时执行多个任务，每个任务占用一个线程。线程之间相互独立，属于抢占式执行。对单核 CPU 来说，同一时刻只能执行一个进程或线程的单一任务。

但由于 CPU 不断在这些进程间轮换执行，速度相对人的反应很快，因此不易被察觉。既然这样，为什么要使用多线程呢？这是因为，对于多核 CPU，多线程程序可充分利用硬件优势；对于单核 CPU，线程上下文的切换会降低程序整体运行的效率。为了防止界面假死，必须把耗时操作单独放在线程中执行，避免阻塞主线程而无法刷新窗口。

在线程的执行中经常涉及的相关概念如下。

1．阻塞调用和非阻塞调用

阻塞调用是指调用结果返回之前，当前线程会被挂起，调用线程只有在得到结果之后才会返回。对于线程之间的公共资源，一个时刻内只能由一个线程操作，在此期间其他线程的访问将会被挂起直到上一次访问结束，同样客户端执行界面刷新的主线程也会被挂起。

非阻塞调用是指在不能立刻得到结果之前，该调用不会阻塞当前线程，即一个线程的操作不会阻塞其他线程对事件的响应和处理。

2．同步执行和异步执行

一个操作必须等待前一个操作执行完成才能执行，称为同步执行。执行一个操作不必等待前一操作的执行结果即可执行，称为异步执行。

12.2 Qt 线程简介

为了满足构造复杂图形界面系统的需求，Qt 主要从 3 个方面对多线程编程提供支持：一是构造了一些基本的、与平台无关的线程类；二是提交用户自定义事件的线程安全方式；

三是多种线程间的同步机制，如信号量、全局锁等。

在 Qt 中使用多线程，默认的线程在 Qt 中称为窗口线程，也叫主线程、GUI 线程，负责窗口事件的处理或者窗口部件数据的更新。所有窗口和几个相关的类，如 QPixmap，不可以在另一个线程上运行。其他线程一般当作工作线程使用，也称子线程，负责后台的业务逻辑处理。子线程不能对窗口对象做任何操作，这些事情需要交给窗口线程处理。主线程和子线程之间如果要进行数据的传递，需要使用 Qt 的信号与槽机制。

每个线程都有自己的栈，因此每个线程都有自己的访问列表和本地变量。线程共享相同的地址空间。

Qt 提供了许多类和函数来处理线程，如表 12.1 所示。

表 12.1　Qt 的线程类

类名	功能
QThread	提供与平台无关的线程功能
QThreadStorage	提供每个线程的数据存储
QThreadPool	管理线程
QFuture	显示异步运算结果
QFutureSynchronizer	管理并同步 QFuture 对象
QFutureWatcher	使用信号与槽机制，允许 QFuture 监听
QMutex	访问类之间的同步操作，提供相互排斥的锁或互斥量
QMutexLocker	一个辅助类，自动对 QMutex 加锁与解锁
QReadWriterLock	控制读写操作
QReadLocker	为了读访问而提供的
QWriteLocker	为了写访问而提供的
QRunnable	正在运行的所有对象的父类，且定义了虚函数 run
QSemaphore	提供了一个整型信号量，是互斥量的泛化
QWaitCondition	提供了一种方法，使得线程可以在被另一个线程唤醒之前一直休眠

下面介绍在 Qt 程序中实现多线程应用程序的 4 种不同的方式。

1．QThread——具有可选事件循环的低级 API

QThread 是 Qt 中所有线程控制的基础，提供了跨平台的多线程解决方案，每个 QThread 实例表示和控制一个线程，可以直接将其实例化或子类化，实例化 QThread 提供了一个并行事件循环，允许在第二个线程中调用 QObject 类的槽函数。子类化 QThread 允许应用程序在开始事件循环之前初始化新的线程，或者运行没有事件循环的并行代码。

2．QThreadPool 和 QRunnable——线程池重用线程

经常创建和销毁线程代价非常昂贵，为了减少这种开销，现有线程可以重新用于新任务。QThreadPool 是可重用的 QThreads 的集合。要在 QThreadPool 的线程中运行代码，须重新实现 QRunnable::run 函数并实例化子类化的 QRunnable。使用 QThreadPool::start 方法将 QRunnable 放在 QThreadPool 的运行队列中。当线程可用时，QRunnable::run 方法中的代码将在该线程中执行。

每个 Qt 应用程序都有一个全局线程池，可通过 QThreadPool::globalInstance 方法进行访问。此全局线程池根据 CPU 中的核数自动维护最佳线程数，而且可以显式创建和管理单独的 QThreadPool。

3．QtConcurrent——使用高级 API

QtConcurrent 模块提供了一些处理常见并行计算的高级函数，如 map、filter 和 reduce 等。与 QThread 和 QRunnable 不同，这些函数不需要使用低级线程原语，如互斥锁、信号量等。相反，会返回一个 QFuture 对象，当它们准备就绪时，可用于检索函数的结果。QFuture 也可以用于查询计算进度并暂停、恢复或取消计算。为了方便起见，QFutureWatcher 通过信号与槽机制与 QFuture 进行交互。

QtConcurrent 的 map、filter 和 reduce 方法在所有可用的处理器核心之间自动分配进行计算，因此基于本模块编写的应用程序在具有更多核心的处理器上部署时将具有较好的扩展性。

本模块还提供了 run 函数，它可以在另一个线程中运行任何函数。QFuture 可以用于检索函数的返回值，并检查线程是否正在运行。但是，对 run 函数的调用仅使用一个线程，不能暂停、恢复或取消计算，不能查询计算进度。

4．WorkerScript——QML 中的线程

WorkerScript 类型允许 JavaScript 代码与 GUI 线程并行运行。每个 WorkerScript 实例可以附加一个.js 脚本。当调用 sendMessage 函数时，脚本文件将在单独的线程（或单独的 QML 上下文）中运行。当脚本完成运行时，它会发送一个回复给 GUI 线程，调用 onMessage 信号处理程序。使用 WorkerScript 类似于使用一个已移动到另一个线程工作的 QObject，数据通过信号在线程之间进行传输。

12.3 Qt 多线程编程方法

12.3.1 QThread 线程编程

QThread 是 Qt 线程中一个公共的抽象类，所有的线程类都是从 QThread 抽象类中派生的。QThread 通过信号函数 started 和 finished 分别通知开始和结束，使用 isFinished 函数和 isRunning 函数查询线程的状态，使用 exit 函数和 quit 函数结束线程，使用 wait 函数等待线程终止，使用 sleep、msleep 和 usleep 函数分别暂停执行时长以秒、毫秒及微秒为单位的线程。

QThread 提供在程序中可以控制和管理线程的多种成员函数、信号与槽。

QThread 类常用的成员函数如表 12.2 所示。

表 12.2　QThread 类常用的成员函数

原型	功能
void start (Priority priority = InheritPriority) [slot]	调用后会执行 run 函数，但在 run 函数执行前会发送 started 信号，操作系统将根据优先级参数调度线程
int exec() [protected]	进入事件循环并等待，直到调用 exit 函数。返回值通过调用 exit 函数来获得，如果调用成功则返回 0

原型	功能
void run() [virtual protected]	线程的起点,在调用 start 函数之后,新创建的线程就会调用 run 函数,默认实现调用 exec 函数。大多数需要重新实现 run 函数,便于管理自己的线程。run 函数返回时,线程的执行将结束
void quit() [slot]	退出事件循环,返回 0 表示退出成功,相当于调用了 QThread::exit(0)
void exit(int returnCode = 0)	调用后,线程将退出 event loop,并从 exec 返回,exec 的返回值就是 returnCode。通常 returnCode=0 表示成功,其他值表示失败
void terminate() [slot]	终止线程。线程可能会被立即终止,也可能不会,这取决于操作系统的调度策略。使用 terminate 函数之后再使用 QThread::wait,以确保万无一失。当线程被终止后,所有等待中的线程将会被唤醒
void requestInterruption()	请求线程中断。该请求是咨询意见,取决于线程上运行的代码是否及如何执行这样的请求。此函数不停止线程上运行的任何事件循环,并且在任何情况下都不会终止它
isRunning()	判断线程是否正在运行
currentThreadId()	返回当前线程的 id
yieldCurrentThread()	释放当前线程的时间片,允许其他线程执行
setPriority()	设置线程优先级
finished()	在线程执行完成时发出信号
sleep()、msleep()和 usleep()	让当前线程休眠指定的时间,分别以秒、毫秒及微秒为单位

Qt 开启多线程有两种方法:第一种是继承 QThread 类,然后重写虚函数 run,当要开启新线程时,只需要实例化该类,然后调用 start 函数,就可以开启一条多线程;另一种是继承 QObject 类,利用 moveToThread 函数开启一个线程槽函数,将要花费大量时间计算的代码放入该线程的槽函数。

1. 使用 run 方式

(1)应用场景。

当需要创建一个独立的线程来执行某个任务,且需要对线程的整个生命周期进行管理时,适合使用 run 方式;当任务逻辑相对简单或独立,不需要频繁地进行线程间通信时,也可以选择使用 run 方式。

(2)优点。

可以直接控制线程的生命周期,包括启动、停止、等待线程退出等;适合单一任务的线程处理,结构相对清晰、易懂。

(3)缺点。

需要手动管理线程之间的通信和数据共享,容易引发线程安全问题;烦琐的线程管理和同步机制可能增加代码复杂度和风险。

2. 使用 moveToThread 方式

(1)应用场景。

当需要将一个 QObject 类对象移动到指定的线程中执行任务,或需要多个对象在同一线程中协同工作时,可使用 moveToThread 方式。当需要灵活地控制对象和线程之间的关系,或进行复杂的线程间通信时,也可以选择使用 moveToThread 方式。

（2）优点。

可以利用信号与槽机制方便地实现对象在不同线程中的通信；可以更灵活地管理对象和线程间的关系，避免直接操作线程带来的问题；适合处理复杂的多线程通信和任务分发。

（3）缺点。

无法直接控制线程的启动和停止，线程的生命周期由对象决定，可能会使线程管理变得复杂；可能会引入一些额外的开销，需要谨慎设计线程之间的交互逻辑。

根据项目需求、任务复杂度和开发方便性选择适合的线程创建方式。

例如，通过使用 run 方式创建多线程，具体步骤如下。

（1）新建一个类 myThread，其基类为 QThread，代码如下：

```cpp
class myThread : public QThread
{
public:
  myThread ();
protected:
  void run();
};
```

（2）重写 myThread 类的虚函数 void run，代码如下：

```cpp
void myThread::run()
{
    while(true)
    {
      for(int n=0;n<10;n++)
          qDebug()<<"myThread test!!! ";
    }
}
```

（3）在需要用到多线程的地方，定义一个 myThread 类的对象，调用 start 函数开启一条线程，自动运行 run 函数，代码如下：

```cpp
myThread *my_thread= new myThread ();
my_thread ->start();
```

（4）在需要终止线程的地方，调用 wait 函数等待线程结束，并回收线程资源，代码如下：

```cpp
my_thread ->wait();
```

通过使用 moveToThread 方式创建多线程，具体步骤如下。

（1）新建一个 objectThread 类，其基类为 QObject，在此类中添加此线程需要调用的函数作为槽函数，代码如下：

```cpp
class objectThread : public QObject
{
  Q_OBJECT
public:
  explicit objectThread (QObject *parent = 0);
public slots:
  void first();
signals:
};
```

（2）在需要的地方新建线程 QThread 类对象和 objectThread 类对象，代码如下：

```
toThread *my_objectThread = new objectThread ();
QThread *thread = new QThread;
```

（3）用 connect 方法将信号发送者设置为 QThread 类对象，将接收者设置为 objectThread 类对象，代码如下：

```
connect(thread, SIGNAL(started()), my_objectThread, SLOT(first()));
```

（4）通过 objectThread 类对象的 moveToThread 方法指定所要执行的线程为 QThread 类对象，代码如下：

```
my_objectThread ->moveToThread (thread);
```

（5）调用 QThread 类对象的 start 方法启动线程，代码如下：

```
thread->start();
```

例 12-1： 创建一个基类为 QWidget 的应用程序，其界面效果如图 12.1 所示。

图 12.1 例 12-1 界面效果

使用 run 方式创建多线程，然后分别在 mythread.h 和 mythread.cpp 文件中添加代码实现相应功能：

```
//mythread.h
class MyThread : public QThread
{
 public:
   MyThread();
  void closeThread();
 protected:
  virtual void run();
 private:
  volatile bool isStop;
};
// mythread.cpp
void MyThread::run()
{
int i=0;
  while (1)
  {
   if(isStop)
```

```
        return;
qDebug()<<tr("mythread QThread::currentThreadId()==") << QThread::currentThreadId();
    sleep(1);
        qDebug() << "mythrea"<<i++<<"秒过后";
    }
}
```

运行效果如图 12.2 所示。

图 12.2　例 12-1 运行效果

本方法的特点如下。

可以通过信号与槽机制和外界进行通信，但每次新建一个线程都需要继承 QThread 类，实现一个新类，使用起来不太方便。并且，频繁地创建和释放会带来比较大的内存开销，适用于那些常驻内存的任务。

例 12-2：创建一个基类为 QWidget 的应用程序，在界面中添加两个 QPushButton 部件，通过继承对象 QObject，调用 movetoThread 来实现多线程，然后分别在 mythreadobject.h 和 mythreadobject.cpp 文件中添加如下代码。

```
//mythreadobject.h 文件
class MyThreadObject : public QObject{
  public:
   MyThread();
   void closeThread();
  protected:
   virtual void run();
  private:
   volatile bool isStop;
};
//mythreadobject.cpp 文件
void MyThreadObject::startThreadSlot()
{
    int i=0;
    while (1)
    {
    if(isStop)  return;
    qDebug()<<"MyThread::startThreadSlot QThread::currentThreadId()=="
     <<QThread::current ThreadId ();
    QThread::sleep(1);
    }
}
```

运行效果如图 12.3 所示。

图 12.3　例 12-2 运行效果

本方法特点如下。

moveToThread 比传统子类化 QThread 更灵活，仅需要把想要执行的代码放到槽函数中，然后调用 moveToThread 方法将这个 QObject 类对象放入线程，再使用一个信号连接到这个槽函数即可。

轻量级的函数适合使用 moveToThread 方法，多个短小、精悍且能快速返回的线程函数无须创建独立线程类，可全部由一个 QThread 在线程内执行。

需要注意的是，此方法与继承 QThread 类相比较，后者只有 run 函数中的操作在线程中执行，而前者所有的成员函数都在线程中执行。

12.3.2　QRunnalble 编程

QRunnable 类是一个接口，创建自定义的线程时可继承 QRunnable 类。使用 QRunnable 与使用 QThread 一样需要重写 run 函数。QThread 线程可以直接调用 start 函数启动，而 QRunnable 线程需要借助 QThreadPool 启动。

例 12-3：通过 QRunnable 创建线程，代码如下。

```cpp
#include <QObject>
#include <QRunnable>
#include <QThread>
#include <QThreadPool>
#include <QDebug>
class BPrint : public QRunnable
{
  void run()
  {
    for ( int count = 0; count < 5; ++count )
    {
      qDebug() << QThread::currentThread();
      QThread::msleep(1000);
    }
  }
};
```

```
int main(int argc, char *argv[])
{
  QCoreApplication a(argc, argv);
  QThreadPool threadpool;              // 构建一个本地的线程池
  threadpool.setMaxThreadCount(3);     // 设置线程池中最大的线程数
  for ( int num = 0; num < 100; ++num )
  {
    BPrint *print;              // 循环构建可在线程池中运行的任务
    threadpool.start(print);    // 在线程池中分配一个线程执行该任务
    QThread::msleep(1000);
  }
  return a.exec();
}
```

上例创建的 QRunnable 类型的指针 BPrint *print 不需要手动回收内存，QThreadPool 在结束该任务后会自动清空该内存。

优点：无须手动释放资源，QThreadPool 启动线程执行完成后会自动释放。

缺点：不能使用信号与槽机制和外界通信。

适用场景：适用于线程任务量较大、需要频繁创建线程的情况。QRunnable 能有效减少内存开销。

12.3.3　QtConcurrent 编程

QtConcurrent 是一个命名空间，提供了一些高级的 API，使其在编写多线程的时候，无须使用低级线程原语，如读写锁、等待条件或信号等。使用 QtConcurrent 编写的程序能够根据可用的处理器内核数自动调整使用的线程数，这意味着编写的应用程序将来可部署在多核系统上，扩展性好。

QtConcurrent::run 方法能够方便、快捷地将任务放到子线程中执行，无须继承任何类，也不需要重写函数，使用起来非常简单。需要注意的是，由于该线程取自全局线程池 QThreadPool，因此该函数需要等到线程可用时才会执行。

例 12-4：通过 QtConcurrent 创建进程。

（1）使用 QtConcurrent 模块，需要在工程文件中添加如下代码：

```
QT += concurrent;
```

（2）在 main.cpp 文件中添加如下代码：

```
#include <QDebug>
#include <QThread>
#include <QString>
#include <qtconcurrentrun.h>
#include <QApplication>
using namespace QtConcurrent;
void func(QString name)
{
    qDebug() << name << "from" << QThread::currentThread();
}
int main(int argc, char **argv)
{
    QApplication app(argc, argv);
    QFuture<void> fun1 = run(func, QString("Thread 1"));
```

```
    QFuture<void> fun2 = run(func, QString("Thread 2"));
    fun1.waitForFinished();
    fun2.waitForFinished();
}
```

调用 QtConcurrent::run 函数，分别在两个不同的线程中执行 func 函数，输出结果如下：

```
"Thread 1" from QThread(0x28e61478, name = "Thread (pooled)")
"Thread 2" from QThread(0x28e61578, name = "Thread (pooled)")
```

run 函数的执行方式有两种，一种是作为普通函数执行，另一种是作为成员函数执行。

1．作为普通函数执行

将 run 函数放在某个线程中执行：

```
extern void Func();
QFuture<void> future = QtConcurrent::run(Func);
```

如果要为其指定线程池，可以将线程池的指针作为第一个参数传递进去：

```
extern  void  Func();
QThreadPool  pool;
QFuture<void> future = QtConcurrent::run(&pool, Func);
```

向该函数传递参数，将需要传递的参数依次添加到函数名之后：

```
extern void Func (int arg1, const QString &string);
int int_arg1 = ...;
QString str_arg2 = ...;
QFuture<void> future = QtConcurrent::run(Func, int_arg1, str_arg2);
```

获取执行函数的计算结果：

```
extern QString Func(const QByteArray &input);
QByteArray byte_array = ...;
QFuture<QString> future = QtConcurrent::run(Func, byte_array);
...
QString result = future.result();
```

2．作为成员函数执行

将类中的成员函数放在某个线程中执行，可将指向该类实例的引用或指针作为 QtConcurrent::run 函数的第一个参数传递进去。常量成员函数一般传递常量引用（const reference），而非常量成员函数一般传递指针（pointer）。

（1）常量成员函数。

在一个单独的线程中，调用 QByteArray 的常量成员函数 split，传递给 run 函数的参数是 bytearray，代码如下：

```
QByteArray bytearray = "hello, world";
QFuture<QList<QByteArray> > future =
    QtConcurrent::run(bytearray, &QByteArray::split, ',');
...
QList<QByteArray> result = future.result();
```

（2）非常量成员函数。

在一个单独的线程中，调用 QImage 的非常量成员函数 invertPixels，传递给 run 函数的参数是 &image，代码如下：

Qt 的多线程技术 | 第 12 章

```
QImage image = ...;
QFuture<void> future = QtConcurrent::run(&image, &QImage::invertPixels,
          QImage:: InvertRgba);
...
future.waitForFinished();
```

⚠ **注意**：若要为其指定线程池，可以将线程池的指针作为第一个参数传递进去；若要向该函数传递参数，则将需要传递的参数放在函数名之后。

可以用 run 函数的返回值 future 来控制线程。例如，future.waitForFinished 为等待线程结束，实现阻塞；future.isFinished 为判断线程是否结束；future.isRunning 为判断线程是否在运行。future 的类型必须和线程函数的返回值类型相同，可以通过 future.result 方法获取线程函数的返回值。

当然，该方法仍然存在缺点，那就是不能直接用信号与槽机制来操作线程函数，如当线程函数结束时，不会触发任何信号。

第13章 Qt 的 OpenCV 技术

使用 Qt 设计的界面非常精美，通过信号与槽机制将界面和业务隔离，同时支持跨平台运行、支持不同开发语言。本章将介绍如何使用 Qt 作为图形用户界面实现的前端应用，利用 OpenCV 作为开源库，实现基于 Qt 的图像处理和计算机视觉技术的应用开发。

13.1 OpenCV 简介

OpenCV(Open Source Computer Vision Library, 开源计算机视觉库)第一个版本于 2000 年问世，是一个基于开源发行的跨平台计算机视觉库，提供了很多函数，实现了图像处理和计算机视觉方面的很多通用算法，已成为计算机视觉领域有力的研究工具。

OpenCV 使用 C/C++语言开发，同时提供了 Python、Java、MATLAB 等语言的接口。OpenCV 是跨平台的，可以在 Windows、Linux、macOS、Android、iOS 等操作系统上运行。

OpenCV 的应用领域非常广泛，包括图像拼接、图像降噪、产品质检、人机交互、人脸识别、动作识别、动作跟踪、目标分析等。具体应用场景包括在卫星和网络地图上拼接图像，图像扫描校准，医学图像的降噪，安保及工业检测系统，自动驾驶和安全系统，制造感知系统，相机校正，军事应用，无人空中、地面、水下航行器等。

OpenCV 还提供了机器学习模块，可以使用正态贝叶斯分布、k 近邻、支持向量机、决策树、随机森林、人工神经网络等机器学习算法。OpenCV 的目标是为计算机视觉需要解决的问题提供工具。在某些情况下，函数库中的高级功能可以有效解决计算机视觉中的问题。

OpenCV 功能模块如表 13.1 所示。

表 13.1　OpenCV 功能模块

模块	说明
Core	该模块包含 OpenCV 库的基础结构及基本操作
Imgproc	图像处理模块包含基本的图像转换功能，包括滤波及类似的卷积操作
HighGUI	在 OpenCV 3.0 中，该模块被分割为 Imgcodecs、Videoio 及 HighGUI 3 部分。该模块包含可以用来显示图像或者输入简单的交互函数，可以看作一个非常轻量的 Windows UI 工具包
Video	该模块不仅包含视频流的读取和写入（如 VideoCapture 和 VideoWriter），还包含视频分析算法（如光流法、背景减除、运动跟踪）
Calib3d	这个模块包括校准单个、双目及多个相机的算法实现

模块	说明
Feature2d	这个模块包含用于检测、描述及匹配特征点的算法实现
Objdectect	这个模块包含检测特定目标，比如检测人脸或者行人的算法实现。也可以训练检测器并用来检测其他物体
ML	包含经典机器学习算法（SUM、KNN、决策树等），从 OpenCV 4.0 开始，部分功能（如深度学习）迁移到 DNN 模块，ML 模块更专注于传统算法数据类型自然交互
Flann	Flann 的意思是"快速近似近邻库"。这个库包含一些方法，其他模块中的函数会调用它在数据集中进行近邻搜索
GPU	该模块在 OpenCV 中被分割为多个 cuda*模块，主要是函数在 CUDA GPU 上的优化实现，此外，还有一些仅用于 GPU 的功能。其中一些函数能够返回很好的结果，但是需要足够好的计算资源，如果硬件没有 GPU，则不会有什么提升
Photo	这是一个相当新的模块，包含用于摄影学计算的一些函数工具
Stitching	该模块是一个精巧的图像拼接流程实现，是库中的新功能，就像 Photo 模块一样，预计这个领域未来有很大的发展空间

13.2 OpenCV 环境搭建

搭建环境：Windows 10 操作系统、Qt 5.12.12 开发软件、OpenCV 4.5.0 库。

（1）软件下载。

Qt 软件：Qt for Windows（Qt 5.12.12）。

OpenCV 4.5.0：OpenCV for Windows（OpenCV 4.5.0）。

CMake 3.26.1：cmake-3.26.1-windows-x86_64.msi。

（2）软件安装。

第 1 步：Qt Creator 安装在第 1 章已经介绍，在此不赘述。

第 2 步：OpenCV 安装。首先解压 opencv-4.5.0-windows.exe 文件，在 opencv 文件夹内有 build 与 sources 两个文件夹，其中，build 文件夹下有两个适用于 Visual Studio 的编译好的版本，需要编译一个适用于 Qt 的 MinGW 版本。

第 3 步：CMake 安装。安装 cmake-3.26.1-windows-x86_64 时，需勾选 Add CMake to the system PATH for all users 复选框，为 CMake 配置系统环境变量，以便使用 CMake 生成 OpenCV 的 Makefile。

（3）编译 OpenCV。

第 1 步：打开 cmake-gui 应用程序，按图 13.1 进行设置，其中 openCV_buildmingw 为自己建立的文件夹。

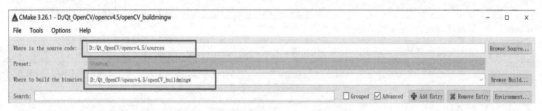

图 13.1 设置 OpenCV 编译路径

第 2 步：选择 MinGW Makefiles，如图 13.2 所示。

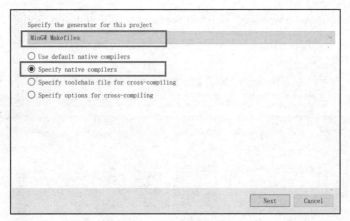

图 13.2　配置 OpenCV 编译器

第 3 步：配置编译器，C 编译器选择 D:/Qt/Tools/mingw730_64/bin/gcc.exe；C++编译器选择 D:/Qt/Tools/mingw730_64/bin/g++.exe，Fortran 不用填写，然后单击 Finish 按钮，如图 13.3 所示。单击 Configure 按钮，注意此过程需要保证网络畅通，因为最后可能会下载 opencv_videoio_ffmpeg 相关库文件。

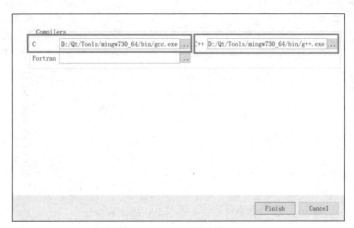

图 13.3　C 和 C++编译器的设置

第 4 步：编译器配置完成后，需要配置一些参数，勾选 WITH_QT 和 WITH_OPENGL 复选框，如图 13.4 所示。取消勾选 OPENCV_ENABLE_ALLOCATOR_STATS，单击 Configure 按钮。

第 5 步：单击 Generate 按钮生成 OpenCV 编译文件到目标目录，如图 13.5 所示，之后关闭 CMake。

第 6 步：打开 D:\Qt_OpenCV\opencv4.5\openCV_buildmingw 目录，然后按住 Shift 键，单击鼠标右键，选择"在此处打开 powershell 窗口"命令，在打开的命令行窗口中输入 mingw32-make（或 mingw32-make-j 8，这样可以加快编译速度，8 代表 8 个核心）后按 Enter 键，等编译结束后，再在命令行中输入 mingw32-make install 后按 Enter 键，如图 13.6 所示。执行完成后，关闭命令行窗口。

第 7 步：将刚刚生成的 OpenCV 编译库添加到系统的环境变量中。右击此电脑→属性→高级系统设置→环境变量，在系统变量中选中 Path，单击编辑→新建，输入

"D:\Qt_OpenCV\ opencv4.5\openCV_buildmingw\win-install\x64\mingw\lib"，单击确定。

图 13.4　勾选参数

图 13.5　生成 OpenCV 编译文件

图 13.6　执行并安装编译文件

（4）测试 OPenCV 与 Qt 配置。

在 Qt Creator 中创建一个基类为 QWidget 的项目，首先，在该工程的工程文件内添加下列语句：

```
INCLUDEPATH  += D:\Qt_OpenCV\opencv4.5\openCV_buildmingw\install\include\opencv2
D:\Qt_OpenCV\opencv4.5\openCV_buildmingw\install\include
LIBS += D:\Qt_OpenCV\opencv4.5\openCV_buildmingw\install\x64\mingw\lib\libopencv*.a
```

其次，在头文件中添加包含 OpenCV 的头文件和命名空间：

```
#include <opencv2/highgui/highgui_c.h>
#include <opencv2/opencv.hpp>
#include <opencv2/highgui/highgui.hpp>
#include <opencv2/imgproc/imgproc.hpp>
#include <opencv2/core/core.hpp>
using namespace cv;
```

最后，在构造函数中添加如下代码：

```
  Mat img;
  img=imread("E:/Qttest/Qt_OpenCV/fj.jpg");//加载图像
// BGR->RGB 转换图像色彩空间
  Mat dst;
// cvtColor 函数是将图像从一个颜色空间转换到另一个颜色空间
  cvtColor(img , dst ,CV_BGR2RGB);
// 灰度变换
  Mat gray;
  cvtColor(img , gray , CV_BGR2GRAY);
//通过窗口显示图像
  imshow("src" , img);
  imshow("dst" , dst);
  imshow("gray" , gray);
```

效果如图 13.7 所示。

图 13.7　在 Qt 中调用 OpenCV 函数库的效果

13.3　OpenCV 在 Qt 中的应用

1. Mat 图像与 Qt 图像的转换

Qt 和 OpenCV 是一对形影不离的好朋友，但 OpenCV 最常用的类 Mat 无法直接用于

Qt 的图像类，原因在于两者对图像的定义和操作有所不同。Mat 的主要功能是矩阵运算，拥有多种数据类型；而 Qt 的图像类侧重于图像显示，更多的操作是在图形界面上。因此，Mat 与 Qt 图像类之间的相互传值需要多一步转换操作。

利用 QImage 类提供的构造函数可以直接转化，但是要注意，Mat 默认使用 BGR，而 QImage 是 RGB，所以需使用 cvtColor 函数进行预处理。

```
Mat src=imread("E:/Qttest/Qt_OpenCV/fj.jpg"); //加载 Mat 类型的图像
cvtColor(src , src ,CV_BGR2RGB); //将 BGR 转换为 RGB
//将 Mat 转换为 QImage
image(src.data,src.cols,src.rows,src.cols*src.channels(),QImage::Format_RGB888);
//将 QImage 转换为 QPixmap
QPixmap pixmap= QPixmap::fromImage(image);
painter.drawImage(0,0,image);  //绘制 image
painter.drawPixmap(image.width()+10,0,pixmap); //绘制 pixmap
```

转换结果如图 13.8 所示。

图 13.8　将 Mat 图像转换为 Qt 图像类的结果

同理，利用 Mat 的构造函数也可以实现 QImage 图像到 Mat 图像的转换，但是要注意，QImage 的通道数和数据类型一般默认是 3 通道 8 位无符号数，即 CV_8UC3。如果读取的图像是浮点型灰度图，那就是 CV_32FC1；如果是未知类型，可以通过 QImage 提供的 format 函数进行判断，转换代码如下：

```
Mat openCVWidget::ImagetoMat(QImage image)
{
  Mat mat;
  switch(image.format()){
    case QImage::Format_ARGB32:
    case QImage::Format_RGB32:
    case QImage::Format_ARGB32_Premultiplied:
  mat = cv::Mat(image.height(), image.width(), CV_8UC4, (void*)image.constBits(),
        image.bytesPerLine());
      break;
    case QImage::Format_RGB888:
    mat = cv::Mat(image.height(), image.width(), CV_8UC3, (void*)image.constBits(),
      image.bytesPerLine());
    cv::cvtColor(mat, mat, CV_BGR2RGB);
     break;
    case QImage::Format_Indexed8:
```

```
    mat = cv::Mat(image.height(), image.width(), CV_8UC1, (void*)image.constBits(),
        image.bytesPerLine());
    break;
    }
  return mat;
}
```

在构造函数中进行测试：

```
QImage image;
image.load("E:/Qttest/Qt_OpenCV/zp.jpg");
Mat mat=ImagetoMat(image);
imshow("Mat" , mat);
```

测试运行效果如图 13.9 所示。

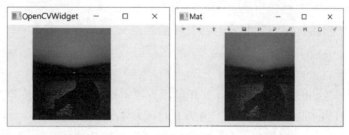

图 13.9　将 QImage 图像转换为 Mat 图像的效果

2．图像与控件的适应

```
Mat src = imread("E:/Qttest/Qt_OpenCV/fj.jpg"); //读入图像
cvtColor(src, src ,CV_BGR2RGB); //转换通道
//将 Mat 转换为 QImage 类型
QImage image(src.data,src.cols,src.rows,src.cols*src.channels(),QImage::Format_RGB888);
QPixmap pixmap = QPixmap::fromImage(image); //将 QImage 类型转换为 QPixmap
//设置 pixmap 图像按比例缩放
pixmap.scaled(ui->label->size(), Qt::KeepAspectRatio, Qt::SmoothTransformation);
ui->label->setScaledContents(true);//设置 label 全部填充效果
ui->label->setPixmap(pixmap);    //在 label 上显示图像
```

测试运行效果如图 13.10 所示。

图 13.10　图像自适应控件效果

3．播放视频文件

首先，在头文件中定义变量和槽函数，并在构造函数中创建定时器，通过定时器读取摄像头或视频文件的帧数据。头文件中的变量定义如下：

```
public:
 VideoCapture capture;
 Mat frame;
 QTimer *timer;
 bool isCamera = 1;
private slots:
 void on_btnOpen_clicked();
 void ReadFrame();
  void on_comboBox_currentIndexChanged(int index);
 void on_ btnClose _clicked();
```

在构造函数中初始化定时器和定时器关联函数：

```
timer=new QTimer(this);
connect(timer,SIGNAL(timeout()),this,SLOT(ReadFrame()));
```

其次，通过 QComboBox 控件选择打开摄像头或本地视频文件，定义一个 bool 类型的变量 isCamera，值为 1 时选择摄像头，值为 0 时读取本地视频文件。

再次，通过 QButton 控件打开摄像头或本地视频文件，在 Open 按钮的槽函数中添加如下代码：

```
if (isCamera) {
 capture.open(0);  // isCamera=1 获取本机摄像头
 }
else {   //isCamera=0 打开本地视频文件
QString fileName=QFileDialog::getOpenFileName(this, tr("Open Video"), ":/", tr("Video
File(*.avi *.mp4 *.h264)"));
 this->ui->lineEdit->setText(fileName); //显示视频文件的路径
  //读取视频文件
 capture.open(fileName.toStdString());
 if(!capture.isOpened()) { //判断视频文件是否正常打开
 QMessageBox::information(this,tr("提示"),tr("视频没有打开"));
  }
}
 timer->start(25); // 启动定时器，执行定时器的槽函数 ReadFrame
```

定时器的槽函数将 Mat 图像转换为 QImage 类型的图像，并在 QLabel 上显示。

```
Mat frame2;
if(capture.isOpened()){
  capture >> frame;    //读取帧数据，等价于 capture.read(frame);
if(!frame.empty())
{
     cvtColor(frame, frame ,CV_BGR2RGB); //将 frame 的 BGR 转换为 RGB
     cvtColor(frame,frame2,CV_BGR2GRAY); //将 frame 转换为灰度图
QImage image(frame.data,frame.cols,frame.rows,frame.cols*frame.channels(),
   QImage::Format_RGB888); //将 Mat 类型的 frame 转换为 QImage 类型的 image
QImage image1(frame2.data,frame2.cols,frame2.rows,QImage::Format_Grayscale8);
QPixmap pixmap = QPixmap::fromImage(image);  //将 QImage 转换为 QPixmap 类型
```

```
    QPixmap pixmap1 = QPixmap::fromImage(image1);
pixmap.scaled(ui->label_image_before->size(), Qt::KeepAspectRatio,
        Qt::SmoothTransformation); //按比例缩放
pixmap1.scaled(ui->label_image_after->size(), Qt::KeepAspectRatio,
        Qt::SmoothTransformation);
  ui->label_image_before->setScaledContents(true);//设置label填充效果
  ui->label_image_after->setScaledContents(true);
  ui->label_image_before->setPixmap(pixmap);   //在QLabel上显示RGB图像
  ui->label_image_after->setPixmap(pixmap1);  //在QLabel上显示GRAY图像
    }
}
```

最后，单击 Close 按钮停止定时器，清除帧数据、视频数据及 label 上的图像。用到的槽函数如下：

```
timer->stop();
capture.release();
frame.release();
ui->label_image_before->clear();
ui->label_image_after->clear();
```

应用效果如图 13.11 所示。

图 13.11　摄像头和视频文件的读取

⚠ 注意：如果打开视频文件失败，解决方法是将 opencv4.5.0\opencv\build\bin 目录下的 opencv_videoio_ffmpeg450_64.dll 文件复制到 build 目录下的 debug 文件夹。

13.4 综合应用案例

13.4.1　行人及人脸检测

首先，创建工程文件，基类选择 QDialog，在工程文件中添加 OpenCV 的库，在.h 文件中包含 OpenCV 的头文件。

其次，进行界面布局，添加 3 个 QButton 部件和两个 QLabel 部件，设置水平和垂直布局，再整体设置网格布局。

在.h 文件中定义相关变量及函数声明，代码如下：

```
vector<cv::Rect> faceRects,found, found_filtered;    //设置存放识别结果的容器
Mat frame;  //帧数据
int flag; //检测算法的标志
```

```
void faceDetect(); //人脸检测
void peopleDetect();//行人检测
```

最后，定义检测函数和 3 个 QButton 部件的槽函数，代码如下。

打开槽函数实现：

```
void personDetectDialog::on_BtnOpen_clicked()
{
  QString img_mame = QFileDialog::getOpenFileName(this, "Open img", ":/", tr("Image
Files(*.png *.jpg *.bmp *.jpeg)"));  //打开文件对话框
  frame = imread(img_mame.toLatin1().data() );  //将图片文件读入 frame
  imwrite("../test.jpg", frame);  //将 frame 保存为 test.jpg 文件
  QPixmap pixmap("../test.jpg");
  ui->labelBefore->setScaledContents(true);  //在 label 中设置可缩放全部填充
  ui->labelBefore->setPixmap(pixmap); //在 label 上显示
}
```

检测槽函数实现：

```
void personDetectDialog::on_btnDetect_clicked()
{
  switch(flag)
  {
  case 1: faceDetect();flag=2;break;
  case 2: peopleDetect();flag=1;break;
  default: qDebug()<<"error";break;
  }
  //显示检测结果
    imwrite("../hog_test_result.jpg", frame);
   QPixmap pixmapAfter("../hog_test_result.jpg");
   ui->labelAfter->setFixedSize(frame.cols, frame.rows);
   ui->labelAfter->setPixmap(pixmapAfter);
}
```

人脸检测算法函数实现：

```
void personDetectDialog::faceDetect()
{//人脸检测：加载 haar 特征分类器，选择 OpenCV 中的 CascadeClassifier 分类器
classifier("D:/Qt_OpenCV/opencv4.5/sources/data/haarcascades/
          haarcascade_frontalface_default.xml");//加载模型
if(classifier.empty()) {                //如果分类器为空
    qDebug() << "加载特征器失败！";
  }
classifier.detectMultiScale(frame, faceRects); //在特征分类器中识别图像，并将结果放入容器
for(auto rect : faceRects)       //遍历容器中的元素
{  rectangle(frame, rect, {0,0,255},3);     //标注出识别范围
   putText(frame,"face",{rect.x,rect.y-5},112,1.0,{0,0,255},5);   //在图像上标注 face
}
```

行人检测算法函数实现：

```
  void personDetectDialog::peopleDetect()
  {//行人检测：采用 OpenCV 中默认的已经训练好了的 SVM 作为此次检测的模型
  cv::HOGDescriptor people_dectect_hog;  //定义变量，用于加载模型
  people_dectect_hog.setSVMDetector(cv::HOGDescriptor::getDefaultPeopleDetector());
  people_dectect_hog.detectMultiScale(frame, found, 0, Size(8, 8), Size(32, 32), 1.05, 2);
  size_t i, j;   // size_t 是 long unsigned int 类型
```

```
      for (i = 0; i < found.size(); i++ )
    {
      Rect r = found[i];
     for(j = 0; j <found.size(); j++)
      if(j != i && (r&found[j])==r) break;//找出所有没有嵌套的矩形框 r
      if(j == found.size()) found_filtered.push_back(r); //如果有，则取外面最大的矩形框放入容器
    }
    //在图像 frame 上画出矩形框，因为 hog 检测出的矩形框比实际的人体框要稍微大一些
    for(i = 0; i <found_filtered.size(); i++)
    {
     Rect r = found_filtered[i];
     r.x += cvRound(r.width*0.1);
     r.width = cvRound(r.width*0.8);
     r.y += cvRound(r.height*0.07);
     r.height = cvRound(r.height*0.8);
      rectangle(frame, r.tl(), r.br(), Scalar(0, 255, 0), 3);
     putText(frame,"people"+i,{r.x,r.y-5},112,1.0,{0,0,255},3);
     }
}
```

关闭槽函数实现：

```
void personDetectDialog::on_btnClose_clicked()
{
    ui->labelAfter->clear();
  ui->labelBefore->clear();
  frame.release();
  this->close();
}
```

测试结果如图 13.12 和图 13.13 所示。

(a) 行人检测测试 1

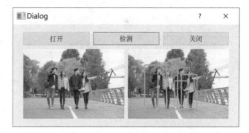

(b) 行人检测测试 2

(c) 行人检测测试 3

图 13.12　行人检测结果

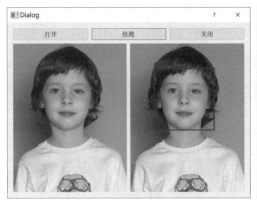

(a) 人脸检测测试 1

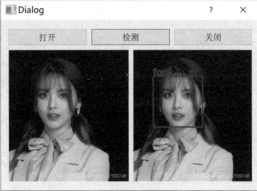

(b) 人脸检测测试 2

图 13.13　人脸检测结果

13.4.2　深度学习模型的车辆检测

首先，创建工程文件，基类选择 QWidget，在工程文件中添加 OpenCV 的库，在.h 文件中包含 OpenCV 的头文件，本项目还需要包含 dnn.hpp 和命名空间，并且在.h 文件中定义相关变量及函数声明，主要的变量和函数声明如下：

```cpp
#include <opencv2/dnn.hpp>
using namespace cv;
using namespace dnn;
using namespace std;
void postprocess(cv::Mat& frame, const std::vector<cv::Mat>& outs);
 void drawPred(int classId, float conf, int left, int top, int right, int bottom, Mat& frame);
 vector<String> getOutputsNames(const Net& net);
 vector<Scalar> colorVec ;
 VideoCapture capture;
 Mat frame;
QTimer  *timer;
Mat m_img;
 ifstream ifs;
 string m_classesFile;
 cv::String m_modelConfiguration;
 cv::String m_modelWeights;
 cv::dnn::Net m_net;
 std::vector<std::string> classes;
```

其次，进行界面布局，添加相关部件，设计效果如图 13.14 所示。

将通过 Python 进行训练的模型文件添加到工程项目中，本项目采用 YOLOv3 模型进行训练后，得到扩展名分别为.names、.cfg 和.weights 的 3 个文件，在构造函数中进行模型加载，并设置网络模型和运行环境。

```cpp
m_classesFile = "vehicleModel.names";
ifs.open(m_classesFile.c_str());
std::string line;
while (getline(ifs, line)) classes.push_back(line);
m_modelConfiguration = " vehicleModel.cfg";
m_modelWeights = " vehicleModel.weights";
m_net = cv::dnn::readNetFromDarknet(m_modelConfiguration, m_modelWeights);
```

```
m_net.setPreferableBackend(cv::dnn::DNN_BACKEND_OPENCV);
m_net.setPreferableTarget(cv::dnn::DNN_TARGET_CPU);
```

最后，进行各功能模块的实现，打开文件的槽函数实现与上一个案例相似，而检测槽函数实现如下：

```
m_img = cv::imread(m_imagePath.toStdString());
Mat blob;
cv::dnn::blobFromImage(m_img, blob, 1 / 255.0, cv::Size(inpWidth, inpHeight),
        Scalar(0, 0, 0), true, false); //图像预处理，构建一个 4 维的 blob
m_net.setInput(blob);  // 模型推理，将 blob 输入模型
vector<Mat> outs;
m_net.forward(outs, getOutputsNames(m_net)); //执行一次前向传播
postprocess(m_img, outs); //将结果再处理，移除置信度低的矩形框以便更好地可视化图像
imwrite("../hog_test_result.jpg", m_img); //处理完后进行图像显示
QPixmap pixmapAfter("../hog_test_result.jpg");
ui->labelAfter->setScaledContents(true);
ui->labelAfter->setPixmap(pixmapAfter);
```

getOutputsNames 函数的功能是获取网络中各个层的名字，定义如下：

```
vector<String>VehicleDetectForm::getOutputsNames(const Net& net){
  static vector<String> names;
  if (names.empty()){
    vector<int> outLayers = net.getUnconnectedOutLayers();
    vector<String> layersNames = net.getLayerNames();
    names.resize(outLayers.size());
   for (size_t i = 0; i < outLayers.size(); ++i)
        names[i] = layersNames[outLayers[i] - 1];    }
   return names;  }
```

postprocess 函数的功能是使用非极大值抑制去除置信度低的矩形框：

```
void VehicleDetectForm::postprocess(cv::Mat &frame, const std::vector<cv::Mat> &outs)
{
  vector<int> classIds;
 vector<float> confidences;
 vector<Rect> boxes;
 for (size_t i = 0; i < outs.size(); ++i){
    float* data = (float*)outs[i].data;
    for (int j = 0; j < outs[i].rows; ++j, data += outs[i].cols){
      Mat scores = outs[i].row(j).colRange(5, outs[i].cols);
      Point classIdPoint;
      double confidence;
      minMaxLoc(scores, 0, &confidence, 0, &classIdPoint); //获取最高分数的值和位置
      if (confidence > confThreshold) {
          int centerX = (int)(data[0] * frame.cols);
          int centerY = (int)(data[1] * frame.rows);
          int width = (int)(data[2] * frame.cols);
          int height = (int)(data[3] * frame.rows);
          int left = centerX - width / 2;
          int top = centerY - height / 2;
          classIds.push_back(classIdPoint.x);
          confidences.push_back((float)confidence);
          boxes.push_back(Rect(left, top, width, height)); }  } }
 vector<int> indices;
```

```
NMSBoxes(boxes, confidences, confThreshold, nmsThreshold, indices);
for (size_t i = 0; i < indices.size(); ++i){
  int idx = indices[i];
  Rect box = boxes[idx];
   drawPred(classIds[idx], confidences[idx], box.x, box.y,
       box.x + box.width, box.y + box.height, frame); //绘制预测边界框 }
}
```

图片测试结果如图 13.14 所示。

(a) 图片中的车辆检测测试 1

(b) 图片中的车辆检测测试 2

图 13.14 图片中的车辆检测结果

视频测试结果如图 13.15 所示。

(a) 视频中的车辆检测测试 1

图 13.15 视频中的车辆检测结果

(b) 视频中的车辆检测测试 2

(c) 视频中的车辆检测测试 3

(d) 视频中的车辆检测测试 4

(e) 视频中的车辆检测测试 5

图 13.15 视频中的车辆检测结果（续）

(f) 视频中的车辆检测测试 6

(g) 视频中的车辆检测测试 7

图 13.15 视频中的车辆检测结果（续）

第14章 Qt 的跨平台技术

Qt 是一个优秀的跨平台开发工具，可以在 Windows、Linux 和 macOS 等桌面操作系统上设计、开发应用程序，并在各种操作系统或裸机上部署。利用 Qt 可以很方便地将编写好的应用程序代码，多次编译并部署到不同的目标平台，如 Windows、Linux、macOS、Android、iOS、Windows Phone 等。开发者只需掌握 Qt 的 C++编程与界面制作方法，即可制作出包括手机 App 在内的跨平台应用。

14.1 跨平台概述

Qt 允许编写与平台无关的代码，其中同一个代码库可以在不同的平台上编译和部署，而无须做任何更改。如果需要使用特定平台的功能并与系统库集成，Qt 也提供了相关的解决方案。

Qt 使用 Qt 平台抽象（Qt Platform Abstraction, QPA）与目标平台的窗口系统集成。QPA 是一个窗口系统的抽象，在 Qt 5 中，所有平台都是使用 QPA 创建的，这使得将 Qt 移植到新平台变得简单而快速。Qt 可以与 Wayland（一个简单的显示服务器）一起使用，作为嵌入式硬件上的轻型窗口系统，以支持多进程图形用户界面。

QPA 使用 Qt 的插件系统。Qt 插件系统提供了许多 API 来拓展 Qt 在特定领域，如新图像格式、数据库驱动程序等的支持，还可以编写支持第三方插件的可扩展 Qt 应用程序。

Qt 作为高质量的跨平台框架，具有支持平台广泛、功能完整、开源、执行效率高、界面开发简单、开发工具完备等特性。Qt 与目前较为流行的跨平台解决方案 Java 和 Xamarin 的比较如表 14.1 所示。

表 14.1　Qt 与 Java 和 Xamarin 的比较

平台	Qt	Java	Xamarin
支持的桌面平台	Windows、macOS、Linux、UNIX、Solaris	Windows、macOS、Linux、UNIX、Solaris	Windows、macOS、Linux
支持的移动平台	Android、iOS、Windows Phone	Android	Android、iOS、Windows Phone
开发语言	C++	Java	C#
是否开源	有开源版本（基于 LGPL），也有商业版本	OpenJDK 开源	只有商业版本，所基于的 Mono 框架为开源
开发工具	Qt Creator、Qt Designer	Eclipse、NetBeans	Monodevelop、Virtual Studio
功能完整性	较为完整	较为完整	较不完整
界面开发难度	简单	较复杂	较简单

平台	Qt	Java	Xamarin
成熟度	较为成熟	较为成熟	较不成熟
目前最高版本（截至撰写本书时）	5.15	8.0	4.1
执行效率	相当好	较差	一般
依托公司	Digia（之前为 Nokia）	Oracle（之前是 SUN）	Xamarin

　　跨平台程序设计的难点在于兼容不同平台的进度调度、消息管理和文件处理等操作系统内核模块。按常规理解，如果开发一个跨平台程序设计框架，需要抽象出所有支撑平台核心模块的原理和特色，然后针对每个所提供的功能 API 分别实现，工作量很大。Qt 就采用了这种方式，为不同用户针对不同平台的开发提供了对应的程序包，而且对核心模块进行了简易化抽象处理，以较小的代价兼容所有平台。

　　Qt 不但拥有完善的 C++图形库，而且近年来的版本逐渐集成了数据库、OpenGL 库、多媒体库、网络、脚本库、XML 库、WebKit 库等部件，其核心库也加入了进程间通信、多线程等模块，这些功能模块极大地丰富了 Qt 开发大规模复杂跨平台应用程序的能力。Qt 还提供了 Qt Creator、GUI Designer、Build Tools、Help System 和 I18n Tools 等开发工具，极大地降低了开发应用的难度。

14.2　跨平台原理

14.2.1　跨平台的框架

　　Qt 实现跨平台的实质是一次编码、处处编译。也就是说，使用 Qt 编写一次 GUI 应用程序代码，可以在 Windows、Linux 和 macOS 等平台上分别编译，并在桌面、移动和嵌入式操作系统之间部署它们，而无须重写源码。

　　Qt 在不同操作系统下都实现有不同的底层类库，以及一个公共的应用层接口，开发项目就是基于这个公共的应用层接口来完成的。所谓的跨平台，是指基于 Qt 写的代码跨平台，而不是编译出来的文件跨平台，同一份代码放到另一个平台上时，需要用另一个平台的类库重新进行编译。Qt 框架跨平台实现原理如图 14.1 所示。

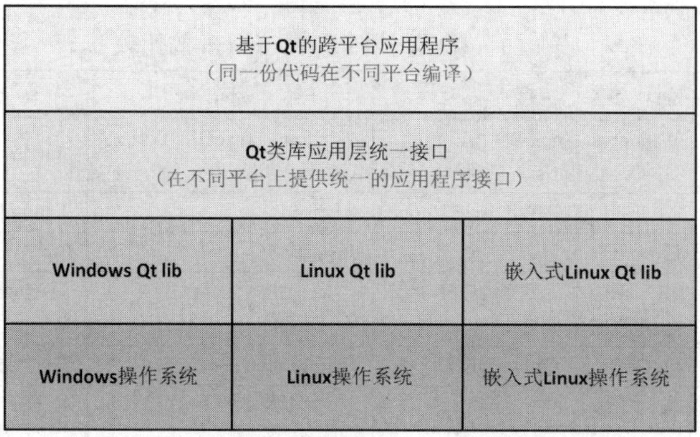

图 14.1　Qt 框架跨平台实现原理

14.2.2 跨平台的部署

Qt Creator 支持运行和部署为不同目标平台，或使用不同的编译器、调试器、Qt 版本构建的 Qt 应用程序。Qt 工具包定义了构建和运行项目时要使用的工具、设备类型和其他设置。

1．多平台构建

在 Qt Creator 开发环境中，可以通过构建配置为多个平台构建应用程序，将应用程序源码编译为二进制文件所需的所有内容。构建配置使用相应工具包中定义的工具和设置来完成。

2．多平台运行

当在不同平台上运行 Qt 应用程序时，运行配置会在部署配置时复制应用程序的位置并启动该应用程序。在默认情况下，当选择 Run 功能时，Qt Creator 将构建项目，将其部署到工具包中定义的设备上，并在该设备中运行。如果自上次构建和部署项目以来用户没有对其进行任何更改，Qt Creator 将再次运行该应用程序。

3．部署到设备

当需要将应用程序部署到设备时，部署配置会将必要的文件打包并复制到运行可执行文件的位置，可以是开发主机文件系统中的某个位置。

4．连接设备

需要在设备上安装和配置一些附加软件，以便让开发主机连接到它们。

14.3 Qt 跨平台案例

Qt 应用程序的源码，能够使用在不同的桌面操作系统上安装的 Qt Creator 开发工具直接进行编译，生成该平台可以运行的可执行程序。同时，在各桌面操作系统上安装 Qt 时可以选择安装其他编译工具链，并在工程项目的构建设置中配置编译工具，编译出在其他平台上也能运行的二进制代码。构建在不同桌面操作系统上运行的可执行程序十分简单，这里不做介绍，下面主要介绍构建 Android 和 ARM 应用程序的方法。

14.3.1 构建 Android 应用程序

可以使用 USB 连接线将 Android 设备连接到开发设备，以便从 Qt Creator 构建、运行、调试和分析应用程序。使用 Qt 5 开发时，支持 Android 4.1（API 级别 16）或更高版本的设备；使用 Qt 6 开发时，则支持 Android 6.0（API 级别 23）或更高版本的设备。

要为 Android 开发应用程序，必须在开发设备上安装一个用于为 Android 设备构建应用程序的工具链。Qt Creator 可以自动下载、安装和配置工具链，并创建一个合适的构建和运行工具包，其中包含用于设备架构的安卓工具链和 Qt 版本。用户也可以自己下载工具链并手动安装和配置。

Qt Creator 提供自动安装所有必要的软件包和工具，并通过创建调试器、工具链和工具包来设置开发环境。可以使用 Qt Creator 下载并提取 Android SDK 命令行工具、安装或更新基本包，如 NDK、构建工具和平台工具等。

1．自动设置 Android 的开发环境

（1）在 Qt Creator 中，选择 Tools→Options→Devices→Android，如图 14.2 所示。

图 14.2　设置 Qt 的 Android 开发环境

（2）在 JDK location 文本框中设置 JDK 的路径。Qt Creator 会检查 JDK 的安装情况并报告错误。

默认情况下，Qt Creator 会尝试查找可支持的 AdoptOpenJDK 或 OpenJDK 进行安装。如果找不到，则必须手动设置路径。如果没有安装可支持的 JDK，请在浏览器中打开 JDK 下载网页进行下载。

⚠ 注意：建议使用 64 位 JDK，因为 32 位 JDK 可能会导致 cmdline 工具出现问题，并且某些包可能未列出。

（3）在 Android SDK location 文本框中设置要安装的 Android SDK 命令行工具的文件夹路径。

（4）单击 Set Up SDK 按钮，自动下载 Android SDK 命令行工具并将其提取到所选路径。

SDK Manager 用于检查是否安装了工具链，如果缺少包或需要更新，SDK Manager 会提供添加或删除这些包的功能。在安装之前，它会提示用户是否接受即将进行的操作。此外，它还会提示用户在必要时接受谷歌许可协议。

（5）已安装的 NDK 版本列在 Android NDK 列表中，锁定的项目由 SDK 管理器安装，且只能从 Android SDK 管理器对话框中修改。

（6）勾选 Automatically create kits for Android tool chains 复选框，允许 Qt Creator 创建工具包。如果找不到合适的 Qt 版本，Qt Creator 会弹出警告信息。

（7）在 OpenSSL binaries location 文本框中设置需要构建的 OpenSSL 库的路径。

对于需要 OpenSSL 支持的 Qt 应用程序，Qt Creator 允许快速将 Android OpenSSL 支持添加到项目中。

（8）单击 Download OpenSSL 按钮，将 OpenSSL 存储库下载到所选路径。如果自动下载失败，则需打开下载网页进行手动下载。

2．手动安装和设置 Android 的开发环境

手动安装时，需要提前下载和安装 JDK、Android SDK、Android NDK，并在设置页的相应位置选择安装路径，Qt Creator 会检查其安装路径是否正确。

⚠ 注意：手动设置时建议使用最新的 Android SDK 命令行工具，不建议使用 Android SDK Tools 25.2.5 或更早版本，因为它们无法与 Qt Creator 完全集成。

3．构建 Android 应用程序

本实例将设计一个简单的计算器应用程序。首先打开 Qt 应用程序工程项目，在 Kits 下选择 Android 构建工具进行编译。Android 构建工具的配置如图 14.3 所示，可以根据目标平台的不同，选择适用于 ARMv8（64 位指令集架构）或 ARMv7（32 位指令集架构）的构建工具。

图 14.3　Android 构建工具的配置

其次，进行计算器应用程序的 UI 设计，以及各个按键的槽函数实现。

最后，进行编译。目前的 Android 手机基本上都是 64 位的，因此建议选择 arm64-v8a 构建工具，如图 14.4 所示，执行项目构建并编译应用程序。

编译成功后，将会生成一个.apk 文件（Android 系统下的应用程序安装文件），这时就可以将该文件安装到手机上并运行。如果开发主机设备连接了 Android 设备，那么单击 Run 按钮即可进行程序的安装和运行。

图 14.4 构建 Android 应用程序

14.3.2 在 Windows 操作系统中构建 ARM 应用程序

在 Windows 10 中构建 ARMv7 架构下的嵌入式 Linux 应用程序。

1．下载 Qt 源码及交叉编译

第 1 步：下载 Qt 5.12.12 源码。

从 Qt 源码网站下载源码压缩包，将文件解压后放在 D:\Softwares\qt-everywhere-src-5.12.12 路径下。在路径 D:\Softwares\qt-everywhere-src-5.12.12\qtbase\mkspecs 下，可以找到 linux-arm-gnueabi-g++（如果是 ARMv8，则为 linux-aarch64-gnu-g++）文件夹。用文本编辑器打开文件夹内的 qmake.conf 文件，即可查看源码编译时使用的编译器，这里默认使用的编译器是 arm-linux-gnueabi-gcc 和 arm-linux-gnueabi-g++。

第 2 步：下载并安装交叉编译器。

（1）下载交叉编译器。

从 Linaro 官方网站下载 ARMv7 架构下的交叉编译器安装文件 gcc-linaro-5.5.0-2017.10-i686-mingw32_arm-linux-gnueabi .tar.xz。如果使用的是 ARMv8 架构，则下载 gcc-linaro-5.5.0-2017.10-i686-mingw32_aarch64-linux-gnu.tar.xz 。

（2）安装交叉编译器。

将 gcc-linaro-5.5.0-2017.10-i686-mingw32_arm-linux-gnueabi.tar.xz 文件解压后放在 D 盘的 Softwares 文件夹下，即：

```
D:\Softwares\gcc-linaro-5.5.0-2017.10-i686-mingw32_arm-linux-gnueabi
```

（3）设置环境变量。

安装完成后将"<安装路径>\bin"添加至环境变量，即将 D:\Softwares\gcc-linaro-5.5.0-2017.10-i686-mingw32_arm-linux-gnueabi\bin 添加至环境变量 Path 中。

第 3 步：安装关联软件。

（1）安装 Active Perl。

下载适合 Window 10 的 Active Perl 5.12 或以上版本，并设置环境变量。

（2）安装 Python。

下载适合 Window 10 的 Python 3.7 或以上版本，并设置环境变量。

（3）安装 MinGW 开发工具集（最好在安装 Qt 时勾选安装该工具）。

下载适合 Window 10 的 64 位版本，将文件解压后放在 D:\Softwares\MinGW64 路径下，并设置环境变量。

如果安装 Qt Creator 时，已安装 MinGW 工具，则步骤（3）可省略，只需添加"<Qt 安装路径>Tools\mingw730_32\bin"到环境变量 Path 中（本案例安装的是 mingw730，如图 14.5 所示）。

第 4 步：交叉编译 Qt 源码。

（1）打开 Windows 10 操作系统下的命令行窗口。

通过 Qt Creator 打开命令行窗口，如图 14.6 所示，注意不是通过 cmd 命令打开。

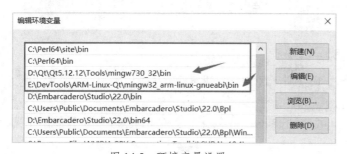

图 14.5　环境变量设置

图 14.6　打开命令行窗口

（2）进入 Qt 源码目录。

在命令行窗口中输入 cd D:\Softwares\qt-everywhere-src-5.12.12 后按 Enter 键，进入 Qt 源码目录。

（3）编译配置。

首先，根据不同版本的 ARM 架构，在命令行窗口中执行相应命令。

ARMv7 架构：

```
configure.bat -release -opensource -prefix D:\Qt\ARMv7 -nomake tests -nomake examples -no-opengl -skip qtvirtualkeyboard -platform win32-g++ -xplatform linux-arm-gnueabi-g++
```

ARMv8 架构：

```
configure.bat -release -opensource -prefix D:\Qt\ARMv8 -nomake tests -nomake examples -no-opengl -skip qtvirtualkeyboard -platform win32-g++ -xplatform linux-aarch64-gnu-g++
```

其次，根据命令行窗口中的提示，输入 y。

最后，完成编译配置。

命令行窗口的配置属性说明如表 14.2 所示。

表 14.2　命令行窗口的配置属性说明

属性	含义
-release	编译 release 版本
-opensource	表示开源许可
-prefix	Qt 的安装路径。根据上文命令，将编译好的 Qt 库放在 D:\Qt\ARMv7 目录下
-nomake	表示不编译后面参数指定的模块
-no-opengl	表示不安装 OpenGL
-skip	表示不安装的 Qt 工具包，工具包的名称即源码存放路径下的文件夹名称。如-skip qtvirtualkeyboard 表示跳过 qtvirtualkeyboard
-platform	指定本地编译器的配置目录，到 qtbase\mkspecs\win32-g++ 目录里读取 qmake.conf 文件，使用本地编译工具来编译该文件
-xplatform	表示使用源码存放路径 qtbase\mkspecs\linux-arm-gnueabi-g++ 文件夹内的配置，编译时会自动去该路径下找到配置文件进行编译（ARMv8 的路径为 qtbase\mkspecs\linux-aarch64-gnu-g++）

其他参数，在命令行窗口内输入 configure -help 后按 Enter 键，可查看详细的配置说明。

（4）编译。

在命令行窗口内输入 mingw32-make-j8 后按 Enter 键，完成编译。

（5）安装。

在命令行窗口内，输入 mingw32-make install 后按 Enter 键，将编译目标文件复制到指定的安装路径，完成安装。

2．交叉编译 Qt 应用程序

方法一：在命令行窗口中进行交叉编译，具体步骤如下。

（1）在"开始"菜单中，选择图 14.7 所示的命令，进入命令行窗口。

（2）进入 Qt 应用程序源码根目录。

（3）在当前源码目录下执行 D:\Qt\ARMv7\bin\qmake.exe 文件（注意：一定要使用交叉编译 Qt 源码后得到的 qmake.exe）。

（4）执行 mingw32-make 程序，成功后即生成 ARM 的可执行程序。

方法二：使用 Qt 开发环境交叉编译。

使用 Qt 开发环境进行应用程序的交叉编译，需要配置 Qt Creator 的构建工具，配置步骤如图 14.8～图 14.12 所示。

图 14.7　进入命令行窗口

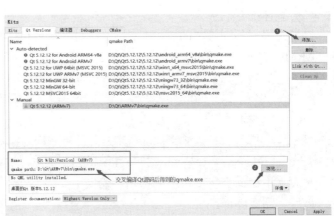

图 14.8　Qt 版本的 qmake 配置

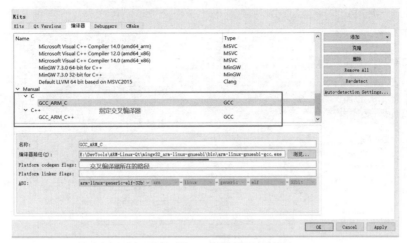

图 14.9　C 编译器配置

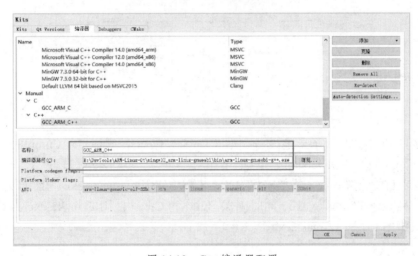

图 14.10　C++编译器配置

图 14.11　调试器配置

图 14.12　构建工具配置

需要按照图 14.12 所示指定设备类型（Device type）、编译器（Compiler）、调试器（Debugger）、Qt 版本（Qt version）和 Qt mkspec。

在构建项目的设置页面，需要确保 Build 步骤中使用的 qmake.exe 为前面交叉编译 Qt 源码后安装路径下的 qmake.exe，同时确保 Build 和 Clean 使用的 make.exe 为 Qt 安装的 mingw 工具中的 mingw32-make.exe，如图 14.13 所示。

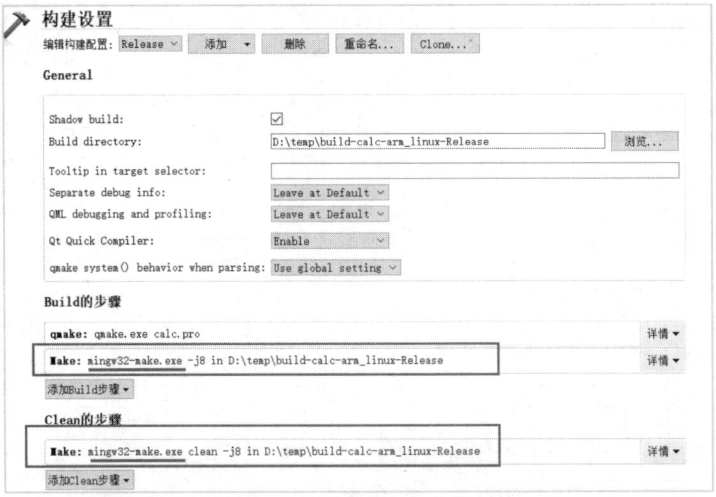

图 14.13　构建设置

构建工具配置好后，打开图 14.14 所示界面，选择工具对应用程序进行编译，生成可以在嵌入式 Linux 下运行的 ARM 架构程序。

图 14.14　生成 ARM 架构程序

14.3.3　Qt 及其应用程序移植

要想将 Qt 应用程序运行在嵌入式 Linux 系统的设备/开发板中，需要先将经过交叉编译的 Qt 运行库移植到嵌入式设备或开发板上。移植的顺序为 tslib→Qt→Qt 应用程序。

1．tslib 移植

tslib 是用于校准触摸屏的一个开源软件库，能够为触摸屏驱动程序获得的采样提供滤波、去抖动、校准等功能，通常作为触摸屏驱动程序的适配层，为上层的应用提供统一的接口。因此这里先编译安装 tslib。

（1）在 Linux 操作系统下交叉编译 tslib。

第 1 步：需要安装 3 个软件，在 Linux 系统超级终端执行命令。命令如下：

```
$ sudo apt-get install automake
$ sudo apt-get install autogen
$ sudo apt-get install libtool
```

第 2 步：将下载好的 tslib-1.22 源码解压、编译、安装（使用编译器 gcc-linaro-5.5.0-2017.10-x86_64_arm-linux-gnueabi.tar.xz）。命令如下：

```
$ tar -zxvf tslib-1.22.tar.gz
$ cd tslib
$ sudo ./autogen.sh
```

第 3 步：源码配置。命令如下：

```
$ sudo ./configure --host=arm-linux ac_cv_func_malloc_0_nonnull=yes
CC=/opt/arm/arm-gcc-5.5/bin/arm-linux-gnueabi-gcc
CXX=/opt/arm/arm-gcc-5.5/bin/arm-linux-gnueabi-g++ -prefix=/usr/local/tslib
```

源码配置命令中的几个关键参数含义如下。

prefix 为安装路径；host 为平台；gcc 为 CC 交叉编译器名称，建议使用绝对路径；g++ 为 CXX 交叉编译器名称，建议使用绝对路径。

第 4 步：编译与安装，需要以 root 用户权限执行命令。命令如下：

```
# sudo mkdir /usr/local/tslib
# sudo make
# sudo make install
```

安装后，将编译生成的文件复制到/usr/local/tslib目录中。

（2）将tslib移植到嵌入式设备/开发板。

将tslib目录复制到嵌入式设备/开发板的/usr/local/目录下，修改etc目录下的ts.conf文件，去掉# module_raw input行前面的注释符号和空格，module顶格放置。

最后通过超级终端在嵌入式设备/开发板系统中添加环境变量，直接在嵌入式设备/开发板文件系统的/etc/profile文件里添加以下内容：

```
export TSLIB_ROOT=/usr/local/tslib
export TSLIB_TSDEVICE=/dev/input/event1
export TSLIB_CONFFILE=$TSLIB_ROOT/etc/ts.conf
export TSLIB_CALIBFILE=$TSLIB_ROOT/etc/pointercal
export TSLIB_PLUGINDIR=$TSLIB_ROOT/lib/ts
export TSLIB_FBDEVICE=/dev/fb0
export TSLIB_CONSOLEDEVICE=none
export LD_LIBRARY_PATH=$LD_LIBRARY_PATH:$TSLIB_ROOT/lib
```

环境变量中的参数说明如表14.3所示。

表14.3　环境变量中的参数说明

参数	含义
TSLIB_TSDEVICE	触摸屏设备文件名，根据实际情况进行选择
TSLIB_CALIBFILE	校准的数据文件，由ts_calibrate校准程序生成
TSLIB_CONFFILE	配置文件名
TSLIB_PLUGINDIR	插件目录
TSLIB_CONSOLEDEVICE	控制台设备文件名
TSLIB_FBDEVICE	设备名

以上环境变量在实际开发中的配置可以根据实际情况决定，但这些指定的设备节点一定要和嵌入式设备/开发板/dev目录下的设备节点对应。

最后运行标准程序ts_calibrate进行校验，运行ts_test程序进行测试。

2．Qt移植

Qt交叉编译并安装完毕后得到的文件夹在D:\Qt\ARMv7目录下，将该目录下的子目录lib、mkspecs、plugins、qml、translations复制到嵌入式设备或开发板的/opt/Qt/ARMv7目录下。

设置环境变量，修改/etc/profile文件，在文件末尾添加以下内容：

```
export QT_ROOT=/opt/ Qt/ARMv7
export LD_LIBRARY_PATH=$LD_LIBRARY_PATH:$QT_ROOT /lib
export QWS_MOUSE_PROTO=tslib:/dev/input/event1
export QT_QPA_PLATFORM_PLUGIN_PATH=$QT_ROOT/plugins/
export QT_QPA_PLATFORM=linuxfb:tty=/dev/fb0
export QT_QPA_FONTDIR=$QT_ROOT/lib/fonts
export QT_QPA_GENERIC_PLUGINS=tslib
```

立即使环境变量生效：

```
$ source   /etc/profile
```

至此，Qt 的移植完成。

3. Qt 应用程序移植

配置好 Qt 运行环境后，将交叉编译后的 Qt 应用程序下载到嵌入式设备/开发板上即可运行。

14.3.4 案例在多平台的运行结果

本案例在 Windows、Android 和嵌入式 Linux 操作系统中的运行结果分别如图 14.15、图 14.16 和图 14.17 所示。

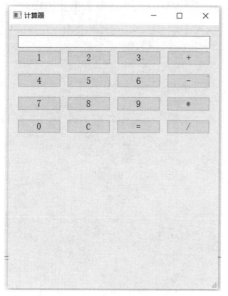

图 14.15 Windows 运行结果

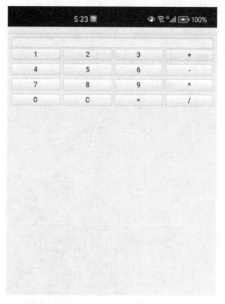

图 14.16 Android 运行结果

图 14.17 嵌入式 Linux 运行结果

参考文献

[1] 鲍忠贵，王涛，陈凌晖. Qt 编程快速入门[M]. 北京：清华大学出版社，2016.

[2] 朱晨冰，李建英. Qt 5.12 实战[M]. 北京：清华大学出版社，2020.

[3] 彭源，孙超超，田秀霞，等. Qt C++编程从入门到实战[M]. 北京：清华大学出版社，2022.

[4] 胡然，夏灵林，徐健锋. C++ Qt 程序设计工程实训教程[M]. 北京：电子工业出版社，2018.

[5] 韩少云，奚海蛟，谌利. 基于嵌入式 Linux 的 Qt 图形程序实战开发[M]. 北京：北京航空航天大学出版社，2012.